**Taschenlexikon der Mode-Begriffe**

# Taschenlexikon der Mode-Begriffe

Von Marion Ohrendorf

humboldt
Der RatgeberVerlag

Humboldt Taschenbuch (ht) 4016

Die Autorin: Marion Ohrendorf hat zahlreiche erfolgreiche Sachbücher verfasst, u. a. »Nähen – Tipps und Tricks für Hobbyschneider« (ECON) sowie Ratgeber rund um die Bereiche Küche & Haushalt.

Diese Sammlung an Modebegriffen hat sie in den vergangenen Jahren in akribischer Kleinarbeit zusammengetragen und mit Erläuterungen versehen.

Hinweis für den Leser: Alle Angaben wurden von Autor und Verlag sorgfältig geprüft. Dennoch kann eine Gewährleistung nicht übernommen werden.

Die Autorin und der Verlag bedanken sich bei der Deutschen Zertifizierungsstelle Öko-Tex (www.oeko-tex.com), Eschborn,
Wollsiegel – The Woolmark Company, (www.woolmarkbrand.com)
und der Arbeitsgemeinschaft Pflegekennzeichen für Textilien, Eschborn, für die Bereitstellung der Logos und die freundliche Zusammenarbeit.

Originalausgabe 2004



Grafik / Umschlag: Humboldt Verlag
Redaktion: Moni Hagenmayer, Jürgen Jehle
Druck: Artpress Druckerei GmbH, Gewerbegebiet, A-6600 Höfen
www.artpress.at
Printed in Austria

ISBN 3-89994-016-4

*www.humboldt.de*

# Inhalt

# Vorwort

Was ist Mode? Und viel wichtiger: was drückt sie aus? Ist sie das Zusammenspiel von Stil und Zeitgeist? Das Bedürfnis sich zu schmücken? Vielleicht eine zutiefst menschliche Eigenschaft wie die Sprache? Oder ist sie einfach eine Zeiterscheinung, die in jeder Saison mehr oder weniger schnell ihr Gesicht verändert – wie ein Chamäleon, das heute grün und morgen blau ist? Wahrscheinlich ist Mode die Summe aus alledem und noch viel mehr. Denn sie gibt uns etwas, das man mit Geld kaufen oder selbst schneidern kann: individuellen Ausdruck. Und vielen gibt sie auch eine gewisse Sicherheit, denn Mode sendet Signale. Sie erleichtert damit die Orientierung als welcher Typ man selbst und das Gegenüber verstanden werden will. Meistens sehr direkt, manchmal auch erst auf den zweiten Blick, durch raffinierte Details.

Dennoch ist Mode vielen oft fremd. Der Grund: Insider werfen mit Begriffen um sich, die im ersten Moment fremd – manchmal auch geheimnisvoll – klingen. Da ist plötzlich vom »Etuikleid« die Rede oder von der »H-Figur«. Und Hand aufs Herz: Sagt Ihnen »Fully fashioned« etwas oder kennen Sie den Unterschied zwischen »Aranmuster« und »Argyle«? Wer sich aber mit der Modematerie beschäftigt, kann den geheimen Code leicht knacken – und mitreden. Genau das soll Ihnen mein Buch ermöglichen. Nicht mit erhobenem Zeigefinger, sondern einfach und verständlich. Suchen Sie einen (Mode-)Begriff, werden Sie im lexikalischen Hauptteil (»Modische Begriffe und Stoffe von A bis Z«) schnell fündig. Dabei habe ich große Sorgfalt darauf verwendet, Hintergründe zu erklären und Bezüge herzustellen. Sie erfahren zum Beispiel was Baumwolle ist, aber auch woher sie stammt. Darüber hinaus wie die Mode im Laufe der Jahrhunderte entstand oder was Frauen- von Männermode heute voneinander unterscheidet und was Sie beim Einkauf beachten sollten.

Abgerundet wird mein Modebuch durch praktische Tipps und

Tricks. Das heißt: Sie müssen sich keiner Extrem-Diät unterziehen, um eine gute Figur zu machen. Hier hilft Mode auf wunderbare Weise, denn mit ihr lässt sich spielen, beziehungsweise spielend kaschieren – sowie an der einen oder anderen Stelle auch mogeln. Und wer möchte in Mode keine gute Figur abgeben? Eben! Mode ist also viel mehr als die Summe ihrer Teile. Überzeugen Sie sich selbst und tauchen Sie ein in die spannende Welt der Stile, Materialien und Trends. Viel Vergnügen und Interesse wünscht Ihnen

*Marion Ohrendorf*
Siegen, im April 2004

»Mode ist die bereitwillige Bejahung
der rätselhaften Tatsache,
dass heute etwas schön ist,
was gestern hässlich war
und morgen unerträglich sein wird.«

*Senta Berger (Schauspielerin)*

# Die Definition der Mode

Kleidungsstücke werden immer nach der neuesten Mode angefertigt und was dem gerade aktuellen Zeitgeschmack entspricht. Im engeren Sinne gesehen, ist Mode eine vorübergehend aktuelle Bekleidungsweise, die über einen bestimmten Zeitraum die geltende Art vorgab und -gibt, sich zu kleiden, sich auszustatten oder auch sich zu frisieren. Im Laufe der Zeit definierte die Gesellschaft diese (Eigen-)Arten mit den Begriffen »in Mode kommen«,»mit der Mode gehen«, »der jeweiligen Mode folgen« oder, um den französischen Begriff zu benutzen, »en Vogue« (in Mode) zu sein.
Dabei sollte man aber nicht vergessen, dass die schöpferischen Impulse in der Mode meist erotischen Ursprungs waren – und es bis heute sind. Denn Mode verhüllt unseren Körper und zeichnet ihn dennoch ab. Im Laufe der Jahrhunderte mehr oder weniger. Doch der Geschmack der Käuferinnen und Käufer ist mittlerweile so kurzfristig wie die Mode selbst – beziehungsweise wie Trends – es ihnen vorgaukeln. Das bedeutet: Mode erfüllt heute viel mehr als die reine Bekleidungsfunktion. Mit anderen Worten: Durch Mode ist man – ob man will oder nicht – entweder »in« oder »out«. Der Grund: Langeweile, neue Textilien, aktuelle Geschmacksrichtungen und veränderte Lebensumstände, die laufend neue Impulse für die Mode vorgeben, beziehungsweise Anlass bieten bestimmte Stile zu reproduzieren (zum Beispiel Einflüsse von den 20er Jahren bis zu den 80er Jahren). Also verlangt jede Saison seit jeher das Spiel mit der Mode, mit ihren Stilen und neue Ideen. Deshalb entwerfen Modedesigner in der heutigen Zeit zweimal im Jahr eine komplette Kollektion mit Modellen. Die Aufgabe der Designer ist es, aktuelle Trends aufzugreifen, die den Zeitgeist widerspiegeln und diese Trends in Mode auszudrücken. Ein Beispiel: Hosen waren nicht von jeher eine reine Männerdomäne. Durch die Mode und das gewandelte Frauenbild Anfang des 20. Jahrhunderts fanden sie – wenn auch nicht selbstverständlich – ihren festen Platz in der Frau-

enmode. Man könnte Mode, um es überspitzt darzustellen, auch als Motor bezeichnen. Ein Motor, der die Zeit wiedergibt, in der wir leben und ein Motor, der Frauenbilder prägen kann.
Rock oder Hose – das wird heute natürlich nicht mehr so eng gesehen wie noch vor hundert Jahren, denn die Modevielfalt erlaubt – besser gesagt ermutigt – zum Spiel mit den unterschiedlichen Stilen. Ein Spiel, das Spaß macht, denn die moderne Frau betrachtet den Mix der unterschiedlichsten Stilrichtungen ganz selbstbewusst und selbstverständlich. Dabei empfindet sie die Lust, alle Facetten der Mode mit ihrer Weiblichkeit zu leben. Faszinierend, klassisch, aufregend, ausgefallen, feminin, abwechslungsreich – erlaubt ist, was gefällt. Denn wirklich wichtig ist in Sachen Mode nur eines: »Trau dich und spiel mit ihr!«

# Die Geschichte der Kleidung und Mode(n)

Als Adam und Eva noch im Paradies wandelten, waren sie nackt und schämten sich dessen nicht. Als sie aus dem Paradies vertrieben wurden, erkannten sie ihre Nacktheit und bedeckten ihre Blöße mit einem Feigenblatt. Aus den Feigenblättern wurde der Lendenschurz aus Fell. Später verwandelte sich der Schurz in ein rockartiges Gewand, womit sich die Menschen umhüllten, um sich vor Umwelteinflüssen wie Hitze oder Kälte zu schützten.
Bereits um 1600 v. Chr. war in Ägypten das weibliche Hauptgewand die Kalasiris, ein Rock beziehungsweise ein langes Gewand der höheren Stände, das dem des Mannes glich. Das Hauptgewand der Assyrer war dann um 2500 v. Chr. ein hemdartiger Leibrock. Bei den Medern (aus »Medien«; so hieß im Altertum der Nordwesten des Irans) hingegen bevorzugte man den Kandys, einen kurzen Rock. Diese Kleidung wurde später zur persischen Hof- und Staatstracht.
Auch in Griechenland dominierten hemd- beziehungsweise mantelartige Gewänder. Männer trugen den sogenannten »Chiton«,

der zunächst aus Leinen, später aus Wolle war. Dazu das »Himation« oder »Chlaina«, ein wollener über den Chiton getragener Mantel. Die Damen der Schöpfung hüllten sich in den »Peplos«, ein ärmelloses Gewand, darüber auch den »Chiton«, und Jünglingen, Kriegern und Reitern war die »Chlamys« vorbehalten, ein ungegürteter Mantel.
Die Mode in Griechenland ähnelte der im alten Rom: Dort dominierte die »Tunika«, ein weißes, wollenes Hemd, das bis unter die Knie reichte, sowie die »Palla«, ein weißes, meist mit Verzierungen geschmücktes, bis zum Knie reichendes Kleid.

## Hauptsache lang: Die Damenmode im frühen Mittelalter

Im Norden Europas trug der Mann in der Bronzezeit von 1800 bis 800 v. Chr. einen Mantelumhang und eine Mütze, während Frauen lange Falten- oder Schnurröcke anhatten. Die Tracht der Germanen in der vorrömischen Zeit war bei den Männern ein kittelartiges, raues Rumpfkleid, darüber trug er ein ponchoartiges Pelzstülpkleid und darunter eine lange Hose. Die Damenmode von damals war nicht besonders abwechslungsreich: Meist bestand sie aus einem langen, aus einem Stück geschnittenen sackartigen Gewand, das mit einer Kordel oder einem Strick in der Taille zusammengezogen wurde. Eine Mode, die sich bis Ende des 9. Jahrhunderts n. Chr. zurückverfolgen lässt. Zu dieser Zeit kleideten sich fränkische Frauen mit langen Unterkleidern, darüber ein Oberkleid mit weiten Ärmeln und einen um den Kopf geschlungenen Schleier. Die Männer beziehungsweise Schwertträger trugen dagegen Hemdkittel, darüber einen ärmellosen Mantel, enge Beinkleider und Lederstiefel. Dennoch gab es bei Frauen- und Männerkleidern Gemeinsamkeiten, denn fast alle Gewänder waren sehr weit geschnitten. Und um 1130 n. Chr. konnte man Männer- und Frauenkleidung zeitweise kaum unterscheiden.
Von 1350 bis 1480 n. Chr. wurde die Kleidung in der französisch-

burgundischen Mode im allgemeinen eng anliegender. Am Anfang des 14. Jahrhunderts trugen Frauen ein enges Unterkleid mit ärmellosem Umhang, die sogenannte »Suckenie«. Auf dem Kopf hatten sie ein kronenhaftes, meist weißes Häubchen, das mit einem Band unter dem Kinn gehalten wurde. Männer bekleideten sich mit einem langärmeligen, bis zu den Knöcheln reichendem Rockgewand, darüber trug der modische Mann von damals einen langen, mit Pelz gefütterten Mantelumhang ohne Ärmel und den »Schapel«, ein kranzartiger Kopfschmuck, der heute noch bei Volkstrachten zu sehen ist.
Mitte des 15. Jahrhunderts kamen dann in der Frauenmode reizvolle Details dazu: Sie trug ein pompöses, in der Taille enges Oberkleid, dessen Oberteil figurnah gehalten und das Decolleté tief ausgeschnitten war. Der angesetzte Rockteil war um die Hüfte herum weit und hatte hinten am Rocksaum eine lange Schleppe. Raffiniert war auch die Kopfbekleidung: En vogue, also in Mode, war der »Hennin«, eine hohe, spitze, burgundische Frauenhaube mit anhängendem Schleier. Beides – Rock und Haube zusammen – galt als die so genannte Tafel-Mode.

## Mal eng, mal weit: Die Damenmode im späten Mittelalter

Die Mitte des 15. Jahrhunderts brachte für Männer modische Veränderungen, denn sie zeigten plötzlich mehr Figur. Er trug zu jener Zeit eine kurze, auf Taille geschnittene »Schecke«, eine Art Obergewand-Jacke; dazu eng anliegende, meist weiße Beinlinge (heute würde man das Strumpfhose oder Leggins nennen) mit einer Schamkapsel, die seine Männlichkeit betonte sowie einen mit Federn geschmückten Hut. Von 1550 bis 1600 setzte sich dann die spanische Mode immer mehr durch. In der ersten Hälfte des 16. Jahrhunderts fiel an den Ärmeln, sowie an den Hosenbeinen eine Schlitzung und Puffungen auf. Mitte des 16. Jahrhunderts wurde in der spanischen Tracht vom Mann ein wattiertes Wams getragen

– heute würden wir Steppweste dazu sagen. Darüber trug er einen capeähnlichen Schultermantel sowie weiße Beinlinge und weite, am Oberschenkel endende Pluderhosen. Als Kopfbedeckung setzten Männer ein Barett auf, das der heutigen Baskenmütze ähnelte. Die Frauen trugen in der spanischen Tracht ein Unterkleid aus edlem Stoff mit hoch stehender Halskröse, darüber ein geöffnetes Oberkleid aus Samt, verziert mit Goldborten und dicken Achselpuffern und – wie die Männer – ein Barett, das aber eher aussah, wie eine gesteifte runde Kappe. Überhaupt war die Kopfbedeckung für Frauen bis weit ins 19. Jahrhundert sehr wichtig. Der Grund: Trug eine Dame von Stand keinen Kopfputz, stand sie in eher zweifelhaftem Ruf. Deshalb musste die »ehrbare Frau« schon früh ihr Haupt mit Hauben und Tüchern, später mit schönen Hüten verdecken. Zwischen 1600 bis 1650 bestimmte Frankreich die Hofkleidung. Von 1650 bis 1680 sah man an Männern die Rhingrave, eine Art Rockhose, eine überweite tief sitzende, kurze und mit Spitzen besetzte Männerhose, sowie ein offenes Wams und geschlitzte Ärmel. In der Frauenkleidung dominierten eng anliegende Mieder mit der Schneppentaille, eine spitz zulaufende Verlängerung zum Bauch an der Vorderseite. Von 1680 bis 1715 trugen die Männer dann einen Leibrock, dazu eine Schoßweste und Kniehose.

## Enge Taille, wenig Luft: Die Damenmode bis ins 18. Jahrhundert

Frauenkleider veränderten sich bis Mitte des 17. Jahrhunderts kaum. Danach trug die Frau ein Unterkleid mit Schnürbrust, mit einer vorne geöffneten Robe darüber und einen hoch stehenden steifen Spitzenkragen. Die Männer zierten ihre Beine mit unter dem Knie gebundenen Hosen, trugen einen Wams mit geschlitzten Ärmeln und großen weiten Spitzenkragen, die über den Schultern lagen. Dazu Rosettenschuhe sowie einen großen Schlapphut mit auffälligen Federn, wie man es noch heute aus den Musketiere-Filmen kennt.

Im 18. Jahrhundert kam beim Mann die Schoßweste in Mode, darüber ein Schoßrock, den man auch »Justeaucops« nannte. Beides war stark auf Taille gearbeitet, aus letzterem entstand später der Frack. Darunter trug der Mann eine kurze Kniehose, die »Culotte«, ein Hemd mit Brustkrause, das sogenannte »Spitzenjabot«, sowie einen »Haarbeutel«, eine weiße Perücke mit schwarzer Seidenschleife.
Bei den Frauen wandelte sich die Mode im 18. Jahrhundert, besonders bei Hofe, enorm.
Um 1719 zogen Frauen den Reifrock an, dessen Unterrock, die »Krinoline«, mit Fischbeinreifen und Roßhaarbindung versteift war. Dazu ein ganz enges, mit Spitzen besetztes Schnürleibchen mit Halbärmeln beziehungsweise ein Mieder mit Wespentaille und tiefem Ausschnitt. Die Taille der Frau war sehr eng geschnürt und steckte in Tonnenröcken. Nie zuvor war die Bekleidung der Frauen ausladender und unbeweglicher zugleich. Als Frisur trug die Frau eine gepuderte Igelfrisur, die auch »Pompadour-Frisur« genannt wurde, auf der ein kleines mit Blumen und Bändern geschmücktes Hütchen saß. Viele Frauen trugen auch den »Kontusch«, ein loses Überkleid der Damenmode, das vom Nacken aus über den Körper herabfiel. Eines der wichtigsten Accessoires dieser Zeit waren kunstvoll geschmückte Fächer sowie der »Pompadour«– ein kleines Stofftäschchen, das mit einer Kordel zugezogen wurde.

## Mit Zylinder und Korsett: Die Mode des 19. Jahrhunderts

Die Französische Revolution zwischen 1789 bis 1820 fegte nicht nur viele adlige Köpfe, sondern auch Bordüren, Rüschen und Brokate hinweg. Die Revolution brachte die »Directoire« hervor, eine Modetracht der französischen Direktoriumszeit. Sie bestand aus der Rocktracht für Männer und der Chemisentracht für Frauen, die antike Stilelemente aufgriff und den Übergangsstil vom Louis-

XVI.-Zeitalter zum Empire darstellt. Danach dominierte die Empiretracht. Der Mann trug jetzt einen Schoßfrack sowie lange Hosen, die sogenannte »Pantalon«, dazu eine Weste, auch als »Gilet« bekannt, und Stiefel. Frauen hingegen bevorzugten ein hängerartiges unter der Brust gegurtetes Kleid, dazu häufig ein kurzes Jäckchen und absatzlose Schuhe.

Während der Biedermeierzeit in der ersten Hälfte des 19. Jahrhunderts schnürten die Damen ihre Taillen wieder ein. Die Röcke wurden nach unten hin trichterförmig und die Schultern durch Keulen- oder Schinkenärmel verbreitert. Die Frauen der guten Gesellschaft trugen aber weiterhin das Chemisekleid mit hoher Taille, doch nun mit einer Schleppe. In der Männerbekleidung wurden Frack, Weste, lange Beinkleider zum bestimmenden Stil. Und natürlich der Zylinder, der schon 1789 stark in Mode kam. Ihn trug der revolutionäre dritte Stand. Im traditionellen England – aber auch in anderen europäischen Ländern – ist er heute zu bestimmten Anlässen immer noch in Mode, denn er war einmal das Zeichen für bürgerliche Freiheit, ehe er zu einem konservativen Kennzeichen wurde. Auch die Bourgeoisie, also das in damaliger Zeit gut gestellte Bürgertum, setzte sich Zylinder auf.

Die Frauen trugen ein fußfreies Kleid mit Wespentaille, Keulenärmel (Gigots) und einen Kapotthut (Kiepenhut). Mit der »Krinoline« kam der Reifrock von 1839 bis 1865 wieder zur Geltung. Ihm folgte von 1868 bis 1889 der »Cul de Paris«, ein unter dem Frauenrock getragenes Polster oder Halbreifengestell, das besonders das hintere Teil des Kleides – also den Po – aufbauschte.

Auf der Suche nach den Körperformen der Vergangenheit stößt man auf einen gewissen Herrn Stockmann, der 1868 in Paris mit der Produktion von Schneiderpuppen begann. Zu dieser Zeit herrschte noch das Ideal der gebärfreudigen Becken und eng geschnürter Taillen. Gegen das Korsett zogen jedoch immer stärker verschiedene Frauen und Ärzte zu Felde. Sie plädierten damals – noch vergeblich – für gesunde Mode und natürlich geformte Kleidung. Es herrschte dennoch weiter der Korsettzwang. Und so wurde geschnürt, gezogen und die Luft angehalten, damit die erotische Mitgift gut zur Geltung kam. Die weiblichen Reize waren schließlich das einzige, womit eine Frau ordentlich auftrumpfen konnte,

denn ihre damalige Rolle war relativ simpel definiert: Sie war Ehefrau und Mutter – mehr nicht.
Ende des 19. Jahrhunderts war das Straßenkleid der Frauen mit Turnüre (gewandtes Benehmen beim Tragen der »Cul de Paris«), Hütchen (»Toque«, im 16. Jahrhundert ein steifes Barett mit schmaler Krempe, nach 1900 ein krempelloser Damenhut) und der Sonnenschirm groß in Mode. Frauenkörper waren regelrechte soziale und kulturelle Produkte. Als sich aber die Rolle der Frau in der Gesellschaft langsam änderte, wechselte auch die Körperform, und um 1910 befreiten die Modemacher(innen) die Frauen endlich vom Korsett.

## Anzüge und Hosen für Frauen: Die Mode Anfang des 20. Jahrhunderts

Nach der übertriebenen Einengung, die das Korsett in der Mode angerichtet hatte, begegnete man um 1900 der Reformkleidung, einer Mode, die bei größter Einfachheit eine gute Hautatmung und Bewegungsfreiheit ermöglichte. Um 1911 wich die Sanduhrform – die X-Form – der Röhrenform. Einschnürende Korsetts waren damit passé und fließende hohe Taillen kamen wieder in Mode. In der Damenmode war Paris, in der Herrenmode seit Ende des 18. Jahrhunderts England tonangebend. Nach 1850 entstand in der Herrenbekleidung für die Engländer eine feste Ordnung, und im Zuge dessen wurde der Anzug geboren. Mit ihm begann das erste Kapitel der modernen Männermode. Heute ist er weltweit die Uniform der Männer in Politik und Business, Büros und Chefetagen – ein individueller, dennoch globaler Einheitslook, dessen Ursprung die Wenigsten kennen: Entstanden ist der Anzug, weil französische Revolutionäre lange Hose modern machten. 1789 kamen Abgeordnete aus der Bretagne in ihren Fischerhosen nach Paris, um für Freiheit, Brüderlichkeit und Gleichheit an der Revolution teilzunehmen. Damit nahm das Ende der kurzen Kniebundhose des Adels seinen Lauf und die lange Hose der Seemänner

wurde zur Mode der Bürger. Fortan trug die aufstrebende bürgerliche Klasse, die sich auf Leistung, Geld und Macht einstellten, den Anzug. Die Bourgeoisie erklärte die adeligen Kleiderattitüden – schillernde Stoffe, Rüschchen, Stickereien – zum Plunder und die ständische Kleiderordnung wurde abgeschafft. Schlichtheit war jetzt angesagt. Dafür war der Anzug wie geschaffen.
Antike Helden standen Modell für den Anzug in seiner heutigen Form, um 1800 wurden sie zum Maßstab männlicher Schönheit. Klassizismus war »in« und diese Götter entzückten vor allem die Männerwelt. Die Londoner Schneider ahmten damals die Körperformen der antiken Helden nach und schneiderten Anzüge körperbetont auf den Leib. So konnte man auch Problemzonen kaschieren: Schmale Schultern wirkten im Anzug gleich viel breiter und ein Bäuchlein ließ sich unter der geraden Linie wunderbar verstecken.
Eine Toppadresse in Sachen Anzugs-Anfertigung ist seit fast 200 Jahren die Londoner Savile Row. Sie ist »die« Schneidermeile schlechthin, und noch heute gibt es dort gut ein Dutzend »bespoke tailors«, also besonders hochwertige Ateliers, die ihren Kunden die Anzüge auf den Leib schneidern. Hier kombinierten Herrenschneider die Seemannshose nach französischem Vorbild mit Sakkos englischer Gentlemen. Die englischen Schneider lernten, exakt am Körper Maß zu nehmen und entwickelten so den ersten Anzug wie wir ihn kennen. Dieser schlichte englische Stil liegt bis heute noch im Trend. Aus feinstem Tuch wird zugeschnitten, genau nach den Maßen der Kunden. Der Anzug sollte sich anschmiegen wie eine zweite Haut. Je unscheinbarer er war und je mehr ein Anzug dem anderen glich, um so mehr kam die eigene Persönlichkeit zur Geltung. Der Anzug wurde so zum Statussymbol, sowohl für die Klassengesellschaft als auch die Massengesellschaft. Bald entdeckte man, dass sich die Standartschnitte der Anzüge ideal für die modernen Anforderungen der Bekleidungsindustrie eigneten. Die Folge: Man fertigte Anzüge von der Stange und diese wurden zum weltumspannenden Businessdress für Männer.
Der Erfolg des Anzugs wurde auch zum Vorbild bei Frauenkleidung, von der Hose bis hin zum Kostüm. Doch als die Frauen Mitte des 19. Jahrhunderts begannen, Hosen anzuziehen, war dies

noch eine Revolution, die eher im Verborgenen stattfand. Zwar hatten viele schon lange den geheimen Wunsch, Hosen zu tragen, doch es schien unmöglich, waren doch Hose und Herrschaft über die Frauen gleichbedeutend – und beides beanspruchten die Männer natürlich für sich.

José Sounte war die erste Frau, die sich in Paris 1840 in Hosen auf die Straße wagte und damit einen Skandal verursachte. Denn die französische Revolution hatte zwar die ständische Kleiderordnung abgeschafft, nicht aber die sexistische. Das änderte sich erst 1851 allmählich, als die amerikanische Frauenrechtlerin Emely Blumers die sogenannte Emanzipationsmode kreierte. Sie rühmte die vernünftigen, weil gesunden Hosen und setzte sich für die Freiheit des Damenbeinkleides ein. Mit großem Widerhall bei den Frauen, wenn auch zunächst nur bei Einzelkämpferinnen. So trug die Pianistin und Ballonfahrerin Madam de Gass Hosen – allerdings noch mit Sondergenehmigung der Polizei. Doch Genehmigung hin, Genehmigung her, die Stunde der Frauenhose hatte geschlagen und immer mehr emanzipierte Frauen und besorgte Ärzte der Kleiderreformvereinigung setzten sich für das Recht der Frau auf die Hose ein. Für die einen war die Hose damals eine fanatische Sache, bei der es um Gleichberechtigung ging, für die anderen eine Frage der Vernunft und Gesundheit. Ein Arzt äußerte sich noch 1904 zu diesem Gleichberechtigungs-Streit so: »Man sollte nicht versuchen, die Frauenkleidung zu verbessern, sondern mit der Verbesserung des Inhalts beginnen, nämlich mit der Frau.«

Solche Meinungen heizten natürlich die kontrovers geführte Diskussion an, mit der Folge, dass zunächst für die Hosen in Haushalt und Garten, später für die Frauenhose im Sport geworben wurde. Und um den Absatz zu fördern, warb die Fahrradindustrie schon bald mit Fahrrad fahrenden Frauen in Hosen, und auch die Modedesigner passten ihre Modelle der neuen Mobilität der Frauen an. Denn sie fuhren außer Rad nun auch im Bus und mit der Bahn, sie ergriffen Berufe und begannen eine ganz neue Rolle in der Gesellschaft zu spielen.

Der Kleiderkünstler Paul Poiret, ein Star der damaligen Haute Couture, skizzierte 1911, wie man die Frau auf vier Arten »behosen« könne. Unter seinen Entwürfen für die neue Frühjahrsmode gab es Hosenkleidern nach orientalischem Vorbild, die weltweit Aufsehen erregten. Überhaupt änderte sich von 1900 bis 1911 das Frauenbild in der Mode radikal: Sie trug plötzlich figurbetonte Kostüme, die ihre natürlichen Körperformen zur Geltung brachten. Das Vorbild kam aus Männermode, vor allem vom erfolgreichen Anzug.

Die Kriegsjahre von 1914 bis 1918 brachten schließlich auch einen gesellschaftlichen Rollenwechsel der Frau und mit ihm einen weiteren Kleiderwechsel. Im 1. Weltkrieg mussten Frauen plötzlich in Männerberufe einrücken. Spätestens von da an hatte sich die Hose endgültig im Alltag durchgesetzt. Die Industriegesellschaft forderte von Frauen Hosenrollen geradezu, indem sie sie erwerbstätig machte. Die weibliche Kultur gewann durch die Hose an Stärke, sie war das Signal für ein neues, gleichberechtigtes Verhältnis von Mann und Frau.

Auch nach dem Krieg blieben Frauen erwerbstätig und arbeiteten in Fabriken und Büros und lernten ihre neue Unabhängigkeit zu schätzen. Von einer Modereporterin konnte man damals lesen: »Wer heute noch Männer mit Hosen und Frauen mit Röcken gleichsetzt, verschläft den Zeitgeist.« Eine Mahnung, die von der Haute Couture eifrig aufgegriffen wurde und sich in Modeentwürfen für selbstbewusste Frauen widerspiegelte. Heute steht der Frau Rock wie Hose zur Verfügung. So ist zwar die Kleiderfrage im Sinne der Gleichheit gelöst, aber nicht die uralte Frage: Wer hat denn nun wirklich die Hosen an?

## Modemacher und Top-Designer

Paris und Mailand sind Städte der Mode, hier wird jedes Jahr die große Haute Couture präsentiert. Allerdings nur jene Kleider, die für einen illustren Kreis von wenigen hundert Damen auf der Welt geschaffen werden – für Frauen, die bereit sind, für ein Teil den Preis eines Mittelklasse-Autos zu zahlen. Leider ist diese Mode oft so verrückt, dass man sich manchmal fragt, wer sie eigentlich tragen kann – und vor allem wo. Sehr oft sind aber genau diese Kreationen in abgeänderter Form kurze Zeit später Vorbild für die Modeindustrie, wobei sich nicht jeder verrückte Trend durchsetzt. Doch wer sind die Modemacher und Designer, woher bekommen sie ihre so außergewöhnlichen Mode-Ideen? Hier sechs Beispiele:

- **Pierre Cardin.** Er soll seine kreativsten Ideen im Flugzeug haben.
- **Jean-Paul Gaultier.** Einer der schrillsten Modemacher holt sich seine Ideen oft aus Comics oder lässt sich von Trends auf der Straße für seine Mode inspirieren. Zu seinen Kundinnen gehören Schauspielerinnen wie Demi Moore, Nicole Kidman und Popsängerin Madonna.
- **John Galliano.** Der provokante Engländer bringt seit einigen Jahren frischen Wind in das ehrwürdige Modehaus Dior. Seine Idee, Tarnkleidung nach dem Vorbild der Soldatenbekleidung zu schneidern, ist inzwischen von der Modeindustrie aufgegriffen worden und fast in jedem Modegeschäft zu finden. Dafür besichtigte er historische Museen und stöberte in Militärbüchern. Für seine Lumpenmode inspirierten ihn wiederum Clochards. Auch dieser Modetrend wurde begeistert aufgenommen, aus Edelstoffen hergestellt und zu horrenden Preisen an die Frau gebracht. Die Modeindustrie fertigte Lumpenmode wiederum für die breite Masse aus bezahlbaren Materialien. John Gilliano provoziert nicht nur mit schriller Mode, sondern auch mit seinen außergewöhnlichen Auftritten.
- **Karl Lagerfeld.** Der Altmeister prägt seit Jahren den Chanel-Stil. Er soll nachts die besten Einfälle haben. Er arbeitet meist auf Reisen und nur selten in seinem Pariser Atelier. In all seinen Häusern in ganz Europa stehen Zeichentische. Wenn er sich schöne Frauen vorstellt, kommen die Ideen von selbst. Auch stöbert er gern in Buchhandlungen nach alten Büchern aus dem 18. Jahrhundert und sucht nach Historischem, weil er dort wunderbare Anregungen für die Mode der heutigen Zeit findet.
- **Yves Saint Laurent.** Mit 65 Jahren hat er sich aus der Welt der Mode zurückgezogen. Er ließ sich gerne von den Farben und Schnitten der marokkanischen Kleidung inspirieren, dazu hielt

er sich oft in Marrakesch auf. Wenn er dort über den Basar bummelte, war er immer überwältigt von der großen Farbenvielfalt. Aus diesem Grund verarbeitete er überwiegend Seide, auf ihr leuchten die Farben am schönsten.

- **Christian Lacroix.** Der Franzose sieht sich am liebsten in der Provence um. Dort sitzt er in Straßencafés und hat immer einen Zeichenblock dabei. Die Farben und das Licht – so Lacroix – sind dort am schönsten. Aber auch Bilder alter Meister und alte Teppiche inspirieren ihn zu neuen Modeschöpfungen.

# Augen auf beim Kleiderkauf!

## *Das deutsche Textilkennzeichnungsgesetz*

Das deutsche Textilkennzeichnungsgesetz (TKG) verpflichtet Textilhersteller zur Rohstoffgehaltsangabe in genau festgelegten Bezeichnungen, aufgelistet nach Faserarten und deren Gewichtsanteile. Ziel des Gesetzes ist es, den Verbraucher darüber zu informieren, aus welchen Rohstoffen ein Textilerzeugnis besteht. Das TKG schreibt außerdem die exakten Bezeichnungen der verschiedenen Faserarten vor und ist den europäischen Textilkennzeichnungs-Richtlinien angepasst.

Neben der gesetzlich vorgeschriebenen Angabe zur Material-Zusammensetzung gibt es noch eine freiwillige Pflegekennzeichnung. Diese ist zwar nicht per Gesetzt verbindlich, für Endverbraucher jedoch äußerst hilfreich, denn sie gibt Empfehlungen für die Pflege von Textilerzeugnissen – also für Waschen, Bleichen, chemische Reinigung, Bügeln und Trocknen im Wäschetrockner.

Eine Vorschrift zur genauen Anbringung der Etiketten gibt es nicht, das TKG verlangt lediglich eine für den Kunden gut sichtbare Textilkennzeichnung. Sie muss auf Einnäh- oder Klebeetiketten oder durch am Textilgut angehängte Schilder erfolgen – das Beilegen eines Infoblattes mit den Angaben zur Ware genügt nicht.

Für die Angabe der Materialien eines Textilguts sind in Deutschland vor allem die Markennamen geläufig, in den übrigen europäischen Ländern werden Chemiefasern nach ihren Gattungen aufgeführt. Das Gesetz nennt 16 Naturfasern und 21 Gattungen Chemiefasern. Neben der gesetzlich verankerten einheitlichen Kennzeichnung der textilen Rohstoffe hat die Europäische Union (und auch viele andere Länder) eine einheitliche Sprache. So darf beispielsweise mit Seide ausschließlich die Naturfaser benannt werden. Handelt es sich um eine Chemiefaser, darf die Bezeichnung Kunstseide oder Perlonseide nicht mehr verwendet werden – dieses Material heißt jetzt einheitlich Viskose oder Rayon. Die Bezeichnung »reine Wolle« benennt dagegen nicht nur Schurwolle, sondern auch Reißwolle. Es müssen lediglich die wesentlichen Bestandteile einer Textilie erwähnt werden und die Kennzeichnung muss in deutscher Sprache erfolgen. Als zusätzliche Angabe zu den deutschen Begriffen sind fremdsprachige Wörter gleichen Inhalts erlaubt.

## *Schadstoffe in Textilien*

Auch wo 100 Prozent Baumwolle draufsteht, ist nicht immer nur Baumwolle drin – ein Textilerzeugnis darf bis zu zwei Prozent anderer Fasern enthalten, ohne dass es auf dem Etikett deklariert werden muss.
Auch Farbstoffe oder chemische Zusätze zur Textilveredelung werden durch die Textilkennzeichnung nicht erfasst, dabei gibt es viele Substanzen, die in Deutschland als gesundheitlich bedenklich gelten, bei Importware aber durchaus zum Einsatz kommen. Ein Beispiel dafür sind Azonfarbstoffe, von denen manche ein krebserregendes Amin abspalten, das über die Haut in den Stoffwechsel des Körpers gelangt. In Deutschland sind sie verboten, doch Kleidungsstücke aus dem Ausland werden daraufhin nicht kontrolliert.
Grundsätzlich gilt: Kleidung vor dem ersten Tragen *immer* waschen, denn so werden eventuelle Farb- oder Veredelungsrückstände entfernt. Das gilt vor allem für Textilien, die direkt mit der Haut in Berührung kommen, also Unterwäsche, Socken, Nachtwäsche und Bettwäsche.

Es gibt Hinweise, bei denen Vorsicht geboten ist. Kunden sollten die eingenähten Etiketten vor dem Kauf aufmerksam studieren und Textilien meiden, die folgende Angaben enthalten:

- **keine lokale Fleckentfernung möglich**
- **färbt ab**
- **vor dem ersten Tragen waschen**

Diese Formulierungen deuten auf chemische Zusätze oder auf schlecht fixierte Farben hin, die die Haut reizen können.
Auch von antimikrobiellen oder antibakteriellen Textilien ist abzuraten. Begriffe wie

- **sanitized**
- **bioguard**
- **hygienisch**

können ein Hinweis darauf sein, dass sie gesundheitsschädliche Zusätze enthalten.

Angaben zur textilen Ausrüstung wie

- **bügelfrei**
- **knitterfrei**
- **wash and wear**

können bedeuten, dass formaldehydhaltige Kunstharze zum Einsatz kamen, mit denen Textilien pflegeleicht gemacht werden.
Auf jeden Fall sollte man die Finger von Kleidungsstücken lassen, die einen chemischen Geruch verströmen und stattdessen möglichst unbehandelte oder unbedenkliche Textilien bevorzugen. Eine wertvolle Einkaufshilfe sind Gütesiegel, Marken- oder Warenzeichen, auch Label genannt – sie garantieren dem Verbraucher bestimmte Qualitätsmerkmale. Der Blick aufs Etikett sollte zur Gewohnheit werden, denn genauso wichtig wie Schnitt und Farbe ist die Qualität des Materials.

## *Die Bedeutung von Waren- und Prüfzeichen*

Woran aber erkennt der Käufer ein Produkt, von dem keine gesundheitlichen Gefahren ausgehen? Bis jetzt gibt es weder hierzu-

lande noch europa- oder gar weltweit ein verpflichtendes Prüf- und Zertifizierungssystem. Die Beteiligung daran ist freiwillig. Eine per Gesetz verbindliche TÜV-Plakette für Textilien – ähnlich wie beim Auto – gibt es leider nicht. Doch Verbraucherzentralen, Textilverbände, Industrie und Handel bemühen sich gleichermaßen um sinnvolle Qualitätsgarantien. Sie alle sind daran interessiert, Konsumenten nützliche Produktinformationen an die Hand zu geben, wenn auch aus unterschiedlichen Beweggründen: Die einen, um besseren Schutz vor belasteten Textilien zu erreichen, die anderen, weil sich mit geprüften, schadstoffarmen Produkten prima werben lässt. Dies hat zur Folge, dass es eine unüberschaubare Flut von Labeln gibt, was eher zur Verunsicherung, als zur Orientierung beiträgt. Zudem sind nicht alle Prüfsiegel sinnvoll und seriös. Damit ein Label dem Endverbraucher wirklich nützt, muss er es zunächst einmal kennen. Er muss darüber informiert sein, wofür dieses Markenzeichen steht und er muss sich darauf verlassen können, dass unabhängige Kontrollen durchgeführt werden – nur so hat der Kunde die Sicherheit, dass ein Produkt die angepriesenen Eigenschaften auch tatsächlich besitzt.
Transparenz können Verbrauchermagazine wie Öko-Test oder Stiftung Warentest schaffen, die aktuellsten Informationen liefert das Internet-Portal »Label Online« vom Bundesverband Verbraucher Initiative e.V. unter www.label-online.de. Dort werden rund 1000 verschiedene Label für alle Lebensbereiche übersichtlich aufgelistet und gut verständlich erklärt.

Zwei Beispiele für weit verbreitete Waren- beziehungsweise Prüfzeichen in Sachen Mode:

**Das Wollsiegel** ist das bekannteste Gütezeichen der Welt und in 120 Ländern gesetzlich geschützt. Schaf-Farmer aus Wollerzeugerländern initiierten seine Einführung bereits in den 60er Jahren. Dieses Siegel garantiert, dass das gewählte Bekleidungsstück aus reiner Schurwolle (überwiegend aus feiner australischer Merinowolle) besteht und höchsten Qualitätstandards entspricht. Nur lizenzierte Unternehmer dürfen es verwenden; ihre Erzeugnisse müssen um-

fangreiche Tests bestehen, bevor diese damit ausgezeichnet werden dürfen. Die Produkte werden unter anderem auf Lichtechtheit, Reib- und Scheuerfestigkeit, Pillingbildung, Schrumpfverhalten, Waschechtheit und Aussehen geprüft.
Die internationale Organisation zur Vermarktung von Schurwolltextilien »The Woolmark Company« sorgt dafür, dass nur Schurwollbekleidung höchster Qualität dieses Warenzeichen trägt (weitere Infos im Internet unter www.woolmarkbrand.com).
Unterschiedliche Schurwollarten und -mischungen haben unterschiedliche Warenzeichen. Hier drei wichtige Logos, damit Sie beim Einkauf sofort wissen, woran Sie sind:

| | | |
|---|---|---|
| CERTIFICATION TRADE MARK WOOLMARK | CERTIFICATION TRADE MARK WOOLMARK BLEND | WOOL BLEND |
| 100% Schurwolle | 50–99,9% Schurwolle | 30–50% Schurwolle |

**Der Öko-Tex Standard 100** wurde 1992 eingeführt, zu einer Zeit, als das ökologische Bewusstsein der Verbraucher wuchs und schadstoffbelastete Textilien immer öfter in die Schlagzeilen gerieten. Ziel des weltweit anerkannten Prüf- und Zertifizierungssystems ist es, Textilien gesundheitliche Unbedenklichkeit zu attestieren – aber auch die Unternehmen der langen Verarbeitungskette für einen verantwortungsbewussten Umgang mit Problemstoffen zu sensibilisieren. Die Teilnahme daran ist freiwillig. Produkte, die sich mit diesem Label schmücken wollen, müssen den Anforderungen eines umfangreichen Kriterienkatalogs entsprechen und werden auf über 100 gesundheitsgefährdende Schadstoffe und Chemikalien hin untersucht. Und in jedem Jahr kommen neue hinzu! Textilien, die dieses Prüfzeichen tragen, wurden unter anderem auf krebserregende, allergisierende oder verbotene Farbstoffe (AZO-Farbmittel) und Pestizidrückstände getestet. Strenge Grenzwerte gelten für Formaldehyd und Schwermetalle, sogar weit über gesetzliche Standards hinaus. Unabhängige Prüfanstalten, darunter das renommierte Forschungsinstitut Hohenstein, sorgen mit regelmäßigen Kontrollen dafür, dass die Bestimmungen des Öko-Tex Standard 100 eingehalten werden. (Weitere Infos im Internet unter www.oeko-tex.com)

TEXTILES VERTRAUEN
Schadstoffgeprüfte Textilien
nach Öko-Tex Standard 100
Prüf-Nr. 00.0.00000 Institut

# Wissenswertes über Chemiefasern

## *Gattungsnamen – Markennamen*

Das Textilkennzeichnungsgesetz schreibt zwar für Chemiefasern die Etikettierung nach Gattungen vor, aber es erlaubt, dass Markennamen hinzugefügt werden dürfen. Nachfolgend die gebräuchlichsten Gattungen und ihre jeweils bekanntesten Markennamen:

- Synthetische Chemiefasern
  - **Elasthan** = Dorlastan, Enka Swing, Lycra.
  - **Polyacryl** = Acrilan, Dolan, Dralon, Orlon.
  - **Polyamid** = Antron, Bri-Nylon, Dorix, Nylon, Nyltest.
  - **Polychlorid** = Rhovyl.
  - **Polyester** = Dacron, Diolen, Tergal, Trevira, Vestan.

- Texturierte (bauschige) Garne
  - **Polyacryl** = Dralon, Ultrapan.
  - **Polyamid** = Antron (texturiert), Helanca, Nyltest, Softalon.
  - **Polyester** = Crimplene, Dacron (texturiert), Diolen loft, Schapira 100% Trevira, Tergal up, Trevira 2000, Vestan texturen.

- **Zellulosische Chemiefasern**
  - **Acetat** = Acetat, Rhodia, Tricel.
  - **Cupro** = Cupresa.
  - **Modal** = Colvera, Zantrel.
  - **Viskose** = Danufil, Danuflor, Enka, Viskose.

## *Herstellung von Chemiefasern*

Chemiefasern werden sowohl aus natürlichen als auch aus synthetischen Ausgangsstoffen hergestellt. Ein wichtiger Rohstoff ist die Zellulose (Hauptbestandteil pflanzlicher Zellen), sie wird aus Kiefern-, Fichten- und Buchenholz gewonnen. Gereinigt und gebleicht ist Zellulose schneeweiß und außerdem wasserunlöslich. Erst der Zusatz von Chemikalien macht sie löslich, was die Herstellung von Textilfasern ermöglicht. Diese können in allen Farben eingefärbt und gesponnen werden. Und weil die Farblösung direkt der Spinnmasse beigemischt werden kann, verfügen Chemiefasern über eine unvergleichliche Farbechtheit – ein großer Vorteil gegenüber Naturfasern.
Die unterschiedlichen Eigenschaften dieser Faserart ergeben sich aus den verschiedenen Herstellungsverfahren, dies sind das Acetat-, Cupro- und Viscose-Verfahren – drei Chemiefaser-Gattungen, deren Grundstoff Zellulose ist. Synthetische Fasern wie Polyester, Polyamid und Polyacryl bestehen aus den Rohstoffen Erdöl oder Kohle. Das Färben der synthetischen Fasern erfordert spezielle Farbstoffe, da sie bei der Herstellung sehr hohen Temperaturen ausgesetzt sind.
Es gibt drei Verfahren, zellulosische oder synthetische Rohstoffe in Fasern zu verwandeln:

- Beim **Nassspinnen** wird der Rohstoff mit chemischen Hilfsmitteln gelöst und durch die Spinndüsen in ein Bad gepresst. Aus dem gelösten Rohstoff entsteht der Faden. Dies ist das Herstellungsverfahren für Cupro und Viskose.
- Der Ausgangsstoff beim **Trockenspinnen** wird mit leicht flüchtigen Lösungsmitteln in eine Spinnlösung gebracht, die durch Düsen in beheizte Spinnschächte gedrückt wird. Das Lösungs-

mittel verdampft und so entstehen feine Fasern. Dies ist das Herstellungsverfahren von Acetat und Polyacryl.

- Beim **Schmelzspinnen** wird die Grundmasse bei sehr hohen Temperaturen geschmolzen und durch Spinndüsen gepresst. Erst durch Abkühlen bilden sich Fasern. Dieses Herstellungsverfahren wird zur Gewinnung von Polyamid und Polyester angewendet.

## *Vielfalt der Garne und Fasern*

Die Zusammensetzung der Rohstoffe verleihen jeder Chemiefaser-Gattung typische Merkmale, aber auch Spinnmasse und -düse haben Einfluss auf deren Beschaffenheit. Der jeweilige Verwendungszweck bestimmt Feinheit, Form und Aussehen der Fasern: Der Masse können Farbstoffe oder Mattierungsmittel hinzugefügt werden, Düsenlöcher können rund oder eckig sein, die Fasern können gekräuselt, glatt, mit Noppen, endlos lang oder als kurze Spinnfäden hergestellt werden – die Variationsmöglichkeiten sind vielfältig.
Nach internationaler Terminologie ergeben sich drei Arten von Garnen:

- **Glatte Filamentgarne** ergeben sich, gedreht oder ungedreht, aus Fasern endloser Länge. Das Garn kann 10 000, aber auch 100 000 Meter lang sein. Es wird auf Spulen gewickelt und wandert dann in die weiterverarbeitende Textilindustrie. Als Polyamide eignen sich glatte Filamentgarne besonders für Wetterschutzkleidung und Regenschirme.
- **Texturierte Garne** sind Filamentgarne, die unter Hitzeeinwirkung und Kräuselung dauerhaft verformt werden. Darunter gibt es bauschige, voluminöse Garne, die dem gewünschten Verwendungszweck entsprechend eine weiche oder straffe Elastizität aufweisen können. Sie werden allein oder kombiniert mit anderen Garnen verwendet und sind wegen ihrer Elastizität ideal für Sport- und Badebekleidung. Da sie mehr Lufteinschluss und Wärmerückhaltungsvermögen haben und besse-

ren Feuchtigkeits-Abtransport ermöglichen, lösen sie die glatten Filamentgarne in der Bekleidungsherstellung immer mehr ab.

- **Spinnfasergarne** werden im Gegensatz zu den glatten Filamentgarnen aus Fasern in begrenzter Länge hergestellt. Dieses Verspinnen von Fasern zu Garnen wird auch bei Baumwolle und Wolle eingesetzt. Aber auch alle Chemiefasern werden als kurze Spinnfasern in der Baumwoll- und Wollspinnerei allein oder in Mischung mit anderen Fasern beispielsweise zu Kleider- und Anzugstoffen verarbeitet.

## Mode-Tipps für Frauen

Umfragen belegen: Fast keine Frau ist mit ihrer Figur zufrieden. Zu dick, zu klein, zu viel oder zu wenig Busen, zu dünn, zu kurze Beine, zu dicke Oberschenkel ... Die Palette ließe sich noch endlos fortführen, doch keine Panik, meine Damen, es gibt für jede das Passende – auch wer nicht mit Idealmaßen aufwarten kann, kann sich schick und modisch kleiden.

### *Für die starke Figur*

Mit ein paar Tricks lassen sich Pölsterchen kaschieren, Körperteile optisch strecken oder überzählige Pfunde einfach wegschummeln. Frauen tragen gerne Schmuck, doch bei fülligen Staturen gilt: Weniger ist mehr. Zuviel Schmuck wirkt wuchtig und betont die Figur noch stärker.

- **Antailliert streckt.** Ein figurbetonter, aber legerer Schnitt lässt die Figur schlanker erscheinen.
- **Boden- oder wadenlange Röcke** lassen den Unterkörper zierlicher aussehen. Doch Vorsicht, dies gilt nicht für sehr kleine

Frauen – bei ihnen kann ein bodenlanger Rock den gegenteiligen Effekt haben!

- **Drei-Knopf-Blazer und überlange Hosen** machen schlank, dürfen allerdings nicht knalleng sitzen. Auch Hosen, die nach unten hin schmaler werden, strecken die Figur.
- **Farbkontraste** lassen den Oberkörper schmaler wirken, etwa wenn man eine helle Bluse trägt und darüber einen dunklen Pullunder oder eine Weste.
- **Gesteppte Bügelfalten** verlängern optisch die Beine.
- **Halsferne Ausschnitte** formen einen schlanken Hals und bringen das Decolleté zur Geltung.
- **Hosenanzüge** strecken bei üppigem Decolleté, doch wichtig ist dabei, dass der Blazer eine kurze, taillierte Form hat. Auch dunkle Farben sind vorteilhaft.
- **Kontrastnähte lenken ab.** Seitliche, andersfarbige Längsnähte an Hosen und Jacken lassen die Silhouette schlanker erscheinen.
- **Längsstreifen** schummeln Kilos weg, strecken, lenken dezent ab und verlagern optisch den Schwerpunkt. Sie lassen die gesamte Körperform schmaler erscheinen.
- **Lässiger Lagen-Look** lenkt ab. Unterschiedliche Saumlängen von Rock und Mantel strecken die Beine optisch.
- **Lebhaft gemusterte** Blusen und Shirts mit plakativen Blüten überspielen eine üppige Oberweite, sofern sie nicht zu eng getragen werden. Unregelmäßige Längsstreifen lenken vom Busen ab und strecken die Figur.
- **Longblusen umspielen breite Hüften.** Schmaler Oberkörper und breite Hüften fallen unter einer langen Bluse weniger auf.
- **Oberteile wie Blusen oder Pullover** sollten bei großer Oberweite in zarten Farben und mit einem tiefen V-Ausschnitt getragen werden. Sie sollten niemals weit und kastig, sondern eher schmal, aber nicht zu eng geschnitten sein.
- **Optische Täuschung:** Wenn Ober- und Hüftweite fast gleich sind und man die Taille nur erahnen kann, gibt es einen optischen Trick, der Wunder bewirkt: Die geschwungenen Linien eines Musters rücken üppige Kurven ins rechte Licht, wenn sie in der Taille zusammenlaufen.
- **Weite Hemden** oder lange, gerade geschnittene Jacken über-

spielen Pölsterchen. Sie kaschieren Problemzonen an Taille, Hüfte, Po und Oberschenkel. Die Kleidung sollte locker sitzen, aus weich fließenden Stoffen bestehen und möglichst kein Futter haben. Lange Oberteile passen zu Hosen ebenso gut wie zu Röcken.

## *Für die zierliche Figur*

Kleine Menschen sollten darauf achten, dass das Outfit immer einen Bezugspunkt bietet, beispielsweise einen tiefen Ausschnitt oder einen Schmuckgürtel, der die gerade, kurze Linie unterbricht. Zierliche Frauen sollten grundsätzlich auf große Muster verzichten, viel Bein zeigen und nicht zu flache Schuhe tragen. Die Devise lautet: nichts verstecken unter langen Röcken und weiten Schnitten.

- **Anzug mit Kurzblazer:** Wenn die Silhouette durch den Jackenabschluss auf Hüfthöhe unterbrochen wird, macht das die Beine optisch länger.
- **Bluse mit Streifen,** vorausgesetzt Längsstreifen, strecken einen kurzen Oberkörper. Kombiniert mit einfarbiger Hose oder Rock werden die Proportionen so wieder ausgeglichen.
- **Hose mit geradem Bein:** Kleine Frauen sollten auf Schlaghosen verzichten – oben schmal und unten weit staucht und lässt die Figur kurz und pummelig wirken. 7/8-Hosen sind ebenfalls besser als überlange.
- **Kostüm mit Ziernaht:** Wenn Jacke und Rock aus dem gleichen Stoff und gleicher Farbe besteht, hat das streckende Wirkung, da die Silhouette nicht unterbrochen wird. Farblich abgesetzte Kontraststreifen ziehen die Figur zusätzlich in die Länge.
- **Mantel bis zum Knie:** Bei dicken Wintermänteln sollte man eine knieumspielte Länge wählen, lange, wuchtige Mäntel sind für zierliche Frauen nicht vorteilhaft.
- **Röcke sollten schmal und wadenlang sein,** denn ein ausgestellter Rock schluckt Körperlänge, ein schmaler Schnitt bis zur

Wade ist günstiger. Am besten wirkt ein einfarbiger Rock in dunklen Farben.

- **Schwarze, lange Hosen** lassen zierliche Frauen meist noch schmaler aussehen. Besser sind helle Hosen aus kräftigen Stoffen – das macht optisch fülliger.

## *Welcher Mantel passt zu mir?*

- **Ist man groß und kräftig,** kann man viele Pfunde unter einem waden- bis knöchellangen Mantel ohne Schulterpolster verstecken.
- **Ist man klein und mollig,** trägt man keine gesteppten Daunenmäntel, sondern besser kurze Mäntel in gedeckter Farbe und ohne Schulterpolster. Streckende Details wie Längssteppung, schmale Form oder in Seitennähten eingearbeitete Taschen machen kleine, mollige Frauen optisch größer.
- **Ist man klein und schlank** ist ein taillierter unifarbener Kurzmantel ohne Schulterpolster vorteilhaft.
- **Ist man groß und dünn** ist ein wadenlanger Swinger mit Schulterpolstern optimal, denn dieser Manteltyp schwingt zum Saum hin glockenförmig aus und lässt dadurch die Figur breiter erscheinen.

## *Welche Hose passt zu mir?*

- **Breite Hüften** Wenn die Hose die Hüften locker umspielt, wirkt das schmaler, als wenn sie die Rundungen nachzeichnet. Wichtig: Die Beinform sollte gerade geschnitten sein.
- **Kräftige Oberschenkel** Ein weiter Schnitt, gerade Hosenbeine und Längsstreifen gleichen das Verhältnis von kräftigen Oberschenkeln und schmalen Unterschenkeln aus und strecken zusätzlich. Dunkle Farben mogeln nochmals einige Zentimeter weg.
- **Kurze Beine** Die Hose sollte lang geschnitten sein und bis auf den Fußspann fallen. Das verlängert streckt, besonders wenn man dazu hohe Absätze trägt.

- **Lange Beine** Damit lange Beine nicht wie Stelzen aussehen, sind Hosen, die nach unten ausgestellt, ideal. Seitliche Knöpfe oder Nieten drücken die Länge ebenfalls. Oberteile über der Hose getragen, verlängern den Oberkörper und die Proportionen sehen harmonischer aus.
- **Schmale Hüften** Wenn man Mini-Rundungen betont, wirken sie üppiger – Gürtelschlaufen und ein enger, figurbetonter Hüftschnitt lenken den Blick auf die Körpermitte.
- **Starker Po** Man sollte alles meiden, was aufträgt, ideal sind Hosen ohne Gesäßtaschen. Das Material ist ebenfalls wichtig: Feste Baumwolle gibt mehr Halt, als Stretchstoff.

## *Welche Jeansform passt zu mir?*

- Ist man *rundum mollig*, sollte man gerade Jeans tragen, die etwas Spiel haben, zum Beispiel Boot-Cut. Für besonderen Komfort sorgen seitliche Gummizüge in der Taille oder auch Stretchstoffe. Eine dunkle Farbe macht schlank und ein weicher Jeansstoff trägt nicht auf, im Gegensatz zum steifen Original-Denim-Gewebe.
- Hat man mit *Bauch und breiten Hüften* zu kämpfen, heißt das Zauberwort bei weiblichen Rundungen Stretch. Dieser Stoff sitzt immer perfekt. Bei Jeans ohne Elasthan sollte man aber darauf achten, dass sie nur bis knapp über den Hüftknochen reichen und auch an der breitesten Stelle locker sitzen. Die Five-Pockets eignet sich am besten.
- Bei einem *starken Po* ist ein guter Taillensitz Pflicht, denn dieser Schnitt modelliert eine »ansprechende Rundung«. Von Vorteil ist, wenn die Hosen keine aufgesetzten Po-Taschen haben, weil sie nicht so auftragen. Elastische Stoffe erhöhen noch den Tragekomfort. Man sollte immer länger geschnittene, offen getragene Oberteile darüber tragen, die bis knapp an die Pospitzen reichen und niemals das Oberteil in die Hose stecken.
- Wenn man *keine Taille* hat, eignet sich der Urtyp der Jeans, die Schmalen mit dem Hüftsitz, zum Beispiel die Five-Pocket-Form oder Regular Fit. Beide Hosenformen sitzen bei knabenhaften

Figuren ohne ausgeprägte Taille wie angegossen und sehen zudem super aus. Großzügige Schnitte wirken da eher verloren. Man sollte hohe Taillen- oder Bundfaltenhosen unbedingt vermeiden.

- Wer *kräftige Waden* hat, sollte die nach unten ausgestellten Hosen im Stil der 70er Jahre tragen. Sie sind ein modernes Versteck für kräftige Waden und Knöchel. Aber auch gerade und locker geschnittene Modelle sind ideal. Die Säume dürfen ruhig auf dem Boden aufliegen und abgestoßen aussehen. Dazu passen spitze Stiefeletten mit hohem Absatz.
- Hat man eine ganz *normale Figur*, hat man freie Wahl. Bei ausgewogenen Proportionen sehen sowohl Röhren-Jeans, weite Formen, Shorts oder lange Jeans gut aus – alles reine Geschmackssache.
- **Nicht vorgewaschene Jeans** immer mindestens eine Größe kleiner kaufen – sie weiten sich beim Tragen noch erheblich.
- **Enge Hosenbeine in Überlänge** stauchen sich auf den Schuhen. Einfach die Seitennähte etwas auftrennen – das sieht lässiger aus.
- **Jeans mit Stretchanteil** sitzen immer perfekt und sind dabei sehr bequem.
- **Jeans für große und starke Körpergrößen?** Tipp: Ruhig einmal in der Herrenabteilung nachsehen. Dort gibt es die größte Auswahl an unterschiedlichen Formen, Größen und Längen.

Weitere Infos siehe Jeans.

## Auch Männer machen Mode

Die Herren der Schöpfung haben dazugelernt – sie sind mutiger, farbenfroher, lässiger und auch ein wenig eitler geworden. Der Mann des 21. Jahrhunderts hat Lust auf Neues und Freude am Luxus, und längst überlässt er die Wahl des Outfits nicht mehr ausschließlich der Frau an seiner Seite. Dieses Interesse schlägt sich natürlich in den Herrenkollektionen nieder – freche Details, bunte Farben, ja selbst ein Schuss Ironie sind heutzutage erlaubt und ge-

wollt. Individualität und Kombinierbarkeit sind gefragt, modische Konturen beim Mann stoßen auf immer größere Akzeptanz.
Selbst im Berufsalltag sind mittlerweile neben den traditionellen Anzügen auch raffinierte Sakkos salonfähig. Kombiniert mit hochwertigen → Jeans oder legeren Baumwollhosen sind Sakkos aus → Flanell, → Kord oder → Shetland nicht länger nur für Sherlock Holmes reserviert. Sogar Zweireiher dürfen jetzt Mut zur Farbe zeigen. Bei Hosen sind → Karos aller Art und → Fischgrät-Muster, für Hemden sogar wieder → Vichy-Karos erlaubt. In Sachen Strick haben auch Männer die Wahl zwischen → Wolle und → Kaschmir oder → Kamelhaar in → Tweedoptiken.
Herrenmode muss Wert, Stil, Zeitlosigkeit und Individualität besitzen, aber sie muss auch bequem sein – der moderne Gentleman soll schließlich Spaß daran haben.

## »Darunter« tut sich was!

Männer interessieren sich schon längst nicht mehr nur bei Frauen fürs »Darunter«. Herrenwäsche, neudeutsch → Underwear, und Homewear, eine Mischung aus → Pyjama und Jogginganzug, haben sich in den letzten Jahrzehnten zum wichtigen → Accessoire entwickelt.
Ein Trendthema dabei ist Farbe: Schwarz, Grau, Graphit und Weiß sind zwar weiterhin stark vertreten, doch der Mut zur Farbe ist offensichtlich – Gelb, Rot, Grün, Kreide, Terrakotta, Oliv, Indigo und Burgund sind im neuen Jahrtausend modische Highlights und große Renner.
Den Wunsch der Herren nach dem Wohlfühleffekt, also Tragekomfort und gute Passform, erfüllen innovative Materialien: → Mikrofasern, so genannte → High-Tech-Fasern, sind ideal für Underwear, Bodywear und → Sportswear. Sie sind → pflegeleicht, knitterarm und saugen Feuchtigkeit nicht auf, sondern leiten sie nach außen. Stoffe aus Mikrofasern sind außerdem weich, leicht und tragen sich wegen ihrer hohen Elastizität wie eine zweite Haut.

Man(n) hat dabei die Wahl zwischen Chemiefasern auf pflanzlicher Basis, wie → Modal und → Tencel oder reinen Kunstfasern, den → Polyamiden. All diese Fasern sind fein ausgesponnen, besonders weich und glänzend, hautfreundlich und atmungsaktiv. Durch ihre positiven Pflege- und Trageeigenschaften verdrängen Chemiefasern natürliche Materialien, wie die altbewährte → Baumwolle immer mehr vom Markt.

# Modische Begriffe und Stoffe von A bis Z

## A

**Abnäher** sind Falten, die keilförmig abgenäht sind. Dadurch wird bei Kleidungsstücken eine ideale Figurbetonung erzielt.

**ABS-Strümpfe** sind Kniestrümpfe und Strumpfhosen mit Gumminoppen unter dem Fuß, dadurch sind sie äußerst rutschfest.

**Accessoire(s)** sind modisches Zubehör beziehungsweise schmückendes Beiwerk, die der Kleidung der Frau perfekte Vollendung gibt. Unter den Sammelbegriff Accessoires fallen → Schuhe, Taschen, Gürtel und auch der ganze (Mode-)Schmuck.

**Acetat** ist eine Chemiefaser, auch → Kunstseide genannt. Sie glänzt seidig und fällt weich. Man findet Acetat unter den Markennamen Rhodia und Rhonel. Typische Eigenschaften sind der weich fließende Fall und dezenter Glanz. Hergestellt werden Acetate als Di- und als Tri-Acetat. Das Tri-Acetat nimmt weniger Feuchtigkeit auf und ist permanent plissierfähig. Als glatte → Filamentgarne und als texturierte Garne werden beide allein und kombiniert mit anderen Garnen verwendet. Acetate werden als Kleider-, Blusen und Futterstoffe verwendet oder als → Wirkplüsch.

**Acribel** → Polyacryl

**Acryl** ist eine synthetische → Polyamidfaser und spielt in Frankreich und Italien eine große Rolle in der Textilproduktion. In Deutschland ist das Verhältnis zu anderen Fasergruppen ausgewogener, während in den USA die Acrylfaser eine besonders hohe Bedeutung hat.

Acrylfasern sind eine deutsche Erfindung, wurden aber erstmals in Amerika auf den Markt gebracht. Acryl wird aus Propylen und Ammoniak hergestellt. Unter den so genannten Synthetiks haben die Acrylfasern die geringere Festigkeit und neigen daher zur Knötchenbildung, jedoch ist die Reiß- und Scheuerfestigkeit erheblich höher. Ihre Feuchtigkeitsaufnahme ist gering, das bedeutet, Acrylfasern können kaum Schweiß aufnehmen. Man verwendet Acrylfasern für wetterfeste Textilien, Kleider, Anzugstoffe, Druckstoffe, Wirk- und Strickwaren für Oberbekleidung und für Unterwäsche. Die Markennamen der Acrylfasern, aus denen → Pullover und sonstige Bekleidungsstücke auf dem Markt gehandelt werden, heißen Dralon, Orlon und Dolan. Bei Export-Artikeln aus dem Ausland, trifft man auf die Namen Crylor, Acrilan, Courtelle und Orlon.

**Acrylan** → Polyacryl

**Advence** → Bumper

**Aeroatec** ist eine → High-Tech-Faser, die Wind, Regen und UV-Strahlen abblockt.

**Aged-Look:** Der Begriff stammt aus dem Englischen und bedeutet übersetzt »alte Optik« und fällt unter den → Used-Look.

**Ajour-Jersey** ist ein feiner → Jersey mit durchbrochenen Mustern, die sich nicht über die gesamte Fläche, sondern in unregelmäßigen Mustern auf dem Gewebe verteilen.

**Ajourmuster:** Ajour ist der Sammelbegriff für Gewebe mit sehr feinen Durchbrüchen in Strickwaren, die eine stickereiähnliche, durchbrochene Optik haben, das so genannte Lochmuster. Im Sommer werden sowohl Oberteile als auch Röcke mit Ajourmuster angeboten. Sie wirken sehr leicht und luftig und lassen sich prima mit zarten, → transparenten Materialien kombinieren.

**Algenunterwäsche:** Der Chemiekonzern »mg technologies« hat eine → Zellulosefaser entwickelt, in die Algen eingearbeitet sind. Beim Tragen der so genannten »SeaCell-Kleidung« werden Mineralien, Vitamine und Proteine an die Haut abgegeben. Die Substanzen lindern Erkrankungen wie Neurodermitis und Psoriasis (Schuppenflechte) und der Haut-Heilungsprozess beschleunigt. Auch nach mehrmaligem Waschen bleiben die Wirkstoffe der Fasern erhalten. Die SeaCell-Unterwäsche ist in Deutschland bei der Firma Kaulberg im Programm.

**A-Linie** ist eine Rockform, die breitere Hüften umspielt. Oben an der Hüfte anliegend und leicht nach unten ausgestellt. Die Rockform gleicht einem »A«. → Figur-Typen

**Alkantara** ist ein Velourslederimitat, aus → Polyester-Mikrofaser bestehendem Fasermaterial, das 60 Prozent des Gesamtgewichtes ausmacht. Dieses Material wird in vier Schritten hergestellt: zuerst wird ein Wirrfaservlies gebildet und mit Kunstharzen vernetzt. Es ergibt sich eine Art Fensterlederstruktur. Dieses Vlies wird dann von beiden Seiten mit → Polyurethan beschichtet. Dann wird das zwischen den beiden außenliegenden Urethanschichten liegende Mikrofaservlies quer durchgeschnitten und in eine gleiche obere und untere Hälfte geteilt. Die Schnittfläche bildet dann die veloursartige Oberfläche. Anschließend wird der Stoff gefärbt, veredelt und nachbehandelt. Aus Alkantara werden unter anderem Mäntel und → Kostüme ftx1hergestellt. Das Material ist robust, → pflegeleicht, bei 40 Grad waschbar, und kostet weniger als echtes → Wildleder.

**Allergiker-Kleidung:** In Spezialgeschäften kann man Kleider für Allergiker kaufen. Dort ist für jeden Artikel die genaue Herkunft angegeben, wie das Material weiterverarbeitet ist, ob Bleich- oder Färbemittel oder Naturfarben verwendet wurden. So kann man leicht herausfinden, ob Allergie auslösende Stoffe vorhanden sind, auf die man selbst allergisch reagiert. Es gibt auch Versandhäuser zum Beispiel Hess Natur, die Allergiker-Kleidung anbieten. Weitere Informationen im Internet unter www.hess-natur.de oder unter Tel. 01 80/535 68 00.

**Allover-Prints** sind Muster, die sich zusammenhängend über eine ganze Stoffbreite ziehen.

**Alpaka** ist eine feine → Wolle und stammt von verschiedenen Schafkamelarten, wie dem Guanako- und Vicunja-Lama. Die Tiere werden in den Anden-Hochländern gezüchtet. Alpaka ist glänzend, wenig gelockt und trotzdem strapazierfähig. Alle zwei Jahre werden die Tiere teilgeschoren, wegen der Kälte in den Bergen. Pro Schur bringt ein Tier zirka 800 bis 1200 Gramm Haar. Die Seltenheit und hohe Qualität machen die Wolle sehr teuer. Man nennt sie auch oft → Lamawolle, sollte sie aber nicht mit → Alpakka (mit zwei »K« geschrieben) verwechseln, einer → Reißwolle aus Lumpen.

**Alpakka-Wolle** hat nichts mit der Alpaka-Wolle (mit einem »K« geschrieben) des Schafkamels zu tun. Diese → Wolle wird aus verschiedenen Wollmischungen oder → Reißwolle (aus Lumpen) hergestellt.

**Alta Moda** → Couture

**Altwolle** wird auch oft als Reißwolle bezeichnet. Diese → Wolle wurde schon einmal zu Kleidungsstücken verarbeitet oder wird aus Textilabfällen durch ein Recyclingverfahren wieder neu aufgearbeitet.

**Amaretta** ist ein synthetisches Material und kommt aus Japan. Es ist aus Mikrofaserwirbelvliesen, bestehend aus feinstrittigen → Polyamidfasern, die mit → Polyurethan verfestigt sind. Amaretta ist ein sehr leichtes Material. Die Oberfläche ähnelt je nach Qualität mehr dem → Velours- und → Nubukleder, ist aber nicht so dick. Doch diese → High-Tech-Faser zeigt sich nicht nur in Velours, sondern auch mit Glattleder-Optik. Amaretta sieht aus wie → Nappa und fühlt sich genau so weich an. Das Material hat selbst in der feinsten Ausführung eine hohe Reißfestigkeit. Mikrofeine Luftkammern sorgen für einen idealen Luftausgleich und bieten auf Grund dieser Atmungsaktivität zu jeder Jahreszeit optimalen Tragekomfort sowie Schutz gegen Kälte. Außerdem ist Kleidung aus Amaretta sehr → pflegeleicht und kann sogar in der Waschmaschine gewaschen werden.

**Amerikanischer Ausschnitt,** auch amerikanische Schulter genannt, verläuft zum Halsansatz hin und gibt die Armkugel und ein Stück der Schulter frei. Diese Ausschnittform findet man bei → Tops, Blusen, Badeanzügen und Kleidern. Vielfach auch mit Kragen oder dekorativer Halsblende gearbeitet. Nicht zu verwechseln mit dem → Neckholder.

**Amerikanisches Futter** ist das nur halb abgefütterte Innenleben von Sakkos, → Blazern und Mänteln. Das heißt, dass statt des ganzen Kleidungsstückes nur die Ärmel und der obere Teil des Rumpfes abgefüttert ist. Diese Verarbeitungstechnik wird bei weich fallenden Stoffen oder Modellen bevorzugt. Während früher jede Version eines Halbfutters in Mänteln und Sakkos als amerikanisches Futter bezeichnet wurde, nennt man heute eine Halbfütterung nur mit Oberstoff → französisches Futter.

**Angeschnittene Träger** bezeichnet eine Zuschneideart. Den Begriff gibt es sowohl bei Unterwäsche als auch bei Oberbekleidung. Beim Zuschneiden der Teile wird der spätere Trägerverlauf gleich mit geschnitten und nicht erst danach angesetzt. Die Stoffbahn für die Träger verläuft durchgehend und wird durch Längsnähte mit Vorder- und Rückenteil verbunden.

**Angorawolle** ist eine besonders weiche Wolle, oft auch → Mohair genannt. Sie wird aus den langen feinen Haaren des Angoraschafs, der Angoraziege sowie des Angorakaninchens gesponnen. Ursprungsland der besten Wollqualität von Tieren ist wahrscheinlich die Region um die uralte zentralanatolische Stadt Angora in den südlichen Randgebieten des Kaukasus in der Türkei. Sie heißt jetzt Ankara und ist seit 1923 Hauptstadt der Türkei. Mit den Angorakatzen hat diese → Wolle aber nichts zu tun. Ein Angorakaninchen produziert im Jahr zwischen 500 und 1000 Gramm Wolle. Alle zehn bis zwölf Wochen wird das wertvolle Angorahaar sorgfältig vom lebenden Tier geschoren, aber zum Schutz des Kaninchens bleibt stets ein ausreichender Restpelz zurück. Wichtigstes Lieferland für Angorawolle ist China. Seit etwa dem ersten Drittel des 18. Jahrhunderts ist das Angorakaninchen auch in Europa heimisch. Seit dieser Zeit ist die wohltuende Wirkung des Angorahaares bekannt, mittlerweile spielen auch deutsche Züchter auf dem Markt eine Rolle.

Die Zucht der Angorakaninchen erfordert sehr viel Sachkenntnis. Das Tier muss sauber und artgerecht in schützenden Ställen gehalten werden. Angorawolle ist seidenweich und federleicht. Die Haare sind besonders fein und ganz glatt, während normale Wolle unter dem Mikroskop betrachtet viel schuppiger und stärker gekräuselt aussieht. Der feine seidige Glanz wird durch diese glatte Haarstruktur bewirkt. Sie verfügt über Eigenschaften, wie sie nur die Natur bieten kann. Ihr Geheimnis ist der Haarkern: Er besteht aus lufthaltigen Zellen, den so genannten Markkammern (feine Hohlräume), dadurch besitzt diese Faser ausgezeichnete Eigenschaften der Wärmeisolation und Feuchtigkeitsabsorbierung. Angorawolle nimmt etwa 60 Prozent ihres

Eigengewichtes an Feuchtigkeit auf. Durch den zarten → Flausch, ist sie angenehm auf der Haut.
Während es für Wollqualitäten international gültige DIN-Normen gibt, wird Angorawolle von Land zu Land nach unterschiedlichen Qualitätskriterien beurteilt. In China beispielsweise wird nach Filzanteil qualifiziert. In Frankreich gibt es keine speziellen Qualitätskriterien. Verlangt man »Sorte 1«, so werden einfach die besten Haare aus der Lieferung des Züchters ausgesucht. Lediglich in Deutschland gibt es feste Normen, an deren Bestimmung auch die Firma »Medima« mitarbeitet.

- **Klasse 1** ist reinweiß, vollkommen sauber, unverworren, mindestens 6 Zentimeter lang.
- **Klasse 2** ist reinweiß, vollkommen sauber, unverworren, unter 6 Zentimeter lang, jedoch mindestens 3 Zentimeter lang.
- **Klasse 3** ist reinweiß, vollkommen sauber, unverworren, weniger als 3 Zentimeter lang.
- **Klasse 4** ist weiß, vollkommen sauber, verfilzt und verworren.
- **Klasse 5** ist weiß, verfilzt, verworren, verunreinigt und/oder mit Fremdkörpern durchsetzt.

**Angora-Unterwäsche:** Bei Unterwäsche wird → Angorawolle meist mit anderen Fasern wie → Seide oder → Schurwolle verarbeitet. Der Angoraanteil muss mindestens 15 bis 20 Prozent betragen. Die Verarbeitung des kostbaren Angorarohstoffes für Unterwäsche ist beispielsweise ein wesentlicher Bestandteil des Erfolges der Firma »Medima«, die zu den Marktführern bei Angora-Produkte zählt. Sie wurde 1958 gegründet und hat den Kopf des Angorakaninchens als Firmen-Logo.

**Anilinleder** ist ein völlig durchgefärbtes → Leder, das in einem Tunkfärbeverfahren gewonnen wird. Durch dieses Verfahren wird das ganze Leder vom Farbstoff voll durchzogen, so dass auch später die Schnittkanten durchgefärbt sind. Das Leder wird so auch geschmeidiger und angenehmer im Griff. Es wird aber auch ganz ohne Farb- und Schutzschicht auf der → Nappa-Seite angeboten. Einziger Nachteil: Es kann dadurch schneller verschmutzen und die Flecken gehen nicht so leicht heraus.

**Animal-Prints** sind Materialien und Stoffe mit topaktuellen

Tierfelldrucken, zum Beispiel im Leoparden-, Kuhfell-, Zebra-Design oder mit Reptilprägung. Das Wort setzt sich aus den englischen Worten »Animal« (Tier) und »Prints« (Drucke) zusammen.

**Animal-Skin-Stil** ist echtes → Fell verschiedener wilder Tiere oder täuschend echte Tierfellimitationen. Wer nur einen Hauch Wildnis in sich trägt, kann sich mit Gürteln, Taschen und → Schuhen im Animal-Skin-Stil in Szene setzen – ob als Druck auf knallengen Hosen oder mit aufgenähten Edelpailletten für den Hollywoodreifen Evening-Event.

**Anorak** ist eine Windbluse mit Kapuze. Das Wort »Anorak« kommt aus der Sprache der Eskimos. Sie verstehen darunter dasselbe wie wir: eine mit Pelzkragen und Kapuze ausstaffierte Jacke, die vor Wind und Wetter schützt. Allerdings dürften die Modelle bei den Eskimos wesentlich dicker gefüttert sein, schließlich müssen sie täglich den arktischen Temperaturen trotzen.

**Anti-Filzausrüstung** ist eine chemische Behandlung die das Verfilzen von → Wolle verhindert. Dabei wird die Schuppenstruktur der Naturfasern durch Ätzvorgänge mit schwachen Chlorlösungen verändert. Anschließend wird die Faser durch ein spezielles Bad gezogen. Dabei wird die Faser so präpariert, dass sich die Schuppenstruktur nicht mehr aufspreizt und den natürlichen Filzvorgang verhindert.

**Antik-Leder** ist ein Begriff, der für speziell bearbeitete Lederstücke steht. Dabei wird blankes → Leder durch Pressen mit tiefen Rillen versehen. Durch Bürst- und Poliereffekte wird die Farbschicht auf alt getrimmt. Die Vertiefungen und Erhöhungen werden meist in verschiedenen Schattierungen eingefärbt. Es handelt sich also nicht um altes Leder, wie es der Name vermuten lässt.

**Anti-Rutsch-Socken** sind Socken mit punktuellen Gummibeschichtungen auf der Sohle zwischen den Ballen und der Fußmitte. Dadurch werden gefährliche Stürze auf glatten Fußböden verhindert. Sie geben auch in → Sabots und → Sandalen festen Halt.

**Anti-Smell-Ausrüstung** hilft gegen unangenehme Gerüche,

weil sie bei Textilien das Wachstum von Bakterien verhindert und die dadurch entstehende Geruchsbildung hemmt. Die mit dem Anti-Smell-Button gekennzeichneten Textilien wurden so veredelt, das Gerüche gehemmt und keine störenden Gerüche, wie beispielsweise Zigarettenrauch, Fett- oder Küchendunst aufgenommen werden. Eine Anti-Smell-Ausrüstung wird in der Reinigung immer wieder aufgefrischt. Das Prinzip der Anti-Smell-Ausrüstung: Die Fasern sind mit so genannten Zyklodextrinen ausgerüstet. Diese ringförmigen Zuckermoleküle binden die Geruchsstoffe. Früher oder später sind die Ringe voll, dann muss auch ein Anti-Smell-Hemd in die Waschmaschine. Bei der Wäsche geben die Zyklodextrine die Muffmoleküle an das Wasser ab und sind wieder aufnahmebereit.

**Anti-Snagging-Ausrüstung:** So bezeichnet man das Überziehen der Faseroberfläche mit filmbildenden Substanzen wie → Acryl- oder Vinylpolymeren. Diese Ausrüstung soll bei Kleidung aus synthetischen Kunstfasern die Knötchenbildung sowie das Fadenziehen und die Laufmaschenbildung verhindern.

**Anti-Stress-Hose** sind Bekleidungstextilien, in deren Stoff dünne Metallfäden verwebt sind. Das antistatische Material soll vor elektromagnetischen Strahlungen – wie denen von Handys, Fernsehern oder Stereoanlagen – schützen und verhindern, dass sich der Körper mit schädlicher Energien auflädt. Bisher gibt es diese Hose in sportlicher Leinenoptik allerdings nur für Männer.

**Anti-Stress-Socken** funktionieren nach dem Prinzip der → Anti-Stress-Hose. Sie gleichen elektromagnetische Wellen aus, stoppen ultraviolette Strahlen und beeinflussen die Gesundheit und das Wohlbefinden positiv. Sie sind aus 35 Prozent → Baumwolle, 35 Prozent → Polyamid, 28 Prozent → Polyester und 2 Prozent → Elasthan hergestellt. Es gibt Anti-Stress-Socken in verschiedenen Farben und Größen, unter anderem bei der Marke »nur die«.

**Antron** → Polyamid

**Antron texturiert** → Polyamid

**Applikationen** sind Schmuckornamente, die aufgenäht oder

aufgebügelt werden. Sie werden beispielsweise auf abgewetzten Kinderhosen an den Knien aufgenäht oder dienen manchmal nur zur Zierde, um ein tristes Kleidungsstück aufzupeppen.

**Appretur** nennt man die Veredelung von Stoffen, zum Beispiel → mercerisieren, → bleichen, → walken, → no pilling.

**Aranmuster** ist ein klassisches Strickmuster das seinen Ursprung in Irland hat, wo fast das ganze Jahr über ein raues Klima herrscht und warme → Pullover wichtig sind. Früher strickten irische Frauen ihren Männern, die als Fischer ihren Lebensunterhalt verdienten, diese dicken, rustikalen Wollpullis mit Strukturmuster. Aran ist eine komplizierte Stricktechnik aus Zopf-, Loch- und Rautenmuster. Die verschlungene Zöpfe, Fischerseile und Zickzackmuster symbolisieren die Form der Meeresküste und die Seile und Stricke der Fischer. Die meisten Pullover sind aus dicker → Schurwolle gearbeitet.

**Argyl:** Der Begriff kommt aus dem Englischen (sprich »ärgail«) und bezeichnet eine spezielle Karo-Rauten-Anordnung. So nennt man auf den Kopf gestellte → Karos, die so genannten Rautenmuster, ein klassisches Strickmuster mit Rhomben und Überkaro. Ursprünglich gab es dieses → Design nur für Strümpfe, dann auch für → Westen und → Cardigans. In den 50er Jahren waren sie als Sambastrümpfe bekannt. Die typischen Farben: Blau, Grau und Grün, Orange und Pastell.

**Argylkaros** → Argyl

**Artisan-Stil:** Der Begriff kommt aus dem Englischen und bedeutet »Handwerker-Stil«. In der Modesprache versteht man darunter einen Stil, der wie handgemacht wirkt – oder tatsächlich in Handarbeit entstanden ist. Dekors wie Stickereien, → Fransen, Bändchen und so weiter spielen dabei eine wichtige Rolle. Unregelmäßigkeiten sind erwünscht.

**Asia-Look:** Darunter versteht man gerade Schnitte, seidige Stoffe, viel Stickerei und asiatische Schriftzeichen – wichtige Details also für einen Hauch von Exotik.

**Asiatischer Wolf** → Hundefelle

**Asymmetrie in der Mode:** Asymmetrisch heißt unregelmäßig. Ein Kleid kann zum Beispiel am Saum schräg geschnitten sein, dabei ist dann eine Seite kürzer als die andere. In der → Mode nennt man das einen asymmetrischen Saumverlauf. So ein abgeschrägter Saum, der meist noch mit schwingenden → Volants betont wird, wirkt sehr feminin und zaubert eine schlanke Silhouette.

**Atlasbindung:** Weil Atlas stets Kett- oder Schussatlas ist, wird auch nur der Kettatlas als Atlas, der Schussatlas aber stets als → Satin bezeichnet. Atlas hat eine griffige Oberfläche. Bei einer besonders glatten glänzenden Oberfläche handelt es sich immer um Schussatlas, also Satin. Atlasbindung ist eine Grundbindung einseitiger Gewebe. Atlas bedeutet glatt und fein. Satin beispielsweise ist ein schweres, hochglänzendes, aber feines Seidengewebe in Atlasbindung aus Chemiefasern. Es gibt aber auch Atlasgewebe aus edler → Seide. Dieses Gewebe ist teuer und nicht sehr strapazierfähig.

**Ausbluten von Farben:** Darunter versteht man, wenn Kleidungsstücke – insbesondere die dunklen Farben – beim Waschen färben. Das passiert oft, wenn Stoffe in eine starke Farblösung getaucht werden und diese nicht vollständig von den Fasern aufgenommen werden. Dann sind sie farbübersättigt. Diese Übersättigung löst sich beim Waschen nach und nach ab.

**Ausbrenner** ist ein Gewebe aus Chemiefasergemisch, bei denen blickdichte und transparente Muster vereint sind. Stoffe erhalten mit dem Ausbrennerverfahren eine ganz spezielle durchscheinende, spitzenartige Musterung. Dabei werden die Fasern des Stoffes mit Chemikalien durch ein spezielles Verfahren behandelt, die den Stoff sozusagen anfressen, teilweise zerstören und dadurch dünner machen. Es entsteht ein Durchbruchmuster. Deshalb kann ein Stoffstück an einer Stelle samtartig wirken und an einer anderen wieder → transparent sein. Nach der Behandlung werden die Stoffe gut ausgewaschen, damit keine hautschädigende Substanzen zurückbleiben.

**Authentic-Used** → Jeans

**Azofarbe** ist ein Teerfarbstoff, der krebserregend und in Deutschland verboten ist.

## B

**Babykord** ist die feinste, leichteste Variante und wird auch oft Kordsamt genannt. Er hat 51 oder mehr Rippen auf zehn Zentimeter Breite.

**Bäcker-Karo** sind immer nur in den Farben schwarz weiß zu finden. Das Karo ist doppelt so groß wie das → Vichy-Karo.

**Baggys** sind Hosen für Jugendliche, die aussehen als seien sie ein paar Nummern zu groß.

**Baggy-Jeans** → Jeans

**Baggy-Pants** werden auch 7/8lange Hosen genannt. Sie haben oft einen extra weiten Schnitt. Die gemäßigte Variante ist der Tunnelzug in der Taille und dadurch ist die Baggy-Pant sehr bequem.

**Baguette-Taschen-Form:** Diese Handtaschen zeichnen sich durch ihr extrem schmales Querformat aus. Das Wort kommt aus Frankreich und ist von dem gleichnamigen Brot abgeleitet. Die Taschen haben eine längliche Form und sind deshalb bequem unter dem Arm zu tragen; häufig haben sie einen Tragehenkel oder Schulterriemen. Es gibt sie aus schlichtem oder geprägtem → Leder in vielen Farben, aber auch aus Stoff oder üppig bestickt als Abendtäschchen.

**Balconet** ist ein trägerloser → BH, der unter → Korsagen oder schulterfreien → Tops guten Halt gibt. Vielseitig einsetzbar sind die Versionen mit abnehmbaren Trägern.

**Ballerinas** sind flache, weit ausgeschnittene, geschlossene → Schuhe mit abgerundeter Spitze. Ursprünglich sind sie den klassischen Ballettschuhen nachempfunden und seit den 50er Jahren nicht mehr aus der → Mode gekommen. Der Ballerina mit dem kleinen Absatz zählt zu den Schuh-Klassikern, passt zu Hosen und Röcken und ist eine ideale Mischung zwischen sportivem Chic und femininer Eleganz.

**Ballerina-Rocklänge:** So bezeichnet man die Länge bis zum unteren Wadenrand, also eine Rocklänge, die über dem Knöchel endet.

**Ballonmützen:** In den 70er Jahren waren sie die Lieblingskopfbedeckung vieler Stars. Eine Mütze, deren Korpus wie ein Ballon aussieht, vorne mit einem Schild.

**Ballonseide** ist ein feines leichtes Chemiegewebe, das auch häufig imprägniert, also wasserabweisend ist.

**Bandanas** sind aus Indien stammende kleine Seidentücher, die Anfang des 18. Jahrhunderts nach England, Holland und später auch nach Nordamerika exportiert wurden. Cowboys trugen sie als Halstücher und seit den 80er Jahren bindet man sie cool um den Kopf wie ein Piratenkopftuch.

**Bandeau:** Das Wort kommt aus dem Französischen (sprich »bandoo«) und heißt wörtlich übersetzt »Band« oder »Binde«. Bandeau bezeichnet ein trägerloses Oberteil. In der Modesprache bezeichnet der Begriff die aktuelle Alternative zu → Büstenhalter oder zum → Bustier. Das breite, enganliegende Bandeau kommt ohne Träger aus, ist glatt, gerafft oder kann geknotet sein. Durch seinen Stretchanteil liegt ein Bandeau immer eng an und wird vor allem unter → transparenten Oberteilen getragen.

**Bandeau-BH** ist ein trägerloser → BH für stark decolletierte Kleider. In der Bademode sind oftmals die Bikinioberteile so gearbeitet, dass sie wie ein breites Band über dem Busen verlaufen, das in der Mitte gerafft oder geknotet wird.

**Bandolera** ist ein langer Rock mit Gürteltasche.

**Baskenmütze** nennt man eine schirm- und randlose Mütze aus Wollfilz. Sie wird in Frankreich als »Béret« bezeichnet. Das Original hat hinten ein kleines Schwänzchen.

**Bastfaser:** Hierbei handelt es sich um einen Rohstoff beziehungsweise eine → Zellulosefaser, die aus der Flachspflanze hergestellt wird. Die Fasern werden aus den Stengeln, aber auch aus den Blättern gewonnen. Der daraus entstandene Stoff ist strapazierfähig, aber sehr unregelmäßig. Die Oberfläche hat nach dem Weben kleine Knötchen und enthält manchmal auch Faserrückstände von den Pflanzen.

**Batikdruck:** Das Verfahren kommt aus dem Malaiischen. In der Stoffindustrie werden Stoffe mit Wachs bestrichen und nach dem Erhärten gebrochen. An diesen Bruchstellen und an nicht satt genug bestrichenen Stellen dringt Farbe ein, wenn die gewachsten Stoffe eingefärbt werden. Dadurch bilden sich feine, unregelmäßige Äderungen und es entsteht das Batikmuster. Inzwischen werden diese Äderungen maschinell durch Prägewalzen erzielt. Unechte Batiks erkennt man zum Beispiel an den Wiederholungen des gleichen Musters. Wenn man »echte« Batikmuster zu Hause auf ein → T-Shirt bringen will, zieht man ein Stück Stoff zusammen, bindet dieses so fest wie möglich ein und taucht das Stück in die Farbe. Wenn dann das ganze → Shirt zum Beispiel rot gefärbt wurde, zeigt sich das Abgebundene in der Originalfarbe als Musterung. Die Musterung fällt durch die Bindetechnik immer wieder anders aus. In den 70er Jahren waren Batikdrucke sehr in → Mode.

**Batist** ist ein sehr feinfädiges dichtes Gewebe in Leinwandbindung. Der Name stammt vom ersten Hersteller, dem Franzosen Jean Baptiste. Zur Herstellung von Batist können verschiedene Materialien verarbeitet werden, zum Beispiel → Baumwolle, → Leinen, → Seide und → Zellwolle. Außerdem gibt es bei der feinen Baumwollgrundware Abstufungen: Batiste aus gekämmtem Mako (→ Makobatist) sind sehr fein, leicht und hochwertig. Besonders edel ist → Glasbatist, und → Organdy. Die feinsten Batiste werden → Schweizer Batiste genannt.

**Bauchformer** sind → Bodys mit einem verstärkten Mittelteil von BH-Ansatz bis zum Beinabschluss. Ein hoher Magen oder das kleine Bäuchlein verschwinden spielend darunter. Es gibt auch Strumpfhosen und → Slips mit dem eingebauten Bauchweg-Patent.

**Bauernleinen** ist grobes nicht vollgebleichtes → Leinen. Es wird für Hemden und Röcke ebenso wie für Bettücher und Tischdecken verwendet.

**Baumwolle:** Heute ist Baumwolle der auf der Welt am meisten gebrauchte Textilrohstoff. Die Faserpflanze wird vor allem in den USA, Südamerika, Asien und Afrika angebaut. Bereits 3000 v. Chr. erkannten die Inder, dass sich die weißen Flocken der Baumwollpflanze zur Stoffherstellung eignen. Später brachten die Briten die Pflanze in die amerikanischen Kolonien. Von dort aus begann der Siegeszug der Baumwolle um die ganze Welt. Den Durchbruch schaffte die Baumwolle in Form einer Arbeiterhose – der weltweit bekannten → Jeans.

Die Faser der Baumwolle wächst als Samenhaar in den Fruchtkapseln der Pflanze (eine malvenähnliche Staudenpflanze). Die etwa walnussgroße Frucht besteht aus einer Kapsel mit etwa drei bis fünf Fächern, die noch vor der endgültigen Reife aufplatzen und die Samenhaare hervorquellen lassen. In dieser Reifezeit wird die Baumwolle gepflückt und vollständig getrocknet. Nach dem Trocknen werden die Faserbüschel aus den Kapseln gelöst. Dabei ist die Faserlänge sehr wichtig, denn je länger die Faser, desto besser und teurer ist die Roh-Baumwolle. Das strapazierfähige und waschmaschinenfeste Material ist von Natur aus glatt und matt, kann aber durch ein Veredelungsverfahren, dem so genannten → Mercerisieren, zu seidigem Glanz gebracht werden. Baumwolle ist besonders hautfreundlich und nimmt fast 20 Prozent ihres Eigengewichts an Feuchtigkeit auf, ohne sich feucht anzufühlen. Ihr Nachteil: sie knittert stark. Aber: Baumwolle filzt nicht, kann bis 95 Grad (farbige Baumwolle bei 60 Grad) gewaschen werden und lässt sich sehr gut einfärben. Bei guten Qualitäten ist sie gegen das Einlaufen vorbehandelt. Dennoch ist Baumwolle nicht gleich Baumwolle, auch wenn auf den Textilien die gleiche Bezeichnung steht, gibt es kleine, aber feine Unterschiede. Bei Baumwolle unterscheidet man in die folgenden Qualitäten:

- **Baumwoll-Batist** ist besonders feine, leicht glänzende Baumwolle, die hauptsächlich für zarte Nachtwäsche, Blusen und Taschentücher verwendet wird.
- **Baumwoll-Crepe** ist dagegen ein Gewebe mit eher körniger Optik, das häufig zu Tüchern verarbeitet wird.
- **Baumwoll-Denim** ist ein ausgesprochen kräftiger, strapazierfähiger Stoff, aus dem in erster Linie → Jeans hergestellt werden.
- **Baumwolle, knitterfrei** findet oft bei → bügelfreien Hemden und Blusen Verwendung. Hier wird die Faser chemisch so verändert, dass sie auf Dauer formstabil bleibt. Allergiker sollten aber vorsichtig sein, denn bei dieser Qualität kann es zu allergischen Reizungen kommen. Steht auf dem Etikett → bügelarm, sollte man ebenfalls aufpassen. Der Grund: Die Stoffe werden mit Kunstharzen angereichert, die bereits nach wenigen Wäschen ihre Antiknitter-Wirkung verlieren.
- **Baumwolle, mercerisierte** erhält durch chemische Behand-

lung einen waschbeständigen, seidigen Glanz und mehr Festigkeit.

- **Baumwolle, gechintzt** bedeutet, dass das Material mit einer Wachs-Emulsion oder Kunstharz behandelt wird und zuvor bei der Herstellung mehrere Walzen durchläuft. So entsteht der Glanzeffekt auf einer Seite. Diese Baumwolle eignet sich für Mäntel, Hosen, Jacken und auch für Deko-Stoffe. Damit der Glanz sehr lange erhalten bleibt, sollten gechinzte Teile nur chemisch gereinigt werden.

**Baumwoll-Linters** sind nicht verspinnbare Faserreste und werden als Rohstoff für die Erzeugung von → Cupro verwendet.

**Beach-Cotton** ist eine segeltuchartige → Popeline für die sportliche Note.

**Bell Bottom Jeans:** Der Ausdruck stammt aus dem Englischen und bedeutet »Glockenboden«. So bezeichnet man eine aktuelle Hosenform (→ Jeans), die an den Oberschenkeln und Knien schmal geschnitten und zum Saum hin glockig ausgestellt ist.

**Belseta** ist ein → Mikrofasergewebe mit geschmirgelter, leicht rauer Oberfläche, das vor mehr als zwanzig Jahren entwickelt wurde. Belseta fühlt sich natürlich weich und geschmeidig an und verliert diese Eigenschaft auch nicht nach mehrmaligem Waschen. Es eignet sich auch als Velourslederimitat. Der Stoff ist atmungsaktiv, das heißt der Luft- und Feuchtigkeitsaustausch ist optimal und bietet bei jedem Wetter ein angenehmes Körperklima. Nässe und Wind können nicht eindringen, denn Belseta-Stoff ist wasserabweisend und ohne Membrane oder Beschichtung winddicht. Kleidungsstücke aus Belseta können sogar in der Waschmaschine gewaschen oder chemisch gereinigt werden. Einzelne Flecken werden einfach mit lauwarmem Wasser und Feinwaschmittel entfernt.

**Béret** → Baskenmütze

**Bermudas:** Die beliebten Hosen stammen aus – man ahnt es schon – Amerika. Sie haben ihren Namen von den Bermuda-Inseln, die im Atlantischen Ozean vor der Südostküste der USA liegen und früher britische Kronkolonie waren. Da die Briten mit dem warmen Klima klarkommen mussten, aber auf Stil nicht verzichten wollten, kreierten sie die knielangen → Shorts mit Aufschlag. Die Hosen, im geraden Schnitt gearbeitet, reichen mit einer Länge maximal 10 Zentimeter über, aber auch bis zu dem Knie. Sie sind besonders vorteilhaft für große Frauen, da die Figur optisch verkürzt wird.

**Best** → Gütesiegel

**Bettelarmband** ist ein Kettenarmband mit kleinen Glückssymbolen daran, zum Beispiel mit Würfeln, Münzen oder Kleeblättern. Das von der bayerischen Uhrenkette, dem Schariwari, inspirierte Schmuckstück mochten schon Marilyn Monroe und Brigitte Bardot als → Accessoire. In den 50er und 60er Jahren sammelten modebewusste Frauen auf Reisen Anhänger mit Motiven und Aufschriften von Städten, die sie besucht hatten. Viele waren so verrückt auf die kleinen Glücksanhänger, dass sie immer und überall darum bettelten – das gab dem Kettchen seinen Namen.

**Better** → Gütesiegel

**Beverly-Hills-Look** ist ein glamouröser Modemix, ganz im Stil der Schönen und Reichen Hollywoods. Noblesse und Glamour werden aber nicht schrill und plakativ, sondern eher dezent betont umgesetzt. Dabei schimmert immer viel in Gold, Kupfer und Bronze, oft auch im Zusammenspiel mit Camel-Braun, dunklen Rot- und Violettönen. Die meisten Stoffe und Strickstoffe sind mit Lurexfäden durchzogen, Goldstaub-Beschichtungen und teilweise Metallicdrucke erzeugen zusätzliche Spannung. Kettengürtel liegen auf den Hüften, Gold- oder → Strass-Knöpfe schmücken Manschettenärmel, Goldsteppereien motzen selbst → Denim auf und → Accessoires wie Sonnenbrillen können nicht auffällig genug sein. Tiefe → Decolletés oder schmale Röhren-Hosen verstärken zusätzlich den Sex-Appeal.

**BH** heißt in Deutschland und anderen Ländern ganz einfach »Büstenhalter«. In Holland und Schweden wird er dagegen »Beha« genannt. In England heißt er »Brassiere«, abgekürzt »Bra«. In Frankreich nennt man ihn »soutien-gorge«. → Büstenhalter

**BH, gemoldet:** Der Begriff »gemoldet« kommt aus dem Englischen und heißt »formen« beziehungsweise »modellieren«. Die → Dessous-Hersteller haben diese Bezeichnung für BH-Cups übernommen und verstehen darunter nahtlose, vorgeformte

→ Cups. Durch die spezielle Verarbeitung kann sich zum Beispiel unter figurbetonender Kleidung nichts abzeichnen.

**BH-Hemd** ist ein Unterhemd mit eingearbeiteten Cups, häufig sogar mit Formbügeln.

**Biber** ist ein gerautes Baumwollgewebe, das weich und flauschig ist. Es wird überwiegend zu Bettwäsche verarbeitet.

**Bi-elastisch:** Viele Kleidungsstücke, die mit Stretchanteil ausgestattet sind, dehnen sich lediglich in die Breite. Bi-elastisch heißt dagegen, dass das Stück zusätzlich auch in der Länge nachgibt. So passen sich zum Beispiel Hosen gut der Form des Körpers an, außerdem sind sie knitterarm und → pflegeleicht. Besonders angenehm ist dies bei → Bodys oder Unterziehwäsche, die unter dem Bund in der Bewegung nachgeben soll.

**Biese** ist eine Bezeichnung für eine ganz schmale Stoffnaht mit Schnureinlage. Biesen findet man vor allem bei aufwändiger gearbeiteten Blusen und auch bei Bettwäsche.

**Big-Shirt** ist ein langes → T-Shirt.

**Biker-Jacken** sind ursprünglich kurze bis zur Taille reichende Motorradjacken aus → Leder mit Nieten. Sie haben aber mit dem früheren Rocker-Image heute nichts mehr zu tun. Es gibt sie in feinstem Lammnappa, → Jeans und im Sommer in feinen Stoffen und zarten Farben. Sie sind figurbetont, mit Stehkragen und durchgehendem → Reißverschluss ausgestattet.

**Bikini:** Es wird davon berichtet, dass wir den modischen Zweiteiler der US-amerikanischen Regierung zu verdanken haben. Als sie im Jahre 1943 beschloss, dass in der Damenbekleidung zehn Prozent weniger Stoff zu verwenden sei, betraf dies auch die Bademode. Als erstes wurde der Rock beim damals üblichen Badekleid weggelassen. Dann folgte die Freiheit für den Bauchnabel. Der Bikini wurde im Sommer 1946 geboren und zwar so: Wenige Tage nach einem Atomtest der Amerikaner auf dem Bikini-Atoll im Südpazifik, fand im Pariser Nobelbad »Molitor« eine Bademodenschau statt. Der Modeschöpfer Louis Reard präsentiert die üblichen Einteiler und den Bikini – damals ein Skandal. Er leitete die Bezeichnung »Bikini« von den gleichnamigen Südseeinseln ab. »Bi« kommt aus dem Lateinischen und heißt übersetzt »zwei« – und das erschien ihm für sein zweiteiliges Bade-

Outfit passend. Reard war zu diesem Zeitpunkt fast pleite, der Name Bikini sollte ihm jenes interessierte Raunen verschaffen, das Tage zuvor bei besagtem Atomtest schon einmal um die Welt gegangen war. Und obwohl der Bikini am Anfang überall für Aufregung und Skandale sorgte, er setzte sich dennoch durch.

**Bikini** oder **Badeanzug für nahtlose Bräune:** Das Prinzip: durch ein netzartiges Gewebe mit Tausenden von kleinen Poren kommt Sonne an die Haut. Das Material schützt aber gleichzeitig mit einem Lichtfaktor 4 bis 8 und ist im nassen wie im trockenen Zustand absolut blickdicht.

**Bindung:** Darunter versteht man die Art der Fadenverkreuzung der Garne bei der Herstellung. Auf einem Webstuhl werden zuerst die → Kettfäden senkrecht gespannt. Durch eine Einstellung am Webstuhl werden die Kettfäden abwechselnd nach oben und unten gedrückt. Wenn man dagegen schaut, sieht man die Verknüpfungen wie eine Kette. Dadurch entsteht ein Zwischenraum. In diesen Zwischenraum wird ein zweiter Faden, der so genannte → Schussfaden geschoben, die Unterteilung gelockert und der Faden mittels eines Holzes fest gegen das schon bestehende Gewebe gedrückt. So entsteht die einfache Bindung.

**Bio-Textilien** müssen aus naturbelassenen Stoffen wie → Baumwolle hergestellt werden ohne Beimischung anderer Fasern, frei von Kunstharzen oder gar Formaldehyd. Diese Textilien dürfen außerdem keine Allergie erzeugenden Zusatzstoffe enthalten. Siehe auch → Öko-Textilien.

**Bisam** ist das → Fell einer in Amerika lebenden, heute auch gezüchteten Wühlmaus, die fast so groß wie eine Ratte ist. Das Fell der Bisams (helle Unterhaare, dunkle Oberhaare) kann original verarbeitet oder auch in den Farben anderer Tiere eingefärbt werden.

**Black-Denim:** Hierbei handelt es sich meist um einen schwarz eingefärbten → Köper. Dieser verliert erst nach vielen Wäschen ein wenig seiner Farbe. Wird das Kleidungsstück nach dem Waschen allerdings blau-grau, dann handelt es sich um den blauen → Jeansstoff, der schwarz eingefärbt wurde.

**Blando** → Nappaleder

**Blasebalgtaschen** sind große aufgesetzte beutelartige Taschen. Ihren Namen haben sie von der Form des Blasebalgs (Ziehharmonika-Effekt).

**Blazer** sind schmale Jacken, die leicht auf die Figur zugeschnitten sind.

**Bleaching:** Um den gebleichten Look zu erzielen wird dem → Jeansstoff oder den fertigen Hosen beim Vorwaschen ein Bleichmittel zugefügt, das dem Stoff die → Indigo-Farbe entzieht. Die Bezeichnung kommt vom englischen Begriff »to bleach« (bleichen). Siehe auch → Jeans.

**Blende** ist ein Phantasiebesatz – meist einfarbig gehalten – aus sich abhebenden, aufgesteppten oder aufgenähten Stoffstückchen oder -Streifen. Auch Wolltressen zum Einfassen, Ripsborten oder Samtpaspelierungen gehören dazu.

**Bleichen:** Früher legte man seine Wäsche auf die Bleiche, das heißt, sie wurde auf einer Wiese ins Sonnenlicht ausgebreitet und immer wieder mit Wasser begossen. So bleichte die Farbe allmählich aus und der Stoff wurde weiß. Auch Flecken wurden so ausgebleicht. Wenn beispielsweise → Nessel einen gelblich-beigen Farbton aufweist, der durch die Farbstoffe kommt, die dem Rohstoff anhaften, wird dieser Stoff gekocht und oft mit chemischen Mitteln gebleicht.

**Blickdicht** → Strumpfkunde

**Bloomers** sind kniekurze oder knöchellange → Pumphosen. Ursprünglich kommen sie aus dem Orient, wo sie Jahrhunderte lang die bevorzugte Beinkleidung von Männern und Frauen waren. Haremsdamen trugen sie meist aus kostbarer → Seide oder → Chiffon. In Europa wurde die Pumphose erst Ende der 60er Jahre populär, unter anderem durch den → Designer Yves St. Laurent, der sie zu kniehohen Stiefeln kombinierte.

**Blouson** ist eine kurze, bis zur Taille reichende Jacke mit Strick-Bund oder Gummizug-Bund.

**Blousonblazer:** Das Typische an dieser Jacke ist, dass sie ungefüttert und deshalb sommerleicht ist. Es gibt sie von hüft- bis oberschenkellang. Der Blusenblazer wiederum sieht wie eine klassische kurze Hemdbluse aus. Er wird oft durch einen Tunnelzug oder ein Gummibündchen zusammengerafft. Sowohl → Blousonblazer als auch → Blusenblazer lassen sich gut zu schmalen Röcken und Hosen kombinieren.

**Blue Denim** → Jeans

**Blue used:** Darunter versteht man → Jeans, die aussehen, als wären sie schon einmal getragen. Der Look entsteht, wenn → Denim mit Quarzsand abgestrahlt wird.

**Blümchenmuster:** Je kleiner die Blumen, desto günstiger – so die Grundregel für dieses Muster. Die romantische Variante mit vielen Blümchen, auch »Millefleurs« (tausend Blumen) genannt, passen zu jeder Frau. Sehr großflächige Blumenmuster wirken bei üppiger Figur unvorteilhaft.

**Blusenblazer:** Er sieht aus wie eine klassische Hemdbluse und hat nicht den klassischen steifen Reverskragen wie der → Blazer und eine dichtere → Knopfleiste.

**Bodybags** sind aktuelle Taschen, die als Hüft-, Rücken- und Gürteltasche getragen werden. Der Begriff setzt sich aus den englischen Wörtern »Body« (Körper) und »Bag« (Tasche) zusammen. Bodybags sind modische → Accessoires. Es gibt sie als eine Art Rucksack mit diagonalen Schulterriemen oder kleine Beutelchen, die am Gürtel befestigt sind. Sie sollten stets locker sitzen und nicht zu prall gefüllt sein, sonst schnüren sie Busen und Taille ein und lassen die Figur unvorteilhaft wirken. Die traditionellen Schultertaschen zählen jedoch nicht zu den Bodybags.

**Body-Bijoux** sind so genannte Körperjuwelen, zum Beispiel Glitzer-Tatoos mit echten Kristallen, die auf Schultern, → Decolleté oder Oberarme aufgeklebt werden.

**Bodybuilder** sind schlank machende Miederwaren aus hochelastischen High-Tech-Materialien. Sie modellieren Problemzonen und sorgen für betont weibliche Kurven.

**Bodyliner** ist ein eng anliegendes, modellierendes Unterkleid mit hohem Elastik-Anteil, das man stets vor dem Kauf anprobieren sollte, da es ganz perfekt sitzen muss. Es modelliert sanft und fast unsichtbar die Figur, denn der Bodyliner zeichnet sich nicht ab und ist somit ideal unter figurbetonter Stretchkleidung. Bodyliner-Größen orientieren sich meistens an der → BH-Größe, nicht an der Konfektionsgröße und dürfen beim Kauf ruhig etwas knapp sitzen.

**Bodys** sind eigentlich Wäschestücke, sprich: Hemd und Hose in einem. Heutige »Former« haben allerdings mit Omas Bieder-Mieder nichts mehr gemeinsam, denn sie können auch als Oberbekleidung getragen oder mit engen Teilen kombiniert werden. Bodys machen optisch schlanker, weil sie die Figur sanft modellieren. Gerade bei etwas mehr Figur rückt ein Body so Bauch, Hüfte, Po und Busen ins richtige Licht. Deshalb sollte ein Body immer hauteng getragen werden.

**Bodyscanning** ist ein Verfahren, das es ermöglicht per Computer-Analyse Kleidung auf Maß anzuprobieren.

**Body-Shirt** ist ein Hemdhöschen mit oder ohne Ärmel.

**Bodyslimmer** sind modellierende → Dessous. Unter der Bezeichnung werden → Slips, → Tops, Miederhosen mit Innenslip und → Bodys zusammengefasst, die durch hochelastischen → Lycrajersey und eingearbeitete Haftbänder formen. Bodeslimmer kommt aus den USA, es gibt sie aber auch im deutschen Fachhandel.

**Bodysuit** (sprich »bodisut«) ist ein blusen- oder pulliähnliches Oberteil mit angeschnittenem oder angesetztem → Slip. Der Vorteil: Da der Bodysuit in einem Stück gearbeitet ist, sitzt das sichtbar getragene Oberteil immer perfekt und kann nicht verrutschen.

**Bolero** ist ein kurzes, vorne offenes, knopfloses Jäckchen, das über Sommerkleider und Blusen getragen wird.

**Bollywood-Stil** ist eine Zusammenziehung der Städtenamen »Bombay« und »Hollywood«. Mit dem Bollywood-Stil wird ein neuer Metropolen-Stile umschrieben.

**Boot-Cut-Hose:** Der Begriff bezeichnet Hosen mit geradem, schlanken Schnitt mit leicht ausgestellter Optik ab dem Knie. Siehe auch → Jeans.

**Boot-Leg** → Jeans

**Bordüre:** Darunter versteht man ein angelegtes Muster, zum Beispiel Blumen oder Streifen, die durch ihre Form, Breite, Größe oder das Farbenspiel die Stoffflächen beherrschen. Ein einfarbiger Stoff wird mit Bordüren so ausgestattet, dass sie zum Beispiel am unteren Rand eines Kleides oder an der → Passe einer Bluse als Blickpunkt gesetzt werden.

**Borettseide** ist eine schwere → Seide mit → Noppen und Knoten im Webbild. Sie fühlt sich an wie → Wildseide.

**Borkenkrepp** ist ein Stoff mit baumrindenartiger (borkiger) Oberfläche.

**Borsalino:** So heißt ein typischer Herrenhut mit breiter Krempe. Diesen eleganten weichen Filzhut trug beispielsweise Humphrey Bogart, der ihn tief ins Gesicht zog Er wurde nach seinem Erfinder benannt, dem italienischen Hutmacher G. Borsalino, der ihn 1857 das erste Mal hergestellt hatte. Ursprünglich ein Herrenhut, ist der Borsalino auch für Frauen ganz aktuell. Er passt besonders gut zu maskulinen Mäntel mit breiten Revers wie etwa → Trenchcoats.

**Borten** sind gewebte Bänder mit vielen verschiedenen bunten Mustern, die als Verzierung auf Kleidungsstücke aufgenäht werden.

**Boucle** ist eine Woll-Spinnfaser, gestrickt oder gewebt, mit körniger Oberfläche. Als Wintermaterial wird er oft für Kleider und Mäntel verwendet, weil er ausgesprochen weich und warm ist. Vor allem für Mützen und Schals ist Boucle sehr beliebt. Er wird durch die Verwendung von Effektzwirnen mit unregelmäßigen schlingenförmigen Verdickungen (Knoten,) die auch → Noppen genannt werden, erzielt. Die Oberfläche von Boucle fühlt sich leicht »höckerig« an und man unterscheidet zwischen »das Boucle« und »der Boucle«: Das Boucle ist ein Garn mit Knoten und Schlingen, das man zur Herstellung von → Pullovern und Strickjacken verwendet. Der Boucle ist dagegen ein Kleider- und Mantelstoff.

**Bouclejersey** ist ein dehnbarer Maschenstoff mit unterschiedlichen großen → Noppen.

**Boule-Röcke** ist die Bezeichnung für eine topaktuelle Rockform. Der Begriff »Boule« stammt aus Frankreich und bedeutet übersetzt »Kugel«. Die Modelle sind in der Mitte bauschig weit und am Saum schmaler geschnitten. Dazu passen am besten flache → Schuhe im Pantoffel-Stil und figurnahe Oberteile.

**Bowling Bag** (sprich »booling bäg«) ist eine Handtasche, die unten gerade und nach oben hin halb rund ist. Früher haben die

Profi Bowler ihre Kugeln in so einer Tasche transportiert, nun sind sie als ganz normale Handtasche topaktuell. Sie sehen gut zu sportlicher und klassischer → Mode aus.

**Boxer** ist die Bezeichnung für einen Trendschuh. Das → Design dieser Schnürstiefelette aus → Leder ist natürlich aus dem Boxsport entlehnt. Sie sind meist knöchelhoch, aber immer mit einer flachen Sohle und passen nicht nur zu → Jeans, sondern sind auch schick zu einer klassischen Hose.

**Boxer-Shorts** sind bequeme Unterhosen mit langen weiten Beinen.

**Bozener Loden** ist ein schwerer → Tuchloden, ohne Strich für Mäntel, Trachtenjacken, Berghosen, Jagdbekleidung. Er ist stets imprägniert.

**Bra-Top** ist Bügel-BH und Hemdchen in einem.

**Brennprobe bei Stoffen:** Anhand des Brennverhaltens kann man auf das Material eines Stoffes schließen. Naturfasern unterteilt man in pflanzliche Fasern (→ Baumwolle, → Leinen) und tierische Fasern (→ Seide, → Wolle → Schafwolle). Beim Verbrennen hinterlassen die pflanzlichen Stoffe wenig Rückstand, eine weißgräuliche Asche und haben einen Geruch nach verbranntem Papier. Wolle und Seide verbrennen mit dunkler, blasig-krümeliger, leicht zerdrückbarer Asche und es riecht nach verbranntem Haar. Geschaffene Cellulosefasern verhalten sich wie pflanzliche Fasern. Synthetische Fasern verbrennen schmelzend und hinterlassen meist dunkle Klümpchen. Über die wirkliche Stoffqualität erfährt man aber dadurch nicht viel.

**Breitkord** hat zirka 18 Rippen pro 10 Zentimeter Breite und ist sehr hochflorig.

**Bri-Nylon** → Polyamid

**Brokat:** Der Name Brokat stammt aus dem Italienischen und bedeutet »bestickt«. Früher war der wertvolle Stoff nur Edelleuten vorbehalten, heute ist er Dank des aktuellen Trends zu modischem Prunk auch in der Tagesmode zu sehen. Samtig, schimmernd oder üppig mit fantasievollen Ornamenten bedruckt, eignet sich Brokat für alle Kreationen mit Renaissance-Flair. Technisch gesehen handelt es sich bei Brokat um eine besonders edle Variante des Jacquard. Herstellung und Mustervielfalt sind zwar fast gleich, doch beim Brokat werden zusätzlich Metallfäden und Glanzgarne eingewebt. So wird die großflächige Musterung eindrucksvoll und festlich betont. Das Gegenstück zum edeln Brokat ist → Lame.

**Brust-Füller:** Der → Water-Bra ist eine kleine → Decolleté-Sensation. Zwei mit einem Wasser-Öl-Gemisch gefüllte Kissen unter dem Oberteil rücken flache Brüste attraktiv in den Blickpunkt. Damit lässt sich die Oberweite um eine Körbchengröße aufmotzen. Auch sehr beliebt: der → Push-up-Büstenhalter oder → BHs mit unauffälligen Silikoneinlagen.

**Bügelarm** besagt, dass die Stoffe nach dem Waschen zwar nicht gebügelt werden müssen, aber das Aussehen des Stoffes durch leichtes Bügeln besser zur Wirkung kommt.

**Bügelfrei** darf sich nur solcher Stoff nennen, der in einem Verfahren mit Kunstharz so ausgerüstet ist, dass eine dauerhafte und einlauffeste Stabilität des Gewebes garantiert wird. Auch nach bis zu dreißig Wäschen darf ein Bügeln nicht erforderlich sein.

**Büstenhalter:** In den frühen 80er Jahren des 19. Jahrhunderts teilten Pariser Corsetièren erstmals das Korsett in zwei Hälften. Damit war die Idee des Büstenhalters geboren. Im Jahre 1889 reichte Hermine Cadolle das erste Patent für einen → BH ein. Doch die Geschichte des modernen Büstenhalters beginnt eigentlich im Jahre 1913. Damals stellte die New Yorkerin Mary Phelbs Jacobs in Handarbeit den ersten BH seiner Art her und löste damit die unbequemen → Mieder ab. Die modebewusste Frau trug bis zu Beginn des 20. Jahrhunderts ein panzerähnliches Mieder, das mit Fischbein und Schnürwerk unbequem und sehr ungesund, oft eine Tortur war. Mary Phelbs stellte mit Hilfe ihrer Hausangestellten aus zwei Taschentüchern und Bändern ein Wäschestück her, das ihre beiden Brüste bedeckte. Die Frauenwelt war von diesem knappen, rückenfreien BH begeistert. Unter Mithilfe einiger Freundinnen und Bekannten produzierte sie 1914 schon mehrere hundert Stück. Doch da ihr kleines Unternehmen ohne eigene Vertriebsorganisation zum Untergang verurteilt war, bot ihr die Firma »Warner Brothers Corset Company«

schließlich 1500 Dollar für das Patent. Sie akzeptierte das Angebot und verkauft. Seit diesem Zeitpunkt gibt es industriell hergestellte BHs, deren Form immer wieder verbessert und geändert wurde. Ida Rosenthal entwickelte die heute noch gebräuchlichen Standardgrößen, sie wurden aber erst in den 30er Jahren eingeführt. Howard Hughes erfand 1941 den ersten trägerlosen BH. Der größte Miederwarenhersteller in Europa, die Firma Triumph, verkaufte allein in Deutschland 1963 rund 41 Millionen dieser Exemplare. Bis heute hat sich der klassische BH durchgesetzt und ist nicht mehr aus der → Mode wegzudenken. Heute gibt es für jeden Typ den richtigen BH, von verführerisch bis sportlich, zum Beispiel:

- **Der romantische Typ** trägt trendige Transparentträger mit aufgestickten Blüten. Man kann diese → BHs sehr gut unter schulterfreier Kleidung tragen.
- **Der Twiggy Typ** macht durch raffinierte → Push-ups optisch mehr aus einer Handvoll Busen.
- **Der verführerische Typ** wählt einen BH mit »Zoom-Effekt«. Er ist genau richtig, um ein Traum-Decolleté zu zaubern. Einfach an den Kordelenden ziehen, schon rücken die Körbchen enger zusammen und der Busen wirkt noch runder.
- **Der üppige Typ** mit einem üppigen Busen verpackt die Formen geschickt in Tüllstickerei mit speziell geformten → Cups.
- **Der sportliche Typ** setzt auf einen → Sport-BH, der jede Bewegung mitmacht. Gekreuzte Träger geben dem Busen dabei optimalen Halt. Eine neue → Mikrofaser sorgt dafür, dass Sportfans nicht so stark schwitzen. Die Faser saugt Schweiß schneller auf und trocknet rasch.
- **Der sinnliche Typ** trägt einen hauchdünnen und geschmeidigen BH in → Tank-Top-Form aus ultrafeiner → Mikrofaser. Er ist ideal unter hautenger Kleidung.

Büstenhalter sind die geheimen Helfer der Frauen, die im verborgenen wirken. Sie formen, stützen, halten, polstern und verstecken.

- BHs mit »versteckten« Bügeln – von außen unsichtbar, von innen wirkungsvoll – stützen und formen dezent.

- BHs mit gemoldeten Cups sind empfehlenswert für enganliegende Pullis und Shirts.
- Außenträger-BHs bringen den Busen unter tief ausgeschnittenen Oberteilen und Kleidern hübsch zur Geltung.
- Bügel-BHs geben auch einem großen Busen sicheren Halt.
- Push-up-BHs mit unten und seitlich gepolsterten Cups lassen den kleinen Busen üppiger wirken.

**Büstenhalter mit Duft:** Ganz neu sind → BHs mit Erdbeer- oder Apfelduft. Für die Parfümierung sorgen kleine Duftpads, die im BH integriert, aber vor dem Waschen leicht zu entfernen sind. So hält sich der Duft bis zu drei Monate. Tipp für empfindliche Haut: Die BHs sind allergiegetestet.

**Büstenhalter, gemoldet:** Das Wort »gemoldet« kommt aus dem Englischen und bedeutet »geformt« oder »modelliert«. → Dessous-Hersteller haben den Begriff für die Bezeichnung ihrer BH-Körbchen übernommen. Bei gemoldeten → BHs sind die beiden → Cups vollkommen glatt und ohne Nähte geformt. Sie umschließen den Busen wie eine zweite Haut und passen sich durch die Körperwärme perfekt der Brustform an. Gemoldete BHs sind toll für eng geschnittene, figurbetonende Oberteile, denn sie drücken sich nicht durch.

**Büstenhaltergrößen:** Viele Frauen wissen ihre Büstenhaltergröße nicht. Das ist leichtsinnig, denn schlecht sitzende → BHs können der Gesundheit schaden. Es kann zu Blutstauungen, Druckstellen, Rücken-, Schulterbeschwerden oder auch Kopfschmerzen kommen.

So messen Sie richtig: Immer mit BH, aber ohne Oberbekleidung messen. Die BH-Größe wird ermittelt, indem man den Umfang direkt unter der Brust misst. Um die richtige Cup-Größe zu ermitteln, wird der Brustumfang direkt über der Brustspitze gemessen. Aus der nachfolgenden Tabelle kann man genau bestimmen, welche BH-Größe man kaufen sollte.

Zum Beispiel: Bei einem Unterbrustmaß von 69 und einem Brustumfang von 85 oder 86 Zentimeter ist die BH-Größe 70 C.

BH-Unterbrustmaß und -Überbrustmaß ergibt die Cup-Größe:

| Größe | Cup AA | Cup A | Cup B | Cup C | Cup D | Cup E | Cup F | Cup G | |
|---|---|---|---|---|---|---|---|---|---|
| 65 | 63–67 | 75–77 | 77–79 | 79–81 | 81–83 | 83–85 | – | – | – |
| 70 | 68–72 | 80–82 | 82–84 | 84–86 | 86–98 | 88–90 | 90–92 | 92–94 | 94–96 |
| 75 | 73–77 | 85–87 | 87–89 | 89–91 | 91–93 | 93–95 | 95–97 | 97–99 | 99–101 |
| 80 | 78–82 | 90–92 | 92–94 | 94–96 | 96–98 | 98–100 | 100–102 | 102–104 | 104–106 |
| 85 | 83–87 | 95–97 | 97–99 | 99–101 | 101–103 | 103–105 | 105–107 | 107–109 | 109–111 |
| 90 | 88–92 | 100–102 | 102–104 | 104–106 | 106–108 | 108–110 | 110–112 | 112–114 | 114–116 |
| 95 | 93–97 | 105–107 | 107–109 | 109–111 | 111–113 | 113–115 | 115–117 | 117–119 | 119–121 |
| 100 | 98–102 | – | 112–114 | 114–116 | 116–118 | 118–120 | 120–122 | 122–124 | 124–126 |
| 105 | 103–107 | – | 117–119 | 119–121 | 121–123 | 123–125 | 125–127 | 127–129 | 129–131 |
| 110 | 108–112 | – | – | 124–126 | 126–128 | 128–130 | 130–132 | 132–134 | 134–136 |
| 115 | 113–117 | – | – | 129–131 | 131–133 | 133–135 | 135–137 | 137–139 | 139–141 |
| 120 | 118–122 | – | – | 134–136 | 136–138 | 138–140 | 140–142 | 142–144 | 144–146 |

In Italien heißen die Größen Null bis Elf und in Frankreich 85 bis 155. Wer seine Größe nicht genau weiß, kann die eigene BH-Größe auch im Internet online berechnen unter www.buestenhalter.com/germany/bh-groessen/bh-groessen-rechner/bh-groessen-rechner.htm

Wer von Natur aus zuviel Fülle hat, kann den Busen mit einem Miniminzer-BH um zwei bis drei Zentimeter kleiner mogeln. Ein spezieller Schnitt macht das möglich, ohne dass man sich unangenehm eingeschnürt fühlt.

## Wie finde ich den passenden BH?

- Schließt der obere Körbchenrand über dem → Decolleté ab, eine Körbchengröße kleiner nehmen.
- Schneidet der BH ein, ist er zu klein.
- Schlechter Sitz? Man sollte es mit einem anderen Verschlusshäkchen probieren.

- Wer ohne → Push-up-Effekt etwas Fülle dazu mogeln möchte, sollte BHs mit Bügel oder gefütterte BHs tragen.
- Schnitte mit horizontalen Nähten garantieren natürliche Formen.
- Bei üppigen Rundungen tut es ein Minimizer, Mittelträger.

**Bumper** sind → Schuhe für Jugendliche, mit sportlichem Charakter im Farb- und → Materialmix.

**Bumster:** Das englische Wort »Bumster« (sprich »bamster«) ist eine Neuschöpfung der → Designer, die den Begriff von »Bum« (umgangssprachlich für Po) abgeleitet haben. Es bezeichnet lange, sportlich geschnittene, extraweite Hosen, deren Bund lässig auf der Hüfte sitzt. Dazu werden figurnahe, bauchfreie → Tops kombiniert. Am besten steht dieser Trend sehr jungen sportlichen Frauen.

**Burberry-Karo** sind zwei breite schwarzweiße Streifen, gekreuzt von einer feinen, roten Linie auf cremefarbenen Grund. Siehe auch → Trenchcoat. »Burberry« ist der geschützte Name eines englischen Bekleidungsherstellers, der durch wetterfeste Kleidung bekannt wurde.

**Burlington-Stil** → Argyle-Stil

**Business-Look:** Bei diesem Look dominieren knieumspielte und wadenlange Kleider und Röcke in dezenten Farben, wie Beere, Pflaume, Cognac neben Schwarz und Dunkelblau. Dazu trägt man sportive → Zipperjacken.

**Bustier** ist ein enganliegendes, schulterfreies Oberteil.

**Button-Front-Jeans** sind → Jeans, die statt mit einem → Reißverschluss mit Knöpfen geschlossen werden.

**Button-Down-Kragen** ist ein Hemdkragen, dessen Kragenspitzen auf das Hemdvorderteil geknöpft werden können.

## C

**Caban-Stil** sind Jacken und Mäntel für Figuren, bei denen die Proportionen stimmen, weil sie antailliert und somit körpernah anliegen. Es gibt sie auch in großen Größen, von S-XL. Die Jacken sind meist hüftlang, zweireihig (oft mit Goldknöpfen) und haben schräg eingesetzte Taschen. Sie sind in der Übergangszeit eine Alternative zu leichten → Outdoor-Jacken oder → Blazern und passen zu → Jeans und sportlich eleganten Hosen. Ursprünglich leitet sich der Caban-Stil von einer Uniformjacke für Matrosen ab, aber Caban-Jacken trugen früher auch die französischen Teearbeiter.

**Cache-Coeur:** (sprich »kasch-kör«). Der Begriff kommt aus dem Französischen und bedeutet wörtlich übersetzt »bedecktes Herz« oder »das Herz verbergen«. In der Biedermeierzeit war das ein → Decolleté verhüllendes Brusttuch. Heute versteht man unter Cache-Coeur ein sehr feminin wirkendes Wickeloberteil, dessen Vorderteil vor der Brust gekreuzt und mit langen Bändern im Rücken geknotet wird wie → Tops, Blusen oder Pullis mit einem Vorderteil in Wickeloptik oder Oberteile, die tatsächlich zum Wickeln sind.

**Cacheur** ist ein loses schalähnliches Tuch, meist in der gleichen Farbe der Kleidung, das lässig über die Hüften geschlungen oder gebunden wird. Man kann damit modische Akzente setzten oder so manches Pölsterchen verstecken – daher auch der französische Begriff, der übersetzt »verstecken« bedeutet. Die Mode-Industrie hat den Pulli-Trick aufgegriffen und verfeinert. So gibt es zum Beispiel Figur betonende Kleider mit einem passenden Cacheur, den man sich um die Hüften binden kann.

**Camisol** ist das altmodische Wort für ein gerades, kurzes Hemdchen mit schmalen Trägern und einem meist geraden oder leicht gerundeten Ausschnitt. Früher wurde es nur als → Dessous drunter, heute wird es auch einfach als → Top oder unter Blusen und → Blazern getragen.

**Camouflage** heißt soviel wie »mit der Mode tarnen«. Was im Gefecht dem Verbergen dient, ist in der aktuellen → Mode ein starkes Statement. Ob als naturgetreue Mimikri, die seine Trägerin in ein modisches Chamäleon verwandelt, oder khakifarbene Militärkleidung, bedruckt mit verschiedenen Grünfarben und Mustern, mit der sie zum Partysanen-Girl wird.

**Candy-Farben** nennt man zarte Pastell-Farben, die in den 50er Jahren groß in → Mode waren.

**Canvas** ist ein äußerst strapazierfähiges, grobes Baumwollgewebe in → Tuchbindung. Es ist meist aus → Baumwolle gearbeitet und sieht segeltuchähnlich aus. Das Gewebe eignet sich für sportlich legere Kleidung im Jeans-Stil und wird auch für Stoffschuhe verwendet.

**Cape** ist ein weit schwingender Umhang ohne Ärmel, eine elegante Alternative zum Mantel.

**Caprihose:** Die Capri-(Fischer-)Hose, auch Korsaren- oder → Piratenhose genannt, war früher ein Kleidungsstück für Seemänner. Als in den 50er Jahren mit dem Wirtschaftswunder die große Reisewelle in den Süden begann, wurde die Caprihose für Frauen neu entdeckt. Die Schauspielerinnen Doris Day, Joan Collins und Audrey Hepburn machten die waden- bis knöchellangen, enganliegenden Hosen weltberühmt. Typisch für Piraten- und Korsarenhosen sind die kleinen Seitenschlitze, die oft auch noch eine Schnürung haben. Die Caprihose endet oft auch knapp unter dem Knie und ist figurbetont geschnitten.

**Capuchon:** Der französische Begriff steht für »Kapuze« und ist ein Trend-Accessoire des Winters. Er bezeichnet einen üppigen Schlauch, der Mütze und Schal zugleich ist. Oft ist er aus Flauschgarnen gestrickt. Topaktuell sind aber Modelle aus Kunstfell. Am schönsten wirkt es, wenn Capuchon und Pulli Ton in Ton kombiniert werden und aus dem gleichen Material sind.

**Cardigan-Jacken** oder **-Mäntel** haben zwei ganz typische Merkmale: Sie haben keinen Kragen und sind meistens hüftlang. Es gibt sie mit V- oder auch rundem Ausschnitt.

**Cargo-Hosen** sind modisch voll im Trend. Sie sind lässig weit geschnitten, haben seitlich an den Beinen große Taschen und meist einen bequemen Tunnelzugbund. Ursprünglich stammt der Begriff »Cargo« aus dem Jeansbereich und bezeichnet die vorderen Doppeltaschen. Zu den aktuellen Cargo-Hosen trägt man knappe → Shirts oder → Tops.

**Cargo-Rock** ist ein langer Rock mit hohen Seitenschlitzen und Saumzug in einem Tunnel.

**Cargo-Pants:** Der Name kommt aus dem Englischen und ist abgeleitet von »Cargo« (Fracht) und »Pants« (Hose). Cargo-Pants sind praktisch im Arbeitshosen-Look, weit geschnitten mit seitlich aufgesetzten Taschen, manchmal auch abgewandelt als dreiviertellange Hose wie die → Caprihose.

**Carmen-Decolleté** Das tiefe, schulterfreie → Decolleté mit waagerechtem Abschluss an Kleidern und Blusen kommt ursprünglich aus Spanien. Die Ärmel sind gesmogt, die Ränder mit kleinen Rüschen, → Volants oder Bändchen verziert. Weitere Kennzeichen sind das weich fallende oder leicht angekräuselte Oberteil und weit geschnittene Oberärmel. Tipp: Ein Carmenausschnitt macht schmale Schultern breiter.

**Carré-Ausschnitt** ist ein viereckiger Ausschnitt am Hals.

**Cashgora** klingt ähnlich wie → Kaschmir und ist auch genauso angenehm weich, aber sehr viel preisgünstiger. Diese mohairähnliche → Wolle stammt aus einer Kreuzung neuseeländischer Mohair- und Kaschmirziegen. Cashgora ist strapazierfähiger als das empfindlichere → Mohair.

**Cashwool** ist der Markenname für ein spezielles Maschinen-Strickgarn aus → Schurwolle. Man kann es allerdings nicht zum Selbststricken kaufen, da es nur für die Industrie hergestellt wird.

**Casual-Mode:** Das englische Wort »casual« (sprich »käschual«) bedeutet übersetzt »unkonventionell« beziehungsweise »salopp« und ist der Sammelbegriff für sportliche individuelle, bequeme → Mode, die nicht in eine bestimmte Moderichtung geht und sich für City, Beruf und Freizeit eignet. Die Art der zwanglosen Kombination der Einzelteile gibt diesem Bekleidungs-Stil den entscheidenden Charakter, die modischen Details der einzelnen Modelle treten dabei in den Hintergrund. Klassisches wird mit aktuellen Teilen kombiniert. Zum Beispiel ein zeitloser → Blazer zu einer → Jeans, sportliche Karohose oder Jeans mit einem schlichten Rolli, darüber eine Steppweste, sowie lässige Jacken oder ein klassischer Blazermantel. Die Kleidungsstücke sind so zugeschnitten, dass sie locker sitzen und nicht einengen. Dazu werden oft neue Stoffe im Techno-Stil mit → Mikrofasern oder beschichteter → Baumwolle verwendet. Details wie Kapuzen oder Tunnelzüge kommen meist aus der sportlichen Mode. Eine wichtige Rolle übernimmt aber auch Strick. Bei → Pullovern und → Twinsets finden sich alle Aspekte von voluminösen Gestrickten in federleichten Gewichten bis hin zu glamourösen, geschmückten Abendpullovern, die seidig glänzend oder fast → transparent wirken. Auch Hosen in 7/8-Längen geben den Kombinationen total neue Proportionen, unterstrichen durch kürzere, knappere Jacken. Oder kombiniert mit lässigen Hemdjacken, die zwischen Bluse und Blazer pendeln. Casual-Jacken haben oft neue Verschlusslösungen wie Reißverschlüssen, verdeckten Verknüpfungen, kleine Umlegekragen, angeschnittene Stehkragen und nahtfeine Zippertaschen. Eine enorme Vielfalt zeigen auch die Röcke, von kniebedeckenden Modellen bis hin zu knöchellangen. Teils in leichter → A-Linie. Sportiv durch → Zipper, hohe Schlitze und Tunnelzüge, elegant bis sexy durch asymmetrische Säume und durch vielseitige Stoff-Materialien.

**Catsuits** sind eng anliegende Spitzenoveralls, die als reizende Unterwäsche getragen werden. Sie können auch ohne weiteres als Tages- und Abendgarderobe getragen werden. Zum Beispiel unter hauchzarten → Doppelkleidern aus → transparenten Stoffen. Mit einem langen, weiten Hemd lassen sich Catsuit aber auch tragen. Als Styling-Element eignen sich schöne Gürtel oder Schärpen, die aus Schals oder Tüchern locker um die Taille oder Hüfte gebunden werden. In der kälteren Jahreszeit trägt man über dem → Overall kuschelige → Mohair-Pullis. Die Füße verpackt man in dicke Socken und modische Boots.

**Catwalk** heißt der Laufsteg bei Modenschauen, über den die Models schreiten.

**Ceramic** ist eine besondere Beschichtung des High-Tech-Stoffes und bietet einen zusätzlichen Vorteil: wärmende Sonnenstrahlen werden aktiv gespeichert und bei Bedarf nach und nach an den Körper abgegeben. Dieser Stoff hält garantiert warm. Ceramica wehrt außerdem elektromagnetische Strahlen und UV-Licht ab.

**Chambray** ist ein sehr leichtes Baumwollgewebe in zweifarbiger Optik, manchmal mit unregelmäßigen Verdickungen und der modische Nachfolger des → Denim.

**Chamoisleder** ist häufig die Bezeichnung für echtes Fensterleder. Dieser unentbehrliche Haushaltshelfer wird durch die so genannte Sämischgerbung heute meist aus der Haut des Schafes oder Lammes gewonnen. Dieses spezielle Verfahren hat seinen Namen vom früheren ostpreußischen Samland, wo man schon vor langer Zeit durch das Einarbeiten von Fischölen ein besonders wasseraufnehmendes → Leder entwickelte. Man kann aus diesen weichen Fensterledern, auch kleine Modeteile im → Patchwork-Muster herstellen.

**Chanel-Stil** Diesen Stil kreierte die Pariser Modeschöpferin Coco Chanel. Typische Kennzeichen: Einfassungen an den Kanten, Taschen und am Kragen mit farblich kontrastierenden Bändern oder → Samt. Die Jacken sind meist ohne Kragen gearbeitet und bis unter den Hals geschlossen. Zum Chanel-Stil wird so gut wie immer Modeschmuck kombiniert mit auffallenden Perlen und wuchtigen, aber edlen Goldketten.

**Chanel-Tasche:** Dieses klassische → Accessoire ist schon jahrzehntelang ein Hit. Typisch für eine Chanel-Tasche sind die in eine Schulterkette geflochtenen Lederriemen und das handgesteppte Lammleder.

**Changeant** (sprich »schanschang«) ist eine französische Stoffbezeichnung und bedeutet wechselnd Optik. Typisch für dieses Gewebe: es schillert in verschiedenen Farbtönen. Grund dafür ist die Verwendung unterschiedlich gefärbter Garne. Es ist ein Gewebe, bei dem die Längs- und Querfäden verschiedenfarbig sind. Siehe auch → Kett- und Schussfäden. Dadurch schillert der Stoff je nach Blickwinkel und Beleuchtung, vor allem aber bei Bewegung mal in dem einen, mal in dem anderen Farbton. Dieser verblüffende Farbwechsel stand Pate bei der Namensgebung: »Changer« ist die französische Bezeichnung für »wechseln«. Inspiriert vom Glanz-Trend propagieren die Modemacher auch vermehrt Metallic-Garne. Das Ergebnis ist ein fein gewebter Traum in Gold, Silber oder Bronze. High-Tech-Beschichtungen können die opulente Optik noch verstärken. Es kann sich dabei sowohl um → Baumwolle als auch um → Kunstseide oder reine → Seide handeln.

**Charmeuse** ist ein ganz feines, strickartiges elastisches Gewebe, das überwiegen für Unterwäsche und Nachtwäsche verwendet wird.

**Chasubles** (sprich »schassübel«) ist der französische Ausdruck für »Kleiderrock«. Die Bezeichnung ist abgeleitet vom Wort »Kasel« einem Messgewand, das einem Mantel ohne Ärmel glich. Inzwischen hat es den sakralen Touch aber völlig verloren. Gerade im Bereich des → Hippie-Look war das Chasuble in den 70er Jahren schon einmal ein Modehit. Aber auch im Grunge-Look gehören Chasubles heute, kombiniert mit → Shirts, → Shorts und Stiefeln wieder zu den Basisteilen der Bekleidung. Sie werden häufig als Figurumschmeichler empfohlen, weil die wadenlange Westenform tatsächlich die Silhouette streckt. In den meisten Fällen handelt es sich um antaillierte Schnitte, die im Rücken und meistens auch an den Seiten sehr hohe Schlitze haben, die für bessere Bewegungsfreiheit sorgen. Ein Chasubles kann geschlossen als Kleid oder auch offen über weite Hosen oder Kleidern getragen werden. Da auch beim Material auf fließenden Fall geachtet wird, überspielen sie problemlos kleine Rundungen. Kleine Frauen sollten wegen der stauchenden Wirkung besser zu Modellen greifen, die nur bis zur Mitte der Oberschenkel reichen. Man trägt darunter → Marlene-Hosen oder Kleider in gleicher Länge.

**Chasuble-Falten** sind über die Schulter gezogene Hohlfalten bei Mänteln, Kleidern und Blusen, durch die ein Westeneffekt entsteht.

**Chelsea-Boots** (sprich »tschelßie-buuts«) sind Stiefeletten aus den 60er Jahren. Damals extrem spitz, sieht man sie heute auch häufig in Carré-Form oder mit einer abgerundeten Spitze. Der kurze, weite Schaft ist sowohl innen als auch außen mit einem breiten Gummieinsatz versehen.

**Chemise-Stil** nennt man die → Mode der → Hemdblusenkleider. Kennzeichnend dafür sind aufgesetzte Taschen und abgesteppte → Knopfleisten.

**Chenille** ist ein Samtgarn. Der einzelne Faden gleicht einer haarigen Raupe. Chenille wurde im 18. Jahrhundert in Frankreich erfunden und damals nur von den Frauen des französischen Hofes getragen. Chenille gibt es aus → Baumwolle, → Seide oder → Synthetik. Chinillepullover sollten nur von Hand gewaschen oder chemisch gereinigt werden. Chenille darf niemals gebügelt oder gedämpft werden, da sonst das samtige Aussehen verloren geht.

**Chesterfield** ist ein edler Herrenmantel, der über das Knie geht.

**Chevron** ist ein → Fischgrätmuster.

**Chicky** ist ein mit Stoff, Samt, → Leder überzogener Hartgummi, der ein aparter Schmuck für langes Haar ist.

**Chiffon** ist ein transparentes hauchzartes Gewebe aus rechts und links gedrehter → Naturseide oder chemischen → Kreppgarnen. Diese so genannten Kreppgarne haben extrem viele Drehungen pro Zentimeter. Chiffon eignet sich vor allem für Tücher, Schals, Blusen und Kleider. Der Stoff hat eine feine, unregelmäßige Oberfläche und einen sandigen Griff. Beim aktuellen → Transparent-Look verwendet man Chiffon aber auch für Röcke und Blusen.

**Chicago-Look:** Kennzeichen dieses Looks, der Ende der 60er Jahre in war, sind die extrem breiten Revers und Kragen. Die breite Schulterpartie wird durch eine betont schmale Taille in ihrer Wirkung noch unterstrichen.

**China-Wolf** → Hundefelle

**Chinchilla** ist eine südamerikanische Hasenmaus, die schon fast ausgestorben ist. Das → Fell der echten Chinchilla ist seidenweich, hochglänzend und hat eine bläulichgraue Farbe. Der echte Chinchilla hat die feinsten Härchen der Welt. Sie sind feiner als Spinngewebe! Aus einer einzigen Haut- beziehungsweise Haarpore wachsen bis zu achtzig feine Härchen. Ein echter Chinchillamantel kostet daher zwischen 160 000 und 210 000 Euro. Auf der ganzen Welt versucht man Chinchillas zu züchten, doch hierbei handelt es sich nicht um die echten Tiere, sondern um kleine Pelzkaninchen, deren Fell günstiger ist, als das der echten Chinchillas.

**Chintz** ist ein Baumwollstoff mit glänzender Oberfläche. Unter dem Bergriff »Chintzen« versteht man eine → Appretur von Baumwollgeweben, die dadurch gewachst wirken. Durch Walzenpressung wird der Stoff auf Hochglanzoptik gebracht. Chintz kann in der Maschine gewaschen werden, reagiert aber sehr empfindlich auf bestimmte Waschmittel, darum sollten Chintz-Textilien besser chemisch gereinigt werden.

**Choker** nennt man einreihige, eng am Hals anliegende Ketten aus gleich großen Perlen.

**Choncha-Gürtel** ist ein nachgebildeter Modegürtel im Look der Gürtel von Navajo-Indianern. Die dekorativen Gürtel sind meistens mit Türkisen besetzt oder mit Silberscheiben, durch die Lederbändchen gezogen werden.

**Chucks** (sprich »tschak«) sind Stiefelchen. Der Begriff bedeutet frei übersetzt »abgeschnitten« und erklärt somit auch die Form, die an einen verkürzten Schaft einer Stiefelette erinnert. Man kann diese bis unter die Knöchel reichenden Stiefelchen zu → Jeans, eleganten Hosen, zu knielangen schmalen oder ausgestellten Röcken tragen.

**Citybags** sind klassische Handtaschen.

**City-Stil:** Darunter versteht man gepflegte Mode aus → Mikrofaser, Bondings, → Wolle unter anderem mit → Gore-Tex.

**Claudinekragen** ist ein aufliegender runder Kragen.

**Clima-Cool-Schuh** ist ein neuer Schuh, der quasi »atmen« kann. Das heißt: Er lässt die Luft rein und wieder raus. Ein Clima-Cool-Schuh lässt weniger Wärmeentwicklung entstehen als normale → Schuhe und garantiert einen besseren Feuchtigkeitsaustausch. Der Anti-Mief-Schuh ist allerdings teuer.

**Clochard-Jeans:** So werden weit geschnittene → Jeans mit einem breiten Gummizug als Bund bezeichnet. Sie sind immer noch eine Variante in der → Mode des blauen Dauerbrenners.

**Clogs** stammen aus Skandinavien und sind im Original derbe, fersenfreie → Schuhe mit Holzsohle, abgewandelt gibt es Clogs auch mit modischer, leichter Plastiksohle.

**Cloque** ist ein Blasenkrepp. Er entsteht aus zwei webtechnisch miteinander verbundenen Gewebelagen. Die untere zieht sich durch chemische Behandlung zusammen. Die obere bildet – durch die Mehrweite – Blasen, wie zum Beispiel beim → Seersucker.

**Club-Blazer** ist ein zweireihig geknöpfter → Blazer, oft mit Goldknöpfen besetzt. Er wird gern zu Hosen, engen Röcken und Falten-Röcken getragen. Der Name ergab sich, weil viele Vereine und Clubs diese Jacken im einheitlichen Stil als Uniform tragen.

**Club-Stil:** Typisch für diese → Mode sind → Pullunder, Embleme, gestreifte Hemden, → Krawatten und Goldknöpfe, die nach Herzenslust miteinander kombiniert werden dürfen. Seinen Ursprung fand der Clubstil in Vereinen und Clubs, dort wurden und werden auch heute noch einheitliche Bekleidungen getragen, zum Beispiel ein → Blazer mit Hose oder Rock, oft mit Wappenzeichen des Vereins auf der Jacke.

**Clyclodextrin** wird für antibakterielle Kleidung, zum Beispiel für Unterwäsche, verwendet, die Duftstoffe abgibt. Dieser Effekt hält rund 50 Waschgänge.

**College-Look:** Der Name kommt von den britischen Elite-Internaten. Eine adrette, weiße Bluse und ein → Pullunder sind kennzeichnend für diesen Stil, der längst nicht mehr so schulmädchenhaft anmutet wie einst. Zur Hemdbluse kann auch ein Schlips getragen werden. Ob man dazu den klassischen → Faltenrock oder eine Hose trägt, bleibt jedem selbst überlassen. Darüber trägt man einen gerade geschnittenen → Blazer. Weitere Details sind Rauten- und Karomuster.

**Colour-Blocking** bedeutet übersetzt das Gegenüberstellen von kontrastreichen Farbblöcken. In den 60er Jahren übertrug der Modedesigner Yves Saint Laurent diesen Farbeffekt auf Kleider und wurde damit sehr berühmt. Sein Vorbild für diese abgegrenzten Rechtecke war der niederländische Maler Piet → Mondrian. Blusen, → Tops und → Pullover mit Colour-Blocking sind tolle Schlankmacher. Die Unterteilung durch superbreite, verschiedenfarbige Querstreifen macht die Figur optisch schmaler. Man kann damit Problemzonen kaschieren. Bei einem großem Busen zum Beispiel, sollten die Farbstreifen oben dunkel und unten hell sein.

**Coloured-Denim** ist besonders farbecht, weil schon der einzelne Faden statt des Gewebes eingefärbt wird. Dadurch verändert sich die Farbe auch nicht nach dem Waschen.

**Colvera → Modal**

**Combi-Wollsiegel** (IWS – Internationales Woll-Sekretariat) ist das Gütezeichen für Mischgewebe und Maschenwaren aus → Schurwolle oder → Schafwolle mit anderen Textilfasern, wobei der Schurwollanteil stets über 50 Prozent liegen muss und die

Verarbeitung von → Reißwolle ausgeschlossen ist. Bei → Kammgarngeweben, → Jersey, Kinderbekleidung, Hemden und Blusen darf der Schurwollanteil nicht 60 Prozent, bei Strümpfen nicht 70 Prozent unterschreiten.

**Comfort-fit** → Jeans

**Comic-Druck** Entenhausen, Mickey Mouse und Superman lassen grüßen. Die Motive sind großflächig und haben in der Regel Sprechblasen wie in Comic-Heften.

**Complet:** So nennt man die Zusammenstellung von Rock oder Kleid mit einer hüftlangen Jacke oder einem Mantel. Material und Farbe der gleichen Teile müssen gut miteinander harmonieren. Sie brauchen aber nicht unbedingt gleich zu sein.

**Computer-Chic:** Wer davon träumt, einmal Bekleidung einzukaufen, ohne aus dem Haus zu gehen, ohne sich in enge Umkleidekabinen zu zwängen oder sich an- und ausziehen zu müssen, der sollte einfach seinen Computer mit seinen persönliche Maßen füttern. Mit »My Virtual Model« von Lands End wird dieser Wunsch Wirklichkeit. Sobald die persönlichen Maße eingegeben sind, entsteht ein eigenes virtuelles Abbild, quasi ein persönliches Model mit den eigenen Maßen, und führt die gewählten → Outfits vor. Weitere Informationen im Internet unter www.landsend.de.

**Control-Pantys** sind Stretch- beziehungsweise Miederhöschen, die Hüfte und Po kaschieren. Sie formen perfekt, engen nicht ein und haben meist einen weichen Taillenbund.

**Convertible Hydration Pant:** Diese Hose wurde speziell für Tourengeher entwickelt. An sie kann per → Reißverschluss ein Hosenlatz angebracht werden, in dessen Rückenpartie eine Flasche steckt. So können Sportler durch einen Schlauch selbst dann etwas trinken, wenn sie gerade keine Hand frei haben. Auch verschiedene Frauen-Kollektionen spielen mit diesen Details: Manche Damenjacken sind zum Beispiel mit einem integrierten Kosmetiktäschchen samt Spiegel ausgestattet.

**Coolness** bedeutet Spaß an der → Mode zu haben ohne Übertreibungen, aber immer mit einem Quäntchen Witz in der Kombination, denn Wohlfühlen ist oberstes Gebot.

**Cool-Wool:** Bei Wolle denkt man unwillkürlich an kuschelige

Wärme – Cool-Wool hat den großen Vorteil, dass sie temperaturausgleichend wirkt. Sie kann also wärmen oder kühlen. Stoffe aus Cool Wool werden aus extrem gedrehten Garn hergestellt, so dass die Luft zwischen den einzelnen Bindungspunkten zirkulieren kann. Daher der englische Begriff »cool« (kühl). Man trägt sie vor allem im Frühjahr und Sommer. Seit 1983 garantiert das Cool-Wool-Siegel die besten Trageeigenschaften. Unter anderem auch Reiß- und Scheuerfestigkeit, Formbeständigkeit sowie Wasser- und Lichtechtheit. Cool-Wool hat sehr viel mit → Wolle zu tun, denn es handelt sich hier überwiegend um reine → Schurwolle, die von Schafen stammt, die in den heißen Gebieten Australiens weiden. Entsprechend fein ist die Wolle, aus der die leichten Schurwoll-Stoffe hergestellt werden.
Cool-Wool dürfen sich alle → Kammgarnstoffe aus Schurwolle nennen, bei denen das Gewicht pro laufendem Stoffmeter nicht mehr 330 Gramm beträgt. Der Laie erkennt die Qualität am Etikett, auf dem das → Wollsiegel abgebildet sein muss. Cool Wool wird hauptsächlich in der Herrenoberbekleidung eingesetzt, hat aber auch bei der hochwertigen Damenbekleidung einen festen Platz. Vor allem bei → Kostümen, Hosenanzügen, Kleidern und Mänteln. Für die Herstellung benötigt man neben ausgesuchten Schurwollqualitäten auch viel Fingerspitzengefühl, da diese Stoffe ganz besonders verarbeitet werden. Cool-Wool nennt man auch leichgewichtige, meist gezwirnte Wollstoffe aus feinen → Merinowollen. Das Material dafür liefern fast ausschließlich Merinoschafe aus Australien. Die Tatsache, dass nur 15 Prozent dieser Schafe die feine Wolle liefern, macht die Besonderheit des Materials deutlich. Das erklärt auch den gehobenen Preis der Kleidungsstücke und Stoffe, die daraus gefertigt werden.

**Cord** → Kord

**Corespun-Garne** sind umsponnene Garne. Dabei bildet das → Filament die Seele. Umsponnen wird meist mit texturiertem → Polyamidgarn.

**Cotelé** (sprich »kotelee«) ist die französische Bezeichnung für fein gerippten → Kord, aus dem Hemdblusen, luftige Kleider und Sommerhosen genäht werden. Das Gewebe hat nur leicht ausgeprägte Rippen in Längsrichtung, sie können aber auch quer, wellenförmig oder diagonal eingewebt sein.

**Cotton** ist ein Markenname beziehungsweise eine Schutzmarke für Unterwäsche, die besonders elastisch, formbeständig und – auch nach der Wäsche – sehr haltbar ist.

**Cottonova** ist ein Warenname beziehungsweise ein Warenzeichen für besonders → pflegeleichte Textilien.

**Country-Look:** Der Begriff Country-Look (sprich »kantri luk«) kommt aus der englischen Sportmode und bedeutet »Landhaus-Stil«. Er ist gekennzeichnet durch die Verwendung rustikaler Gewebe in sportlich angehauchter Klassiker wie zum Beispiel → Tweed-Kostüme und Tweed-Hosenanzüge, Röcke und Hosen im → Schotten-Karo sowie Jacken und Mäntel im → Trenchcoat-Stil. Charakteristisch für diesen Look sind die hochwertigen Karostoffe mit → Fransen für → Kilts und Schals, weiche → Wolle und warme Farben sowie Pelzbesätze, → Doubleface und Rautenmuster, oft auch imprägnierter → Loden. So präsentiert sich der Landhausstil vom alpenländischen bis hin zum feinen englischen Stil.

**Courrèges-Stil:** Diesen 60er-Jahre-Stil kennzeichnen kontrastfarbige → Blenden, die die fast eckig wirkende Schnittführung zusätzlich betonen. Kurze Mäntel, glockig oder gerade geschnitten, Bleistift-Rock oder eng anliegende → Overalls und hohe Schaftstiefel setzen diese → Mode stilgerecht in Szene à la Emma Peel, bekannt aus der englischen Krimiserie »Mit Schirm, Scharm und Melone« aus den 60er Jahren.

**Couture** beziehungsweise »Haute Couture« ist die hohe Schneiderkunst, von französischen Modeschöpfern, deren Stil von Saison zu Saison die aktuelle Damenmode der ganzen Welt inspiriert. In Italien spricht man dagegen von der »Alta-Moda«.

**Cowboy-Look:** Derbe Stiefel, Karohemden, verwaschene Jeans sind die typischen Stilelemente dieses Looks. Neben gewaschener → Baumwolle in → Denim und → Kord wird auch → Velvet als Stoff verwendet.

**Crash-Optik:** Unter Crash, aus dem Englischen »to crash« (zusammendrücken), und → Crinkle versteht man künstlich geknitterte Stoffe. Dafür ist ein Veredelungsprozess notwendig:

Die Knautsch-Optik entsteht durch eine dauerhafte Plissierung (→ Plissee). Durch Thermofixieren oder eine Kunstharzausrüstung wird der plastische Knittereffekt erzeugt. Dafür werden in eine ursprünglich glatte Kunstfaser kleine Falten regelrecht hineingepresst. Feinfädige → Synthetik wie etwa → Polyester eignen sich am besten dafür, weil die Knittereffekte darin am längsten halten. Gecrashte und gecrinkelte Teile können gewaschen werden, ohne dass sie ihre Form verlieren. Modisches behält stets seine Passform und ist somit auch eine ideale Urlaubsgarderobe. Die gecrashten Stoffe kann man einfach feucht aufhängen. Knittern in Naturstoffen halten, wenn man das nasse Teil kordelt – also in der Länge zusammenfasst und dreht, als wenn man das Teil auswringt – und dann gedreht trocknen lässt. Crash darf auf keinen Fall gebügelt werden, Crinkle hingegen nur leicht. So genannte Crash-Stoffe findet man häufig bei langen Röcken.

**Creolenschmuck** kommt aus der Karibik. Dabei waren die großen, kreisrunden Ohrringe angeblich schon vor 200 Jahren groß in → Mode. Damals soll Napoleons Gattin Josephine Creolenschmuck von ihrer Heimatinsel Martinique nach Europa gebracht haben. Heute sind die ursprünglichen schlichten Silberringe allerdings verspielter, mit Sternchen in buntem Plexiglas, Kunstperlen und farbigem → Strass verziert.

**Crêpe de Chine** ist ein seidiges Gewebe in Taftbindung mit Kreppgarn im Schuss. Oft ist das Material auch aus → Seide mit einer körnigen Struktur. Crêpe de Chine wird meistens für sehr hochwertige und elegante Kleider und Blusen verwendet.

**Crespo** sind leichte Stoffe in Leinwandbindung mit körniger → Krepp-Struktur. In Italien werden auch Handschuhe Crespos genannt, weil sie aus diesem Stoff hergestellt sind.

**Crimplene** → Polyester

**Crinkle** sind Stoffe aus oder mit → Baumwolle verschiedener Art, die dauerhafte, künstlich hervorgerufene Knitterfalten haben. Crinkle-Stoffe dürfen nicht zu körpereng verarbeitet werden, da sie zum Beispiel an den Ellbogen, am Po und an den Knien leicht ausbeulen und sich die Ausbeulungen durch das Waschen nicht beseitigen lassen.

**Crinkle-Röcke:** Sie sind leicht und luftig, und dank ihrer lockeren Silhouette überspielen sie lässig kleine Problemzonen an Hüften, Po und Oberschenkeln. Richtig schlank machen sie, wenn man ein gerade geschnittenes → Long-Top oder eine weite Bluse darüber trägt.

**Cross-Dressing:** Bei diesem Stil werden beispielsweise → Hahnentrittmuster, → Nadelstreifen-Röcke und -Hosen mit Jeansjäckchen, groben Strickpullis oder Lederjacken aller Typen kombiniert, damit das Ganze nicht »zu angezogen« oder ältlich wirkt.

**Crumble** nennt man einen → Crinklestoff, der in seinem Gewebe eine sehr unregelmäßige und unruhige Oberfläche zeigt.

**Crylor** → Polyacryl

**Cuite-Seide:** Darunter versteht man eine weiche, glänzende → Seide, die wegen der Art ihrer Beschaffenheit manchmal auch als Glanzseide bezeichnet wird.

**Cuba-Stil** ist eine Jugendmode mit → Scaterhosen und → Bermudas.

**Cupresa** → Cupro

**Cupro** (Markenname: »Cupresa«) war früher unter dem Namen Kupfer-Kunstseide bekannt. Es handelt sich um eine Chemiefaser mit natürlichen Zugaben. In den 20er Jahren wurden daraus die ersten Damenstrümpfe oder elegante Wäsche gemacht. Seit den 50er Jahren lösten die synthetischen Fasern wie → Perlon und → Nylon wegen ihrer noch besseren Eigenschaften die Strümpfe aus Cuprofasern jedoch ab. Cupro ist geschmeidig und weich fließend – fühlt sich also so ähnlich wie → Seide an, deshalb werden daraus auch Chameuse-Wäscheartikel hergestellt. Wie alle Zellulosefasern ist Cupro für Mottenfraß kaum anfällig.

**Cups** sind eingearbeitete Schalen in Korseletts, Badeanzügen oder Bikinis. Sie stützen den Busen.

**Customised** kommt aus dem Englischen und heißt »individuell bearbeitet«. So werden zum Beispiel Unikate aus alten US-Armeebeständen Army-Pants, → Parkas und → Shirts recycelt. Die Teile werden beispielsweise in ein Batik-Bad gelegt, mit farbigen Bergkristallen besetzt oder mit Löchern versehen, die anschließend kunstvoll repariert werden.

**Cut** → Cutaway

**Cut-out:** Der Begriff kommt aus dem Englischen und bedeutet wörtlich übersetzt »Ausschnitt«. In der Modesprache versteht man darunter Muster mit durchbrochener Optik, meist an den Ärmel- und Rocksäumen.

**Cutaway,** auch kurz Cut genannt, ist ein hochoffizieller Gesellschaftsanzug, leicht tailliert, bei dem die vorderen Rockschöße abgeschnitten sind.

## D

**Dacron** → Polyester

**Dacron texturiert** → Polyester

**Damast** ist ein meist einfarbiges Gewebe, das Muster ist matt oder glänzend eingewebt. Es gibt ihn aus reiner → Seide sowie aus → Baumwolle und Mischgeweben.

**Dandy-Look:** Der Begriff entstammt der britischen Herrenmode und wurde in der Biedermeierzeit geprägt. Er symbolisiert zweierlei in der Herrenmode: Einmal die Liebe zum Mantel, zum anderen das opulente Hemd. Beim Dandy-Look brillieren Mäntel vor allem in schlanker Linie, oft knielang in → Kaschmir und mit reichlich Pelzbesatz. Bei den Hemden, oft in weiß, sind → Plastrons, Doppelmanschetten und aufwendige Kragenspielereien klare Verweise auf den Dandy-Look, bei dem auch die Weste nicht fehlen darf. Auch in der Damenmode ist der Dandy-Look aktuell: Typisch sind dabei taillierte → Blazer und Gehröcke aus → Samt oder mit Samtbesatz sowie → Westen aus → Jacquard oder → Seide. Dazu kombiniert man eine Bluse mit → Jabot oder → Krawatte. Die Hose dazu sollte schmal und mit einer Bügelfalte sein.

**Danufil** → Viskose

**Danuflor** → Viskose

**Dark-Denim** → Jeans

**Darlastan** → Elasthan

**Daunen** sind die zarten Federn ohne Kiel von Gänsen und Enten. Mit Daunen werden Jacken und Mäntel gefüllt.

**Deauville-Schick** ist eine andere Bezeichnung für den → Marine-Look. Er lehnt sich an die → Mode der 40er Jahre an, speziell an die → Outfits, die man in den französischen Luxusbädern wie zum Beispiel im Nobelkurort Deauville trug. Die Muster dieses Stils sind Streifen und Punkte, meist aus klassischen Farben wie Weiß, Marine oder Schwarz. Ganz typisch sind weite, bequeme → Marlene- und → Korsaren-Hosen (wie die weiter geschnittenen → Caprihosen mit Seitenschlitzen auch genannt werden) sowie Ringelpullis und -shirts. Zu einem frech-maskulinen Styling passen auch → Krawatten, → Baskenmützen und ein flottes Nicki-Tuch. Bei der eleganteren Variante dieses Looks werden Goldknöpfe und Perlenketten bevorzugt.

**Defilée** heißt das quasi paradeförmiges Vorbeiziehen von Models zum Beispiel bei einer Modenschau.

**Degrade** ist die Fachbezeichnung für einen sanften Farbverlauf, der besonders bei Strickwaren aktuell ist.

**Deko-Chic** ist durch grafische Kontraste geprägt. Wichtig sind dabei geometrische Muster, Streifen, Schachbrettmuster und → Hahnentritt. Schwarz-Weiß-Kontraste passen gut zum Deko-Chic. Die Formen fallen sehr klar und feminin aus.

**Decolleté** kommt aus dem Französischen und ist ein weiter, tiefer Halsausschnitt bei Damenkleidern.

**Demeter-Zeichen:** Textilien mit dem Demeter-Zeichen entsprechen den strengen Öko-Kriterien. Der absolute Verzicht auf Chemie im biologischen Landbau macht die Fasern aus → Merino- und → Baumwolle besonders hautfreundlich.

**Denier cri** nennt man den letzten Schrei in der → Mode.

**»den«-Angaben bei Strumpfhosen:** »den« steht für »Denier« (sprich »denjee«) oder für das gebräuchlichere »Dezitex«, auch → dtex genannt. Beides sind Kürzel, die Gewicht und Dicke eines verwendeten Garns bezeichnen – von hauchzart bis kräftig. Obwohl dies eigentlich zwei unterschiedliche Maßeinheiten sind, dienen sie im Grunde derselben Sache, wie das Beispiel zeigt: 22 → dtex bedeutet, 10 000 Meter eines Garns wiegen 22 Gramm, 20 den bedeutet 9000 Meter wiegen 20 Gramm. Das heißt, je niedriger die dtex-/den-Zahl, desto feiner ist die Strumpfhose oder die Strümpfe. Fast unsichtbar sind hauchzarte

Modelle von 5 den (5 Gramm) und 10 den (10 Gramm), auch Make-up-Strümpfe genannt. Halbtransparente Strümpfe mit 30 bis 40 den lassen die Haut noch leicht durchschimmern. Blickdichte Strümpfe ab 50 den heißen → Opaques (ohne Glanz). In Schwarz sind sie tolle optische Schlankmacher. Die meist gekauften Strümpfe haben 20 und 30 den. Für das glänzende Aussehen sorgt in der Regel das verwendete Hauptgarn, meist → Nylon.

**Denier** → »den«, → Strumpfkunde

**Denim** ist ein Baumwollstoff für → Jeans, bei dem die Kette eine blaue und der Schuss eine weiße Farbe hat. Dadurch sehen beide Seiten verschieden aus. Erscheint die Oberseite blau, nennt man ihn Blue-Denim, erscheint sie schwarz, heißt sie → Black-Denim. Die Unterseiten bleiben fast weiß. Ursprünglich wurden die Jeans aus einer in im französischen Nimes produzierten → Serge (sprich »sersch«) gefertigt, die durch außergewöhnliche Strapazierfähigkeit bekannt war. In Amerika wurde aus dem französischen Begriff »de Nimes«, was »aus Nimes« bedeutet, durch den amerikanischen Akzent der Begriff Denim.

**Deo-Slips** sind neuartige → Slips mit antibakteriellem → Zwickel (zum Beispiel von der Marke »Nina von C.«). Er sorgt dafür, dass man sich im Intimbereich den ganzen Tag frisch und gepflegt fühlt. Der Trick sind spezielle Keramikfasern, die Silber-Mikro-Ionen freisetzen. Deren natürliche, antibakterielle Eigenschaften wirkt gegen Bakterien, Keime und Geruch. Die Wirkung bleibt auch nach vielen Wäschen noch erhalten.

**Depardeure** sind schmale → Pullover ohne Arm, also schlicht → Pullunder. Neu sind hautenge → Stretch-Teile, die nabelkurz getragen werden.

**Design** sind Muster auf Stoffen.

**Designer** heißen die »Erfinder« neuer Stoffmuster und auch üblicherweise die Modemacher, die sich hauptsächlich mit dem Entwurf und der Gestaltung der Modelle befassen.

**Dessous:** Der französische Begriff bedeutet wörtlich »darunter«, früher schlicht Unterwäsche genannt. Seit dem 18. Jahrhundert tragen die Menschen Wäsche unter der Oberbekleidung. Doch damals waren die Korsetts mit Stahlstangen wahre Foltergeräte.

Erst der »Allgemeine Verein für die Vereinfachung von Frauenkleidung von 1896« setzte bequemere Unterbekleidung durch. Seit dieser Zeit dürfen Dessous durchaus auch die erotische Ausstrahlung unterstreichen. Eleganz mit Glanz ist ein Stichwort der heute aktuellen Dessous- → Mode, bei der oft → Seide und Baumwollsatin verarbeitet werden.

Dessous gibt es in vielen Variationen, aus durchsichtigen Stoffen, mit viel → Spitze und Rüschen. Aber auch sportlich, mit Satinbändchen verzierte → BHs und → Slips sowie Garnituren aus → Bustier und Slip im → Blümchenmuster sehen reizvoll aus. Gut sitzende Einteiler aus elastischem Material mogeln mit → Abnähern sogar in der Taille Pfunde optisch weg und straffen die Konturen. Wichtig bei Einteilern ist ein ausgearbeiteter BH und ein gemäßigter Beinausschnitt.

**Destroyed-Look** ist überfärbter → Denim.

**Deux-Pièces:** So wird ein zweiteiliges Kleid oder → Kostüm bezeichnet, bei dem Material und Schnitt aufeinander abgestimmt sind. Das Oberteil sollte so geschnitten sein, dass man es auch ohne Bluse oder → Pullover tragen kann.

**Diamond washed:** Im Gegensatz zu → Stone washed, einem Verfahren, bei dem Bimssteine mit den Kleidungsstücken gewaschen werden, kommen bei Diamond washed harte kleine Steine dazu. Dadurch werden die Stoffe sehr hell mit dem Nachteil, dass die Faser geschädigt wird. Jeans aus diesem Stoff halten also nicht besonders lange. Der Effekt ist wie bei allen »washed« behandelten Hosen: Sie sehen aus wie schon einmal getragen und bekommen den so den aktuellen → Secondhand-Charakter.

**Dianette:** Die griechische Jagdgöttin Diane war Namenspatin für diesen Sommerschuh. Die Bezeichnung »Dianette« wiederum ist von dem Wort Diamant abgeleitet worden und meint luftige Sommerschuhe, die oft mit glitzerndem → Strass verziert sind. Es sind → Sandalen ohne Fersenriemen, deren Kennzeichen das Riemchen zwischen den Zehen ist. Neben den trendigen flachen → Flip-Flops gibt es auch viele dieser Sandalen mit kleinem Absatz, dekoriert mit Steinchen und → Pailletten. Es gibt sie aus → Leder, Plastik und Stoff. Ganz flach, aber auch mit bis zu 6 Zentimeter hohem Absatz. Sie passen zu allen Sommersachen, sowohl zu Hosen als auch zu kurzen oder langen Röcken und sind sehr bequem.

**Diolen** ist ein Glanzstoff aus → Polyesterfasern.

**Dior-Falte:** Der Dior-Schlitz, nicht ganz zutreffend auch Dior-Falte genannt, ist ein etwa 15 Zentimeter hoher Schlitz im Rückenteil eines schmalen Rockes. Er springt über einem eingearbeiteten Futterrock auf, dem im Sichtbereich ein Stück des für den Rock verwendeten Stoffes aufgenäht ist. Der Schlitz soll dem Kleidungsstück die nötige Bewegungsweite geben.

**Diolen Loft** → Polyester

**Dirndl:** Bis 1870 trug die weibliche Landbevölkerung → Mieder und Rock als Unterkleidung. Ab 1900 entdeckten dann Städterinnen das Dirndl als Modehit für Landausflüge. Typisch für Dirndl sind wippende Rüschen, blitzende Spitzenunterröcke, lockende weit ausgeschnittene → Decolletés, weite Röcke, klassisch in Stäbchenfalten gelegt, eng anliegende Mieder traditionell in schwarz mit Stickerei und Silberknöpfen oder Riemchen mit Schnallenverschlüssen. Dazu weiße Trachten-Blusen mit → Spitze und farblich abgesetzte Schürzen. Doch auf welcher Seite trägt man den Schürzenknoten beim Dirndl-Kleid eigentlich? Nach bayerischer Überlieferung ist dieses Detail äußerst aussagekräftig:. Ist der Schürzenknoten links geschnürt, bedeutet das, das Mädchen ist weder verheiratet noch verliebt. Ist er rechts geschnürt, ist sie bereits vergeben. Dazu trägt man im Sommer Haferlschuhe oder kurze Schnürstiefel sowie halbhohe Schnallenpumps.

**Dirty Blue** → Jeans

**Dock-Steps** sind → Slipper-Schuhe im Flechtmuster.

**Dolan** → Polyacryl

**Dolman-Ärmel:** Seinen Namen hat der Ärmel vom türkischen Dolman-Kaftan. Die Schulternaht ragt bei dieser tief eingesetzten Ärmelform weit ins Vorderteil. Im Achselbereich verläuft sie teilweise eckig. Vom Aussehen her hat der Dolamn-Ärmel Ähnlichkeit mit dem → Raglanschnitt.

**Domestos-Stil** ist eine chemische Behandlung um ausgeblutete → Jeans zu verändern. Der Domestos-Stil war in den 80er Jahren populär. Damals legten Teenager ihre Hose einfach in eine Lösung aus Wasser und gaben den chemischen Haushaltsreiniger »Domestos« dazu, um die Farbe aufzuhellen. Man musste aber vorsichtig dosieren, denn das Reinigungsmittel griff den Stoff – und unter Umständen auch die Haut – an. Wenn man zum Beispiel Flecken anderer chemischen Mittel (wie etwa Fixierer bei der Entwicklung von Filmen) auf die Hose bekam, konnte man davon ausgehen, dass an dieser Stelle der Stoff regelrecht weg gefressen wurde, denn beide Chemikalien ergaben eine regelrecht ätzende Wirkung.

**Donegal** ist ein klassischer, zweifarbiger grober → Tweed im Handwebcharakter, der stark mit farbigen → Noppen durchsetzt ist.

**Doppeldruck** → Sandwich-Druck

**Doppelgewebe** sind Stoffe, die eigentlich aus dicken Garnen gewebt werden müssen, um die gewünschte Mindestdicke und auch ein entsprechendes Mindestgewicht haben sollen. Diese Stoffe sind aber viel zu grob, um daraus einen feinen Oberstoff zum Beispiel für Veloursmäntel und -jacken herzustellen. Aus diesem Grund wird ein Doppelgewebe hergestellt, indem man mehrere Garnlagen im Gewebe auf einem Webstuhl mit einem Doppelbaum (auf dem die → Kettfäden dann doppelt gespannt werden können) ein Unter- und ein Obergewebe webt. Dadurch erzielt man den doppelten Stoff und eine gewisse Dicke und Steife.

**Doppelkleid** sind zwei übereinander getragene Kleider, das untere meist mit kurzem oder langem Arm, das andere darüber wie eine Schürze oder ein Kittel ohne Arm. Ein Doppelkleid sieht edel aus und hat enorm viel Pfiff. Auch zu festlichen Angelegenheiten kann man es tragen, darunter ein festerer Stoff, darüber zum Beispiel → Chiffon.

**Dorix** → Polyamid

**Dorlastan:** Das → Filamentgarn Dorlastan besteht aus → Polyester-Polyharnstoff-Urethan. Schon die Beigabe einer kleinen Menge dieser Faser reicht aus, um hervorragende Rücksprungkraft, Formbeständigkeit und Elastizität bei Maschen-, Kettwirk-, Strick- und Webwaren zu erreichen. Das ist vor allem wichtig bei solchen Modeteilen, die direkt auf der Haut getragen werden.

**Dot-com-Dress** ist ein neuer → Kord-Modetrend mit Anzügen oder nur → Blazer oder Hosen, die einst von Oberlehrern getragen wurden. Davor war er Stoff, den Existenzialisten trugen.

**Doubleface** ist ein → Doppelgewebe, also ein Stoff, der beidseitig verwendbar ist. Oft ist die eine Seite gemustert zum Beispiel kariert und die andere Seite einfarbig. Beliebte Stoffe in Doubleface sind dicke Wollstoffe.

**Doubleface-Fade-out** nennt man einen modischen Trend bei Jeans-Stoffen, den Stoff mit den zwei Gesichtern. Die Stoffe werden auf der rechten und linken Seite nach dem gleichen Prinzip wie die → Fade-outs mit verschiedenen Farbstoffgruppen und in verschiedenen Farben eingefärbt. Beim Hochkrempeln der Hose oder auch als Folge einer entsprechenden Verarbeitung der Taschen, entstehen dann interessante Kontrasteffekte.

**Double layers** ist eine besondere Strumpfhose zur Abendgarderobe. Diese Neuheit gibt es bei der Modefirma Falke. Zwei transparente, farblich unterschiedliche Lagen werden übereinander gelegt und erzielen so changierende, also kontrastierende, Effekte.

**Doupionseide** ist der französische Name für → Shantung

**Dragon-Style** sind → Shirts, → Sweatshirts und ähnliche Textilien mit chinesischen Schriftzeichen, die bei Teenagern sehr beliebt sind.

**Dralon** → Polyacryl

**Dralon Ultrapan** → Polyacryl

**Drapé** ist ein feines Wollgewebe, das für elegante Gesellschaftskleidung, Anzüge oder → Kostüme verwendet wird.

**Drapierung:** Mit dem Drapieren begann in der Antike eine erste Form der Bekleidungskultur. Man kann das Wort etwa mit »malerischem« → Faltenwurf erklären. Es ist auch das Kennzeichen eines eleganten, sehr weiblichen Bekleidungsstils.

**Drumdyed-Leder** → Anilinleder

**Dtex** → »den«, → Strumpfkunde

**Duchesse** ist ein hochwertiger → Satin mit starkem Glanz aus → Seide oder Chemiefasern.

**Dufflecoat** ist ein kurzer Mantel, meist aus Woll-Mischgewebe. Besondere Merkmale sind die Kapuze, aufgesetzten Taschen, Riegel- oder Knebelverschlüsse aus → Leder und Olivenholz und eine kollerartige Schulterpatie. Herkunftsland beziehungsweise Ursprungsland des Dufflecoat ist Belgien, genauer gesagt Flandern. In Duffel, einer Stadt in Flandern, wurde der für den Dufflecoat typische undurchlässige dicke → Flausch – nach der Stadt auch »Düffel« genannt – gewebt. Ursprünglich der Berufsbekleidung für Fischer vorbehalten, wurde der Stoff eines Tages von der englischen Marine für deren Uniformmäntel entdeckt. Bekannt wurde der Duffelcoat durch einen seiner prominentesten Träger, dem englischen General Montgomery. Seine Verbreitung verdankt der »Duffelecoat,« der erst später zum »Dufflecoat« wurde, dem Zweiten Weltkrieg.

**Dupionseide** ist eine feste → Wildseide aus Indien.

**Duster** → Staubmantel

**Duvetine:** Der Name leitet sich vom französischen Begriff »duvetage« ab, was im Deutschen so viel wie »rauen« bedeutet. Mit Duvetine bezeichnet man ein Gewebe, das entweder aus → Baumwolle oder zellulosischen Chemiefasern besteht, wie etwa → Viskose. Nach dem Weben und Färben wird dieser Stoff geschmirgelt und aufgeraut. Dadurch erhält er eine stumpfe Oberfläche, die ein wenig an → Wildleder oder Samt erinnert. Duvetine wird daher auch falscher → Samt genannt.

## E

**Echtpelz** ist eine vage Bezeichnung, hinter der sich jedes x-beliebige Tierfell verbergen kann, zum Beispiel das von Hunden, Katzen, Kaninchen und ähnliches.

**Ecossais** → Schotten-Karo

**Effektgarne** sind Zier- und Phantasiegarne. Durch ungleiches Spinnen oder durch Einarbeiten von → Noppen, → Flammen, → Knoten oder → Stichelhaar sowie durch raffinierte Glanzelemente werden interessante Effekte erzielt. Oft vertragen → Pullover oder Strickjacken aus Effektgarn allerdings nur eine

Handwäsche, daher sollte man beim Waschen unbedingt auf die Pflegeanweisung achten.

**E-Hose:** Der High-Tech-Keuschheitsgürtel für Frauen – eine Erfindung sorgt für Furore: Die E-Hose beginnt zu klingeln, wenn sie die Keuschheit der Trägerin gefährdet sieht, sprich: sie zu lange vom Körper entfernt ist. Extrem eifersüchtige Männer können sich die Warntöne vom → Slip ihrer Herzensdame auf ihr Handy umleiten. Doch trotzdem bleiben Fragen an den geistigen Vater des Macho-Slips, den italienischen Sexualforscher Guiseppe Cirillo, unbeantwortet: Was passiert, wenn sie mal muss? Klingeln dann auch die Alarmglocken? Wie wäre es denn, wenn die Herren der Schöpfung auch solche E-Hosen tragen würden?

**Einzelzehen-Socken:** Unter den modischen Füßlingen erlebt eine Erfindung der alten Ägypter ihre Renaissance – die Fünf-Zehen-Socke aus → Baumwolle. Hier ist jeder Zeh einzeln eingepackt. Das verhindert Nässe zwischen den Zehen und schützt vor Fußpilz, denn der liebt feuchte und warme Körperregionen. Mit der Gesundheits- und Sportsocke ist man mit der Einzelzehen-Socke hygienisch angezogen und gibt dem Fußpilz keine Chance.

**Elasthan** ist ein künstlicher Gummifaden, der aus → Polyurethan hergestellt wird. Typische Eigenschaften von Elasthan: Es ist hochelastisch, zudem aber widerstandsfähig gegen Öle, Fette, Schweiß und Meerwasser. Mischt man andere Fasern mit Elasthan, ergibt das eine besonders elastische und dehnfähige Faser. Sie sorgt für hohe Formbeständigkeit, weil sie sich immer wieder in die ursprüngliche Form zurückzieht, egal wie weit sie überdehnt wurde. Elasthan-Garne werden nur als → Filamentgarn hergestellt und als → Corespun-Garne verarbeitet. Eingesetzt werden diese Garne bei Geweben und Gewirken für Miederwaren, Bandagen, → Stützstrümpfen, Badebekleidung, aber auch immer öfters bei Trikotagen, Sportbekleidung und elastischer Oberbekleidung.

**Elastics** sind elastische Stoffe, zur Zeit hauptsächlich als → Kord, → Samt, → Serge oder → Flanell im Angebot. Die verarbeiteten elastischen Garne sind meist → Helanca oder → Lycra, ihr Anteil beträgt üblicherweise zwischen zwei und vier Prozent.

**Elite** ist die Alternative zu → Elasthan, ein neues elastisches, rein textiles Garn. Es ist im Gegensatz zu Elasthan atmungsaktiv und in jede Richtung dehnbar. Ob Elite verwendet wurde, muss auf dem Herstellernachweis im Kleidungsstück stehen.

**Ellbogenschoner** sind Lederflicken, die auf die Ärmel genäht werden, entweder zum Schutz gegen das Durchscheuern oder zum Aufpeppen eines einfachen → Pullovers. In Kunstleder macht der Flecken auch jeden Waschgang mit.

**Emma-Peel-Stil** → Courrèges-Stil

**Empire-Linie:** Bei einem Kleid oder einer Bluse mit Empire-Linie, ist die Taille nach oben, bis unter den Busen »gerutscht«. Bekannt ist die Empire-Linie aus der Zeit Napoleons, meist mit einem großzügigen → Decolleté. Heute ist sie auch wieder öfter zu sehen, vorwiegend in eleganter Abendgarderobe. Ein kleiner Gürtel, eine Schleife oder andere schmückende Teile zieren die Empirenaht und machen sie zum Blickfang.

**Engineerd** sind Musterzeichnungen und → Rapporte auf Stoffen.

**Enka** → Nylon → Polyamid

**Enka Sun** ist ein Modestoff mit UV-Sonnenschutz. Zum Vergleich: Bei normalen Stoffen dringen bis zu 80 Prozent der gefährlichen und schädlichen UV-Strahlen durch den Stoff. Die Modefirma »CM CY PABST« hat deshalb eine Basic-Kollektion aus → Enka Sun entwickelt, einem hochwertigen Viskosestoff, der durch eine besonders starke Pigmentierung des Garns einen eingewebten Sonnenschutz im Faktor 30 integriert.

**Enka Swing** → Elasthan

**Enka Viskose** ist eine Chemiefaser aus Holz und gleichzeitig ein → Gütesiegel für → Viskose. Zur besseren Qualitätsüberwachung von Viskosestoffen schlossen sich vor Jahren Modehersteller, Weber und Stoffdrucker mit dem Viskose-Hersteller AKZO zusammen. Das Ergebnis: Der »Viskose Circle of Quality«. Seitdem werden Viskosestoffe aus aller Welt auf Reißfestigkeit, Nahtschiebeverhalten und Waschfestigkeit überprüft. Erfüllt ein Stoff die entsprechenden Kriterien, erhält er das »Enka Viskose Goldlabel«, das anhand einer Kontrollnummer auch die Herkunft angibt.

**Ensemble:** Der Begriff steht für ein Kleid mit Jacke oder Mantel.

**Epi-Leder:** besteht aus mehrfach durchgefärbten Rindleder und wird nach einem speziellen Prägeverfahren verarbeitet. Die hochwertigen Produkte aus diesem → Leder sind zwar etwas teurer, dafür aber besonders haltbar und strapazierfähig. Das feste Leder wird durch Tragen im Laufe der Zeit weicher und griffiger.

**Erstlingswolle** nennt man die erste Schur von Schafen, die noch kein Jahr alt sind. In England wird sie »Hoggert« genannt. Sie ist sehr weich, aber ungleichmäßig dick und im einzelnen Haar länger als → Schafwolle. Erstlingswolle lässt sich sehr schlecht verspinnen, deshalb wird sie für Füllungen von Steppdecken verwendet.

**Espandrilles** sind Sandalen, die nur aus einer Sohle und langen Bändern bestehen. Die langen Lederbänder werden kreuzweise um Knöchel und Wade gebunden. Schon die alten Ägypter und Römer trugen solche hoch geschnürten → Sandalen. Auch Fischer aus Spanien und Portugal haben diese einfachen → Schuhe aus Stoff mit Sohlen und geflochtenen Schnüren schon immer gerne getragen. Seit den 50er Jahren bis heute sind die leichten und bequemen Sommerschuhe beliebt.

**Esprit-Look für Kids** unter dem Motto »Caribbean Summer« gibt es für Mädchen eine verspielte Bekleidung mit → Retro-Details in lebhaften Farben wie Rosa, Pink und Orange.

**Esterhazy** → Glencheck-Muster

**Etagen-Look** ist ein Bekleidungsstil, bei dem kürzere und längere Oberteile übereinander getragen werden. → Zwiebel-Look.

**Etamine** sind leicht → transparente Gewebe in Dreherbindung.

**Ethnik-Stil** sind Stoffe und Musterungen, auch Modelle, die sich an Vorbildern fremder Völker orientieren. Häufig gleich bedeutend mit Folklore.

**Ethno-Look:** Damit ist der Stil und das → Design ferner Länder gemeint – meist farbenfrohe, volkstümliche Muster aus der ganzen Welt. Typisch dafür sind der → Folklore-Stil und der → Hippie-, → Gipsy- oder → Western-Look. Eine Stilrichtung des Ethno-Look sind feine Stickereien mit Perlen und Spiegelchen oder → Bordüren mit Himalaja-Mustern. So machen

→ Animal-Prints, → Batikdrucke, → Paisleymuster aus einer schwarzen oder dunkelblauen Hose etwas Besonderes. Der Ethno-Look ist vor allem von der afrikanischen, indischen und asiatischen Kultur beeinflusst.

**Etuikleid:** Dieses Kleid schmiegt sich wie ein Futteral eng um den Körper und seine Länge umspielt das Knie. Dafür ist eine schlanke Figur die Voraussetzung. Typisch für das Etuikleid sind modellierenden → Abnäher oder → Wiener Nähte. Schon die Schauspielerin Audrey Hepburn und die Präsidenten-Gattin Jackie Kennedy hatten das Etui-Kleid für sich entdeckt und machten es zu einem ihrer Markenzeichen.

**Everybody** ist ein kurzärmeliger Rolli.

## F

**Faconné** ist ein Schaftgewebe mit einfachen, kleinen Mustern. Er hat einen matt glänzenden Schimmer. Das → Design entsteht durch Bindungswechsel, also durch unterschiedliche Webarten.

**Fade-out** (sprich »faid aut«) ist die Bezeichnung für das Vor- und Auswaschen von Farben. Tipp: → Jeans sollten auf links gewaschen werden, damit sie keine hellen Streifen bekommen.

**Fallschirmseide** → Ballonseide

**Faltenröcke:** Typisch für diesen Rocktyp sind Keller- und Liegefalten, einzeln oder in Gruppen, die erst ab der Hüfte aufspringen, damit sie nicht auftragen.

**Faltenwurf** → Drapierung

**Fancies** ist der Sammelbegriff für Freizeit- und Sporthemden mit phantasievollen Mustern und bunten Farben.

**Fancykord** ist → Kord mit wechselnd breiten Rippen.

**Fancy-Denim** ist ein → Jeansstoff, der im Aussehen sehr verändert wurde, zum Beispiel mit Pigmentdrucken, Ätzdrucken oder Goldsprühungen.

**Fancy-Muster** sind Minitupfen, Kringelchen, kleine Drei- oder Vierecke, sowie Phantasiemuster.

**Farbberatung:** Hat man seinen eigenen (Mode-)Stil noch nicht so recht gefunden, kann es unter Umständen nützlich sein, sich von einem Profi beraten zu lassen. Anhand von Aussehen, Alter, Figur, Beruf und Lebensgewohnheiten wird ein Stilkonzept entwickelt, das auf den jeweiligen Typ individuell zugeschnitten ist. Darunter fällt neben dem Make-up auch eine Stil- und Farbanalyse, sowie eine Garderobenberatung.

**Farbechtheit** lässt sich einfach prüfen: Man taucht eine beim Tragen nicht sichtbare Stelle des Stoffes, zum Beispiel am Saum oder innen an der Knopfblende, in lauwarme Waschmittel-Lauge und lässt es zehn Minuten im Wasser. Anschließend wird die Stelle mit einem weißen Lappen ausgedrückt. Zeigen sich Farbspuren, sollte man das neue Modeteil zunächst allein oder nur mit gleichfarbigen Kleidungsstücken waschen.

**Fashion victim** ist eine Person, für die → Mode besonders wichtig ist, die immer die neuesten Trends und Stile trägt und unter Umständen auch Vorbildfunktion für andere hat. Als fashion victims werden oft Prominente bezeichnet, wie Popsängerin Madonna, die neue Trends setzen. Ein fashion victim der 80er Jahren war Gräfin Gloria von Thun und Taxis mit ihren schrillen Frisuren und schrägen → Outfits. Heute ist die Adlige zum elegant-edlen Modestil konvertiert.

**Faux unis** (sprich »fo üni«) kommt aus dem Französischen und heißt übersetzt »falsche Unis«. Gemeint sind damit Stoffe, die aufgrund ihrer → Bindung oder Farbgebung den Eindruck eines einfarbigen → Design erwecken. Die Optik erscheint kontrastlos, unausgeprägt und deswegen im Gesamtbild wie ein Uni. Mitunter gleicht es auch einem → Changeant-Effekt.

**Fay-Jacke** ist die erfolgreiche Kreation des italienischen → Designer Diego della Valle. Pate standen sportliche Jacken mit aufwendigen Karabinerverschlüssen, wie sie Feuerwehrmänner in Chicago tragen.

**Feh** ist die Bezeichnung für das Fell asiatischer Eichhörnchen.

**Feinkord** ist ein Kordsamt mit ganz feiner Rippe für modische Damen- und Herrenbekleidung. Trotz niedriger Florhöhe ist Feinkord in der Regel dicht und sehr haltbar. Er hat mindestens 50 Rippen pro 10 Zentimeter Breite.

**Feinripp-Jersey** ist ein feiner Maschinenstrickstoff. Er wird meist für Nachtwäsche verarbeitet.

**Fell, gewachsenes,** auch → Doubleface, Lederpelz oder → Pelzvelours genannt, stammt vom Schaf. Bei Jacken und Mänteln wird die Wollseite nach innen, die Velourlederseite nach außen getragen. Bekleidung aus naturgewachsenen Fellen ist besonders warm, aber auch relativ teuer. Bei preiswerteren Stücken ist das Fell innen nicht angewachsen, sondern separat als Futter aus → Webpelz eingenäht.

**Fil à Fil:** Bei dieser Webtechnik werden helle und dunkle → Kettfäden abwechselnd verwebt. Durch den starken Farbkontrast von hellen und dunklen → Kett- und **Schussfäden** entsteht ein treppchenförmiges Muster im Gewebe.

**Figur-Typen:** In der Regel unterscheidet man vier Figurtypen: A, H, X und V. Diese Buchstaben beschreiben den jeweiligen Körperbau.

- **Der A-Typ** hat schmale Schultern und breite Hüften. A-Typen sollten möglichst Oberteile mit großen Kragen, Kapuzen oder Schulterpolstern tragen. Damit werden die Proportionen ausgeglichen, das heißt, die Schultern verbreitern sich optisch. Bei Hosen und Röcken sollte der A-Typ darauf achten, dass sie nicht zu weit und nicht zu ausgestellt sind, sonst wirkt der Unterkörper im Vergleich zum Oberkörper zu breit. Gerade Schnitte sind für den A-Typ sehr gut geeignet.
- **Der H-Typ** hat kaum eine Taille.
- **Der X-Typ** hat eine sehr schmale Taille.
- **Der V-Typ** hat breite gerade Schultern, eine dünne Taille und schmale Hüften. Diese Körperlinie kann man am besten mit weich fließenden Stoffen betonen. V-Typen tragen deshalb am besten unifarbene, dunklere Oberteile zu gemusterten oder fein strukturierten helleren Röcken oder Hosen. Dadurch wirkt der breite Oberkörper schlanker. Die Taille kann mit einem Gürtel betont werden.

**Filamente** nennt man die klassischen Chemiefasern.

**Filamentgarne** mit Faseroptik sind Garne aus endlosen Synthetikfäden, vor allem aus → Polyester. Bei der Herstellung werden sie durch eine turbulente Strömung in einer Düse mit Pressluft oder überhitztem Dampf verwirbelt und miteinander verschlungen.

**Filmdruck:** Hierbei handelt es sich um einen Druck, der mittels Schablone auf den Stoff gebracht wird. Die Schablonen dafür werden auf fototechnischem Wege hergestellt.

**Filz** entsteht, in dem sich Wollfasern, Haare und sonstige Fasern ohne Binde- und Klebemittel zu einem festen Stoff verbinden und ohne, dass diese Fasern miteinander verknotet, verbunden oder gewebt werden. Filz ist sehr dicht, weil bei seiner Herstellung mehrere Schichten Rohwolle und Fasern wild übereinander gelegt werden. Wenn diese Schichten die gewünschte Dicke erreicht haben, wird das Material in mehreren Arbeitsgängen und mit verschiedenen Maschinen bearbeitet, zum Beispiel auf einem Rütteltisch. Auf beweglichen Platten verdichtet sich das Material unter der Einwirkung von Wärme, Feuchtigkeit, Reibung und Druck. In der Walkmaschine wird der schon fast fertige Filz noch einmal mit einer Lauge benetzt, gepresst, geklopft, dabei schrumpft das Volumen um die Hälfte. Danach wird der Filz gefärbt. Man verwendet Wollfilz insbesondere für Hüte, weil er sich unter Einfluss von Wärme und Feuchtigkeit gut formen lässt. Der so genannte Nadelfilz wird im gleichen Vorgang hergestellt, enthält aber nicht so wertvolle Grundstoffe. Man verwendet Nadelfilz beispielsweise zum Basteln oder als Bodenbelag.

**Finnenbaumwolle** ist eine in Finnland gewebte und bedruckte grobe Baumwolle und wird überwiegend für Kleider und Hauskleider verwendet. Bei uns heißt sie → Renforce oder → Kretone. Sie besteht zu über 80 Prozent aus → Baumwolle, der Rest ist aus → Viskose.

**Finnwear** ist eine → Mode aus Finnland und besteht hauptsächlich aus Naturfasern. Manches ist sogar von Hand gewebt. Typisch sind Jacken in weich fallendem Wollcrêpe sowie Mäntel aus Lammvelours und Daunenmaterial. Es werden nur die besten arktischen → Daunen verarbeitet und keinerlei Allergie auslösende Zusatzstoffe verwendet.

Außerdem gibt es Finnwear-Lederjacken aus Rentierleder. Von den rund 90 000 Rentieren, die jährlich geschlachtet werden, eignen sich allerdings nur die Hälfte der → Felle für diese hochwertige Bekleidung. Da etwa sechs bis zehn Felle pro Jacke benötigt werden, lassen sich pro Jahr höchstens 4000 bis 5000 Jacken anfertigen. Die Jacken erfüllen 1a-Qualität, sind wasserabweisend und können über viele Jahre getragen werden.

**Fischer-Hose** → Caprihose

**Fischertuch** ist ein grobes, gewalktes Gewebe.

**Fischgrät-Muster** hat seinen Namen von der Musterung, einem Zickzack-Design, ähnlich einem Fischskelett. Das meist zweifarbige Muster entsteht durch verschiedenfarbige Garne in Kette und Schuss.

**Five pockets** (sprich »feif pockets«) sind die fünf typischen Taschen an einer → Jeans: Zwei Vorder- und zwei Gesäßtaschen und die kleine Tasche, die vorne rechts mit eingenäht ist.

**Five-Pocket-Schnitt** wird in der Männermode auch als die so genannte Bauchgrößen-Jeans in bundfaltenloser Hosenformen angeboten. Bei Standartware ist die Hose schlicht, hat Schubtaschen, und die Hosenbeine sind ganz ohne Details. Sie werden gern in der Freizeit getragen, weil die geraden Formen mit weitem Bein sehr bequem sind. Siehe auch → Jeans.

**Flachsfasern:** Die Flachspflanze gehört zu den ältesten Rohstoffen in der Textilverarbeitung. Aus ihren Stängeln wird die → Bastfaser gewonnen. Aus dieser Faser wiederum wird → Leinen, Bett- und Tischwäsche gesponnen. Flachsfäden werden aber auch zu Nähgarn verarbeitet.

**Flammengarn** ist ein einfarbiger Faden und ein mit regelmäßigen oder unregelmäßigen, verschiedenfarbigen Farbtupfern oder Strichen versetztes Garn. Während des Webens oder Stricken ergeben sich jeweils verschiedene Muster.

**Flanell:** Das französische Wort »flanelle« bezeichnet einen weichen, wollenen Stoff. Das Gewebe ist meist aus etwas melierten Garnen gewebt und hat oft auf beiden Seiten eine leichte aufgeraute Oberfläche, die durch leichtes → Walken bedingt, die Gewebestruktur kaum erkennen lässt. Das Gewebe besteht aus → Baumwolle, → Viskose oder → Wolle. Heute werden bunt bedruckte und karierte Flanelle angeboten, die gern für Kinderbekleidung und Hemden verwendet werden.

**Flashdance-Stil** bezeichnet einen Modestil in Anlehnung an die erfolgreichen Tanzfilme der 80er Jahre, unter anderem an den

Film »Flashdance«. Auffallend bei diesem Stil sind → Drapierungen um die Schultern, → Fledermausärmel und Kimonos, Kurven und Asymmetrien, aber auch Taillenbetonung und superkurze → Minis.

**Flatfront-Hosen** haben auffällige, sieben Zentimeter hohe Umschläge, aber auch ein oder zwei Bundfalten. Die Fußweiten sind 42 bis 48 Zentimeter weit, die Euronorm ist 44 Zentimeter.

**Flausch** sind Stoffe mit langer, voluminöser Haardecke, meist aus → Wolle und edlen Tierhaaren, zum Beispiel → Mohair.

**Fledermausärmel** sind weite, oben angeschnittene und tief- beziehungsweise fast an der seitlichen Taillenpartie eingesetzte Ärmel. Sie sind im Gegensatz zu den → Kimonoärmeln zum Arm oder zum Handgelenk hin schmal auslaufend. Also ähnlich wie die Flügel einer Fledermaus. Sie waren in den 80er Jahren sehr modern. Interessant ist aber, dass Frauen diese Ärmel bereits im 12. Jahrhundert an ihren Gewändern, den so genannten »Cotten«, trugen.

**Fleece** ist ein kuscheliger, ein- oder beidseitig aufgerauter → Strickstoff und besteht aus → Mikrofasergarn (in der Regel aus 100 Prozent → Polyester). Er nimmt Feuchtigkeit auf und trocknet schnell wieder. Fleece wird für wärmende Bekleidung wie → Sweatshirts und Jacken verwendet. Bekleidungsstücke aus Fleece sind viel leichter als vergleichbare Kleidung aus → Wolle und wärmen im Gegensatz zu anderen Textilien selbst dann noch, wenn sie feucht sind. Es können sich aber im Gegenteil zu den Naturstoffen schnell hässliche Knötchen bilden. Inzwischen gibt es aber auch Fleece-Stoffe, die so bearbeitet wurden, dass keine Knötchen entstehen. Beim Kauf sollte man allerdings nachfragen, ob die Qualität in der Waschmaschine bei 30 bis 40 Grad gewaschen werden kann oder ob man sie besser von Hand reinigen muss. Grundsätzlich sollte man bei Fleece auf Weichspüler verzichten und die Textilien nicht in den Trockner stecken.

**Flip-Flops:** Ursprünglich war diese Sandalenform mit einem Riemen zwischen dem großen und dem zweiten Zeh nur im Schwimmbad und am Strand zu sehen. Mittlerweile sind sie jedoch im Sommer zu einem straßentauglichen Schuh-Trend avanciert. Es gibt Flip-Flops in → Leder, Plastik und in Textilfaser.

**Flockprint** ist ein raffiniertes → Design, das durch ein Wechselspiel glatter und samtiger Oberflächen entsteht. Auf feine Gewebe wird je nach Muster eine Klebemasse aufgetragen, dann werden kurzfaserige Textilflocken aufgebracht, die nur an den bestimmten Klebeflächen haften bleiben. Diese Flocken können noch elektrisch aufgerichtet werden. Flockprint gibt es einfarbig oder mit starken Farbkontrasten.

**Flohmarkt-Flair,** heute besser unter dem Begriff → Vintage-Look oder → Secondhand bekannt, bezeichnet Textilien aus zweiter Hand und verschiedenen Modeepochen, die entweder vom Flohmarkt stammen oder aus Second-Hand-Geschäften.

**Flower-Power-Stil** ist ein Trend aus den 60er-Jahren, der anfangs in Amerika, später auch in Europa zu einem großen Modethema wurde. Geprägt wurde er durch die Blumenkinder der Antikriegs-Generation, die gegen den Vietnamkrieg und das amerikanische Establishment demonstrierten. Die Modeindustrie griff den Trend auf und kreierte Modelle mit lebhaften Blumenmustern – von vereinzelten Streublumen bis hin zu großflächigen Riesenblüten – in Farben von zart bis grell. Sein Comeback erfuhr der Flower-Power-Stil durch die Techno-Bewegung der 90er Jahre. Siehe auch → Hippie-Look

**Flyback** bezeichnet im Rücken gekreuzte Träger, die die Schulterblätter freilassen.

**Folklore-Stil:** Früher war Folkloremode gleichbedeutend mit Tracht. Jedes Land hat eine eigene Tracht. Der Folklore-Stil leitet sich von diesen Trachten ab, zum Beispiel von den Bergbauern, den Völkern aus dem Himalaja, der ungarischen Puszta, von Lappland und so weiter. Der teils romantische Look spiegelt Einflüsse aus der ganzen Welt wider – vom spanischen Flamenco-Kostüm über Kleider mit persischen Ornamenten, bestickt, gerafft oder gemustert, bis hin zu traditionellen indianischen Strick- und Stickmustern. → Bordüren, Miniblüten, Rüschen, → Crash-Stoffe, → Fransen und Fransengürtel, Zierschnürungen mit Ösen, → Carmen-Look und Stickerei in Signalfarben wie auch Pastellfarben sind typische Elemente des Folklore-Stils und verleihen ihm eine gewisse Romantik.

**Foulards** sind in der Regel kleine bunte Nickitücher. Es gibt aber auch große Foulards. Ihren Namen haben sie von den → Krawatten- und dem Foulard-Muster.

**Frack:** Ursprünglich war er ein langes Mönchsgewand. Sein Name leitet sich vom englischen Wort »Frock« (Rock) ab. Heute wird der Frack immer noch bei festlichen Anlässen getragen oder von Musikern und Kellnern, die in sehr vornehmen Restaurants servieren. Der Frack ist ein Sakko, das etwas tailliert ist. Typisch sind die vorne kurz und hinten langen, bis zu den Knien reichenden Rockschößen, die so genannten Schwalbenschwänze. Dazu wird eine schwarze Hose mit engen Beinen ohne Aufschlag und seidenen Tressen (eine Art breiter Paspel) an den äußeren Hosennähten getragen.

**Fransen** werden oft in Bändern am Meter angeboten und zum Verzieren von Kleidungsstücken verwendet. Man kann aber auch Stoffe – zum Beispiel bei → Jeans an den unteren Beinabschlüssen – ausfransen, statt sie zu säumen.

**Französisches Futter** → amerikanisches Futter

**Französische Taschen** sind schräg eingesetzte Hosentaschen.

**Free-Style:** Darunter versteht man ein knallbuntes Potpourri an Farben und Stilen, also ein zwangloser Mix, bei dem alles erlaubt ist, was gefällt. Man mixt Folklore mit Geschichte, Avantgarde mit Klassik. Die Silhouetten sind jedoch immer modern. Von kunterbunten Blumendrucken und Stickereien über → Fransen und → Volants bis hin zu üppigen → Accessoires im → Ethno-Look oder im → Flohmarkt-Flair.

**French-Cut** → Jeans

**French-Look:** Darunter versteht man Kleider und Blusen mit verspielten Rüschen und → Volants.

**French Knickers** (sprich »fränsch nickers«) sind weit geschnittene, zum Teil glockig fallende Damenschlüpfer aus weichen, fließenden Materialien, die sich nicht abzeichnen und deshalb gut unter figurbetonende → Mode passen.

**Freshmaker-Hosen** wirken wie ein Katalysator und neutralisieren sogar Tabakgeruch.

**Frottee** und → Frottier sind nicht das Gleiche, sie unterscheiden sich durch Herstellung und Qualität. Frottee ist Stoff aus → Effektgarnen, die abwechselnd Knötchen und Schlingen bilden, dadurch entsteht der Frottiereindruck. Frottee ist preiswerte Wirkware und kann aufribbeln wie ein alter Pulli.

**Frottier:** Glatte Baumwollgarne oder Gemische werden mit Schlingen auf einer oder beiden Seiten gewebt. Werden sie aufgeschnitten entsteht → Velours. Echter Frottierstoff ist ein flauschiges Gewebe mit voluminöser Oberfläche, er ist durchgewebt und hat auf beiden Gewebeseiten kleine Schlingen. Aber auch hier gibt es Unterschiede: Das wichtigste Qualitätsmerkmal ist die Güte der → Baumwolle: Mittellange Fasern (Hauptlieferant Türkei) lassen sich zu einer sehr guten Qualität verarbeiten. Die langfaserige Baumwolle aus Ägypten und USA steht für allerhöchste, feine und fusselfreie Qualität.

Hier ein paar Tipps für den Einkauf: Je schwerer der Stoff, um so besser die Qualität. Glänzt die Faser noch leicht und sind die Kanten – beispielsweise an einem Frottiertuch – sorgfältig verarbeitet, hat man lange etwas von diesem Produkt. Kleine Knötchen (→ Pilling) auf einem noch ungewaschenen Handtuch oder Frottierstoff sind dagegen ein untrügliches Zeichen für minderwertige Baumwolle. Reduzierte Ware sollte man deshalb kritisch prüfen, denn Qualitätsware von Markenherstellern gibt es selten zum Schnäppchenpreis.

**Fruchtfarben in der Mode:** Wird eine Farbe durch einen Früchte- oder Blumennamen bezeichnet, klingt das nicht nur viel interessanter, sondern es erleichtert auch die Beschreibung eines bestimmten Farbtones. Typische Fruchtfarben für den Herbst sind Himbeere, rote und dunkle Johannisbeere, Erdbeere, Heidelbeere, Brombeere oder Steinfruchtfarben wie Kirsche und Pflaume. Sommerliche Fruchtfarben sind Pfirsich, Orange, Zitrone und Limette.

**Fully-Fashioned** sind Maschenwaren mit besonders guter Nahtstabilität, weil sie am Stück gefertigt werden und nicht geschnitten werden müssen. Bereits bei der Produktion erhält diese Maschenwaren durch Hinzugeben oder Abnahme von Maschen die gewünschte Form – ähnlich wie beim Stricken eines Pullis.

**Funfur:** Wörtlich übersetzt heißt das englische Wort »Spaß-Fell«. Gemeint ist damit → Plüsch, Kunstfell und → Pelzimitat. Inzwischen sehen diese Kunstfelle täuschend echt aus, sind genauso wärmend wie echte → Pelze – und es müssen dafür keine Tiere sterben.

**Fur-Fake-Stil:** Auch Pelzliebhaber können sich im Winter modisch-kuschelig anziehen, ohne dass dafür ein Tier sterben muss. Beim Fur-Fake-Stil werden Stoffe verarbeitet, die echtem Nerz- oder Zebrafell täuschend gleichen. Außerdem sind sie wesentlich günstiger als echtes Tierfell.

## G

**Gabardine** ist ein → Woll- oder → Baumwollstoff mit glatter Oberfläche, aber feiner Diagonal-Rippe. Der schräg verlaufende Streifeneffekt des Gewebes entsteht durch ausgeprägten Köpergrat (rechtsseitiger Verlauf immer von links unten nach rechts oben). Gabardine ist ausgesprochen strapazierfähig und wird deshalb für Mäntel, → Kostüme oder Herrenhosen verarbeitet. Meistens ist Gabardine unifarben oder graumeliert, oder mit → Nadelstreifen- und Karodesigns. Bügeln sollte man dieses Material allerdings immer unter einem feuchten Tuch, weil es sonst schnell blank wird.

**Gae-Wolf** → Hundefelle

**Galosche** ist das veraltete Wort für einen Gummiüberschuh.

**Ganges-Styl:** Darunter versteht man einen Look mit indischen Einflüssen. Typisch dafür sind weite Hosen, Wickelröcke, breite Gürtel und schulterfreie → Tops sowie exotische Blumendrucke auf seidenartigen Stoffen. Diese präsentieren sich meist mit Durchbruchmustern und einem Farbenrausch aus Safran, Pink, Viola, Tabasco, Curry oder Anisgrün.

**Gatsby-Stil** orientiert sich am gleichnamigen Film »Der große Gatsby« und integriert Modeelemente der auslaufenden 20er Jahre, wie beispielsweise die Schiebermütze mit puffigem Kopfteil und einem festen Schild vorne.

**Gaucho:** So werden die südamerikanischen Viehhirten genannt.

Sie tragen gern → Jeans, → Leder, derbe Stiefel und Cowboyhüte, weil das praktisch für ihre Arbeit ist. Immer wieder hinterlässt der Gaucho-Stil in den verschiedensten Modethemen seine Einflüsse.

**Gaucho-Hosen** sind sehr bequeme, weite Schlupfhosen mit geradem Bein. Die Weite wird mit Hilfe eines Tunnels- oder Gummizuges in der Taille reguliert.

**Geawolf:** Das → Fell stammt von Hunden und wird für preiswerte Jacken und Mäntel sowie für Kragen- und Ärmelbesatz verwendet.

**Gefärbte Kleidung:** Bei gefärbter Kleidung sollte man vorsichtig sein. Vor allem schwarz und blau eingefärbte Textilien – besonders preiswert importierte Textilien – können aufgrund der verwendeten Färbesubstanzen Allergien auslösen, wenn sie mit der Haut in Kontakt kommen. Solche Kleidungsstücke sollte man vor dem ersten Tragen deshalb mehrmals waschen. Tipp: Wer plötzlich an einer Allergie leidet, sollte sich beim Hautarzt einem Allergietest unterziehen und eine Stoffprobe mitnehmen.

**Gehrock** ist ein längerer → Blazer, der über die Oberschenkel reicht, während ein Maxi-Gehrock bis unter die Waden reicht. Diese Jackenform ist in der Regel antailliert, allerdings nicht körpernah geschnitten. Das überspielt breite Hüften, verbirgt kräftige Oberschenkel und lässt die Silhouette sichtbar schlanker wirken.

**Genotte** ist ein Katzenfell, das als preiswertes Besatzmaterial an Jacken, Mänteln und Sonderposten verarbeitet wird.

**Genuakord** hat eine mittelbreite Kordrippe.

**Georgette** sind Kreppstoffe. Durch starkes Überdrehen der → Krepp-Garne bekommt Georgette die typische, leicht strukturierte Oberfläche. Der Stoff wird deshalb auch gerne als »Crêpe Georgette« bezeichnet. Georgettes fließen weich, sind knitterarm und trotz ihrer Feinheit sehr haltbar. Es gibt Georgette-Stoffe einfarbig, bedruckt oder bestickt. Man verarbeitet sie meistens zu festlicher Garderobe.

**Geisha-Sandalen** sind Zehensandalen mit einer dicken Plateausohle, die vorn nach oben hin gewölbt sind, sodass die Zehen etwas hoch stehen. Mit dem klobig wirkenden Laufsohlenprofil und einem farbigen Streifen am oberen Rand der Sohle sehen sie aus wie die typischen → Schuhe der japanischen Geishas.

**Gewachsenes Fell** → Fell, gewachsenes

**Gewachste Stoffe** sind Stoffe, deren Fasern mit einer feinen Wachsschicht überzogen sind. Der Hit sind gewachstes → Leinen oder → Baumwolle. Durch die Wachsbehandlung »steht« der Stoff und fühlt sich angenehm an.

**Gewaschene Seide:** Ihre samtige, der Pfirsichhaut ähnliche Oberfläche erhält gewaschene → Seide durch mehrmaliges Waschen und Schmirgeln. Sie fühlt sich, bei entsprechender Dicke, wunderbar weich an und schmeichelt der Haut. Sie wird daher gerne für hochwertige Nachtwäsche verwendet.

**Gilet** nannte man → Westen zur Rokokozeit. Nur adeligen Männern war es vorbehalten ein Gilet zu tragen. Die ersten Modelle waren knielang und üppig mit → Brokat verziert. Später wurden sie zu → Frack und → Cut, ein Muss für jeden elegant gekleideten Mann. Auch beim → Dandy-Look spielen Gilets eine große Rolle. Erst in den letzten Jahrzehnten hielten diese Westen Einzug in die Damenmode – zu Beginn stand noch die klassische Männerform Pate, im Laufe der Zeit entwickelte die Damenweste aber ihr eigenes Gesicht.

**Gipsy-Armband** ist ein Armband mit vielen bunten Augensteinen und kleinen Anhängern aus farbigem Glas, die bei jeder Bewegung am Handgelenk klimpern.

**Gipsy-Look:** Diesen Look kennzeichnen → transparente Blusen und Kleider, die die Figur spielerisch umhüllen.

**Gipsy-Queens** sind Modetypen, die Volantröcke, Carmenausschnitte und Bänder im Haar sowie den → Gipsy-Look bevorzugen.

**Gitter-Karo** wird durch seinen Namen schon erläutert.

**Glacéleder** ist feines, alaungegerbtes, glänzendes Ziegen- oder Lammleder, das in erster Linie für elegante Handschuhe verwendet wird.

**Gladiatoren-Sandaletten** sind → Sandalen die nur aus Sohle und Riemchen bestehen, die das Bein bis zum Knie umschlingen.

**Glamour-Look:** Darunter versteht man festliche, meist hautenge Kleider mit großem → Decolté, die schon in den 50er Jahren getragen wurden. Typische Merkmale sind Wickeloptiken, Rüschen, wilde Muster, knallige Farben, Glanzstoffe, gepolsterte Schultern und Verzierungen mit → Strass, → Pailletten oder Perlen. Der Glamour-Look unterstreicht die Weiblichkeit – Frauen werden mit diesem Look zu wahren Diven und dürfen auch sonst üppig auftragen: Gloss für die Lippen, farbig glänzender Lidschatten, Glitzerpuder für den Körper. Der Glamour-Look lässt sich auch gut mit dem → Hollywood-Stil kombinieren.

**Glasbatist** ist ein feines dichtes Gewebe und hat die Eigenschaften von normalem → Batist. Durch eine besondere Bearbeitung erhält das Gewebe sein glasartiges, durchscheinendes Aussehen. Glasbatist gehört zu den Transparent-Stoffen und ist immer weiß, im Gegensatz zum → Organdy, der gefärbt werden kann.

**Glencheck-Muster** Bei diesem großzügigen Karomuster liegen nebeneinander verlaufende Streifen (Überkaro) über einem kleineren Unterkaro. Die → Karos können entweder Ton in Ton sein oder einen markanten Farbunterschied aufweisen. Glencheck-Muster haben ihren Ursprung in Schottland, der Name setzt sich aus »Glen« (Tal) und »Check« (Karo) zusammen.

**Globetrotter-Jacket** → Travel-Jacket

**Glockenrock** sind superweite Röcke, die eng an den Hüften anliegen und nach unten in Glockenform ausgestellt sind. Dazu trug man in den 50er Jahren → Ballerinas.

**Gobelin** ist ein bunt gemustertes Gewebe, meist mit verschwommenen Motiven und stumpfen Farben. Dieses florale, sanft kolorierte → Design – ursprünglich besser bekannt als französischer Wandteppich – kommt heute wieder zu neuen Ehren. Bedruckt und gewebt, in aufgefrischter Form, findet man Gobeline heute in der aktuellen Romantikmode wieder.

**Goddes-Stil:** Griechische und römische Göttinnen mit ihren asymmetrisch angelegten Gewändern standen Pate für dieses Modebild mit weich fallenden, fließenden Stoffen, drapierten Schnitten und einseitigen → Decolletés. Der Goddes-Stil spiegelt einen Modeeinfluss der 80er Jahre wider: Den Modestil des

»Denver-Clan« nämlich, bei dem Crystle Carrington für Modefurore sorgte, indem sie in fließenden Jerseykleidern mit drapierter Schulter, betonter Taille und dekorativ flatternden Schnittelementen auftrat.

**Godet:** Dieser Begriff kommt aus dem Französischen und heißt übersetzt »Glockenfalten«. Das sind keilförmig eingesetzte Schnittteile, die schmalen Röcken oder Kleidern zum Saum hin eine schwingende Weite geben. → Godet-Rock

**Godet-Rock** ist ein eng anliegender → Shift-Rock, der bis knapp unter das Knie reicht. Seine typische Form erhält der Rock durch nach unten hin leicht ausgestellten Bahnen. Beim langen Rock sind am Saum dreieckige Einsätze eingenäht, die dem Rock seine schwingende Form geben.

**Golffalte** ist eine Rückenfalte an Sakkos, Mänteln oder Hemden. Sie verbreitert optisch und sorgt für Bequemlichkeit.

**Good-Jeans** ist ein Markenname. Für diese → Jeans wurde ein spezieller, hochwertiger Marken-→Denim entwickelt. Seine Vorteile: Der Stoff ist herrlich soft, besitzt durch die verschiedenen Verarbeitungsarten schöne Wascheffekte und entspricht dem → Öko-Tex Standard 100.

**Gore-Tex** ist ein wasserabweisendes Material und gleichzeitig ein geschützter Markenname. Es handelt sich dabei um eine Klima-Membran aus Polyetrafuoräthylen, die durch eine Spezialbehandlung auf jedem Quadratzentimeter zirka 1,4 Millionen Poren aufweist. Zum Vergleich: Ein Wassertropfen ist 20 000-mal größer als die Pore einer Gore-Tex-Membrane. Das Material ist auch als → Teflon bekannt.

Gore-Tex und Teflon werden in der Modebranche vor allem für Jacken und Mäntel verarbeitet. Der Vorteil des Materials: es lässt weder Wasser noch Wind hindurch, Wasserdampf, also Schweiß, kann jedoch entweichen, und es schützt außerdem vor UV-Strahlen. Seit Herbst 2001 sind zum bekannten Wetterschutz und verbesserter Atmungsaktivität zwei weitere Vorteile hinzugekommen: bessere Wärmedämmung und optimierte Leichtigkeit. Dafür wurde ein Laminat neu entwickelt, das nur noch 120 Gramm pro Quadratmeter wiegt. »Gore-Tex competence concept«, so der Name des Premium-Produkts, wird fol-

gendermaßen gefertigt: Aus Oberstoffen, die der jeweilige Konfektionär aussucht, fertigt Gore-Tex mit der neu entwickelten Membrane ein Zwei-Lagen-Laminat, das zugleich eine Schmutz abweisende Ausrüstung beim Oberstoff aufweist. »Competence concept« erfüllt so bei der Produktion von City-Sportswear zwei neue, wichtige Funktionen: Das niedrige Gewicht und die einfache Pflege. Die Kleidung kann bei 40 Grad gewaschen werden und lässt sich auch bügeln.
Neuestes Produkt-Highlight ist »Gore-Tex XCR«, ein Funktionsmaterial, das Ski- und Snowboard-Fahrern bei jedem Wetter optimalen Wetterschutz und größtmöglichen Komfort bietet. Produziert wird es durch 25 Prozent atmungsaktivere Zweilagen-Laminate, kombiniert mit neuen, besonders dampfdurchlässigen Isolationsmaterialien. Laut Hersteller bietet »Gore-Tex XCR« eine optimale Balance zwischen Wärmeisolierung und Atmungsaktivität.

**Größen, ausländische,** unterscheiden sich von den deutschen, da jedes Land unterschiedlich errechnete statistische Maßtabellen hat. Die Maße stammen aus den Durchschnittsmessungen der jeweiligen Bevölkerung eines Landes. Welche ausländische Größe passt, kommt also immer auf das entsprechende Land an, in dem das Kleidungsstück hergestellt wurde. So entspricht die deutsche Größe 36 der französischen Größe 38 und der italienischen 40, man muss also immer eine, beziehungsweise zwei Konfektionsgrößen dazu rechnen. In Großbritannien ist es die Größe 10, in den USA die Größe 6, wobei in beiden Staaten ebenfalls in Zweierschritten erhöht wird.

**Größen, K und EK:** Bei Kurzgrößen (K-Gr.) ist der Schnitt einer Körpergröße von 1,57 bis 1,63 Meter Körpergröße angepasst. Die extrakurzen Größen (EK-Gr.) sitzen bei 1,50 bis 1,56 Meter perfekt. Zur Ermittlung der passenden → Kurzgröße wird die normale Konfektionsgröße durch zwei geteilt (Gr. 38 = K-Gr. 19). Für extrakurze Größen wird zur Unterscheidung eine Zwei vorangestellt (Gr. 38 = EK-Gr. 219).

**Gummisohlen** mit atmungsaktiver und wasserdichter Membran gegen Fußschweiß gibt es im spezialisierten Schuhfachhandel zu kaufen.

**Gütesiegel:** Viele Textilien besitzen so genannte Gütezeichen, die den Produkten bestimmte Qualitätsmerkmale attestieren. Zum Beispiel das internationale → Wollsiegel, siehe auch → Schafwolle, → Combi-Wollsiegel, → Cool-Wool,→ Öko-Textilien, → Öko-Tex Standard 100.

**Gym** → Bumpe

## H

**Haeftling-Jailwear since 1898** ist kultige → Mode aus dem Knast. Eine Resozialisierungs-Idee mit Pfiff und modisch zugleich. Mit dem Label »Haeftling-Jailwear since 1898« wurde eine Marke aufgebaut, unter der Produkte vom Schuh bis zur handgefertigten Ledertasche vermarktet werden, die Häftlinge in den Arbeits- und Ausbildungsbetrieben der Jugendvollzugsanstalt Tegel herstellen. Die Mode ist so knackig wie günstig. Sportschuhe aus → Leder kosten beispielsweise 25 Euro, Workerjacken 32 Euro, Managertaschen aus Leder gibt es ab 54 Euro. Weitere Informationen sowie Onlinebestellung im Internet unter www.haeftling.de.

**Hahnentritt-Muster** ist ein zweifarbiges, meist schwarzweißes, karoähnliches Muster, bei dem die etwas ausgefranst aussehenden diagonalen Verlängerungen an den Karoecken verbunden sind und damit an den Abdruck einer Hühnerkralle erinnern. Hahnentritt ist nicht dasselbe wie → Pepita, obwohl die beiden Muster recht ähnlich sind.

**Haifischkragen** ist ein Revers, das direkt an das Kleidungsstück angeschnitten ist. Die kurzen Ecken werden beim Tragen einfach umgeknickt.

**HAKA** heißt die Kurzbezeichnung für Herrenmode. Der Begriff leitet sich von den früher gängigen Bezeichnungen »Herren-Ausstatter« und »Knaben-Ausstatter« ab. → Glencheck, → Nadelstreifen und → Fischgrät sind die klassischen HAKA-Stoffe. In feineren Qualitäten werden sie auch von Frauen getragen.

**Halbleinen** ist eine Mischung aus → Leinen und → Baumwolle, der Leinenanteil muss dabei mindestens 40 Prozent des Gesamtgewichtes betragen. Halbleinen ist → pflegeleichter und formbeständiger als reine Leinenstoffe und knittert auch nicht so stark.

**Halterneck** auch Holderneck oder Neckholder, ist ein Oberteil, dessen Träger im Nacken geschlossen werden – geknotetet oder auch geknöpft. Rücken und Schultern bleiben frei. Der Begriff setzt sich aus den englischen Wörtern »Halter« (Strick) und »Neck« (Nacken) zusammen. Den wohl berühmtesten Halterneck trug Marylin Monroe im Billy-Wilder-Film »Das verflixte 7. Jahr« in der legendären Szene, als über einem New Yorker U-Bahn-Schacht ihr Rock hochwirbelte. Das Oberteil dieses → Plissee-Rockes war als Halterneck gearbeitet.

**Haremshosen** → Bloomers

**Harris Tweed** ist das edle Original aus → Schurwolle, von Hand gefärbt, gesponnen und gewebt, siehe auch → Tweed. Als der bekannteste Harris Tweed gilt der, der auf den schottischen Inseln Harris und Lewis aus der → Wolle der dortigen Schafe hergestellt wird. Bis ins 19. Jahrhundert blieb die Produktion auf den Eigenbedarf beschränkt. Doch dann entdeckte Lady Dunmore, die große Teile von Harris besaß, um 1840 den Tweed für die → Mode sportlicher Damen und Herren in London. Dass dieser ursprünglich grobe, kratzige, aber auch warme und wetterfeste Stoff einmal in verfeinerter Form die Laufstege von Mailand bis New York erobern würde, ahnte damals noch niemand.

**Haspelseide** → Seide

**Havaianas:** Dabei handelt es sich um eine Zori-Sandale, die Brasilianer 1962 als Souvenir mitbrachten und die als Vorlage für die Havaianas dienten. Bis heute werden sie aus Kautschuk hergestellt, sind formbeständig und entwickeln keinen Geruch. Aus diesem Grund haben sie einen hohen Tragekomfort und eine lange Lebensdauer. Sie sehen den Zehensandalen sehr ähnlich.

**Hawaii-Muster** sind bunte, exotische Blumenmuster auf Sommerkleidern, Blusen, Hemden, → Tops und Bademode. Es stammt – wie der Name schon verrät – von der Insel Hawaii.

**Hawaii-Stil:** Kennzeichnend für diesen Stil sind bunte Hawaii-Hemden, Reverskragen und kleine Seitenschlitze sowie große fantasievolle Blumen als Muster- und Farbdetails. Dazu werden bis zum Knie reichende, großzügig und weit geschnittene Hosen getragen. Den Hawaii-Stil machte unter anderem Elvis Presley bekannt, später wurde er wieder durch die amerikanischen Krimiserien »Magnum« und »Miami Vice« aktuell. Der Hawaii-Stil taucht immer wieder mal als Stilelement in verschiedenen Kollektionen auf.

**Healthguard** ist anti-allergisch veredeltes Füllmaterial für Jacken und Bettwäsche. Es schützt vor Bakterien, Pilzen und Milben.

**Heilende Textilien:** Was sich seltsam anhört ist kein Witz: Statt Tabletten oder Cremes verschreiben Ärzte das Tragen von Blusen oder → T-Shirts, die Medizin-Kapseln oder andere Substanzen enthalten und ihre Wirkstoffe freisetzen, sobald sie mit der Haut in Berührung kommen. Beispielsweise Strümpfe mit kühlender und schnell trocknender → Mikrofaser entspannen die Füße und ersparen Wanderern Blasen an den Füßen.

Für Medizintextilien ist Neurodermitis das ideale Übungsfeld: Es gibt silberbeschichtete Bekleidung, unter anderem als Schlafanzüge für Kinder. Das Silber tötet Bakterien (so genannte Staphylococcus aureus) ab, die auf der Haut von Neurodermitikern vermehrt vorkommen und Ausschläge auslösen können. Wird der Stoff regelmäßig getragen, klingt die Krankheit ab. Doch nicht jeder, der Neurodermitis hat, braucht diese Kleidung, aber für schwer erkrankte Patienten kann sie sehr hilfreich und lindernd sein. Fragen Sie den Arzt!

**Helanca** ist ein durch texturieren elastisch gewordenes Garn, aus dem elastische Stoffe gewebt oder gestrickt werden.

**Hemdblusenkleid:** Dieses Kleidungsstück wurde von Männeroberhemd abgeleitet. Früher war das Hemd ein weit geschnittenes, langes Kleidungsstück mit Ärmeln, das über den Kopf an- und ausgezogen wurde. Das Oberteil des Hemdblusenkleides ist wie ein klassisches Männerhemd geschnitten. Meist ist es vorne durchgehend geknöpft und wird auch mit einem Gürtel getragen.

**Herren-Miederbody:** Auch Männer müssen nicht auf Figur-Former verzichten. Es gibt Hersteller, die einen Herrenbody nach Maß anfertigen. Dabei kann der Kunde wählen, wo er Verstärkung und Unterstützung wünscht, zum Beispiel an Brust, Po oder an den intimen Zonen.

**H-Figur:** Typisch für diese Körperform sind breite Schultern und mollige Hüften. Hier kleiden am besten Oberteile mit → V-Ausschnitt, aus weich fallenden Stoffen, die die Hüften locker umspielen. Dazu sollten H-Figur-Typen schmale Hosen und Röcke tragen sowie Längsstreifen und Ton-in-Ton-Abstufungen, beides sind raffinierte Schlankmacher. Tipp: Finger weg von Schulterpolstern und Rollkragen, sie betonen die breite Schulterlinie.

**Highheels** sind spitze Stiefel oder → Slingpumps mit sehr hohem, spitzen Absatz.

**High-Performance** ist ein Markenname für hochgezwirnte, besonders feine Wollwaren, die sehr strapazierfähig sind.

**High-School-Look** verbindet auf moderne Weise Einflüsse des englischen Landlebens mit dem traditionellen → College-Look. Im Zuge der 80er-Jahre-Mode wurden alle Arten von → Karos einschließlich der traditionellen → Tartans, → Argyle-Karos und Rauten auf → Faltenröcken und Hosen, → Blazern und kurzen Jeansjacken übersetzt. Zu der authentischen Farbkombination in Rot/Grün/Blau sind inzwischen neue Interpretationen mit Braun, Camel, Ochsenblut und Violett hinzu gekommen. Zwar prangen selten Wappen-Ensemble auf Taschen und Jacken, dafür zieren aber hin und wieder Goldknöpfe Blazer und Blusen. Kurze → Kilts, knielange → Kellerfaltenröcke oder → Knickerbocker stehen für den jungen High-School-Look. Rustikalere Elemente ergänzen den klassischen Modebereich und geben ihm ein sportliches Aussehen, beispielsweise Reiterstil-Details an Hosen oder Rückenschlitze an figurbetonten Blazern. Traditionelle Stoffklassiker wie → Kord, → Fischgrät und → Tweed mit farbigen → Noppen oder → Lurex-Durchzügen, gepatcht mit → Leder oder → Denim, unterstreichen die sportliche Note.

**High-Tech-Fasern** sind sehr → pflegeleicht, knitterarm, saugen viel Feuchtigkeit auf und leiten sie sofort nach außen weiter. Sie sind außerdem superleicht. Ein einmal um die ganze Erde geschlungener Faden würde nur knapp 450 Gramm wiegen. Es gibt High-Tech-Fasern, an deren Oberfläche Wasser oder Schmutzpartikel einfach abperlen wie Regen auf den Blättern von Seerosen. Diesen Abperleffekt haben Wissenschaftler den Pflanzen abgeschaut und für Bekleidung, aber auch für andere Materialien wie Wandfarben perfektioniert.

**High-Tech-Mode der Zukunft:** gleicht einem Raumschifflabor, denn sie ist elegant und voller Elektronik. In die Bekleidung der nächsten Generation sind funktionelle Geräte wie Handys, Scanner, Satelliten-Navigationsinstrumente, Pulsmesser, Fieberthermometer und ähnliches gleich mit eingenäht. Schon im Jahr 2001 brachte die Firma Steilmann die erste Jacke mit Mini-PC auf den Markt. Allerdings hat so etwas seinen Preis: Zwischen 250 und 5.000 Euro kostet High-Tech-Bekleidung. Aber auch andere Firmen basteln an der Modezukunft. Hier ein kleiner Ausblick auf das, was übermorgen selbstverständlich sein wird:

- Powerschuhe mit Federn, die Energie speichern und sie beim nächsten Schritt wieder abgeben.
- Monitore auf Hosen genäht, damit man im Sitzen bequem Fernsehen sehen kann. Die Tastatur für den PC befindet sich auf dem Ärmel.
- Biosensoren im Stoff messen Herzschlag und Körpertemperatur. Der Elektronikkonzern Philips und der Jeanshersteller Levis haben als erste Firmen High-Tech-Jacken erprobt: Drähte gibt es kaum. Ähnlich wie bei Platinen in PCs sollen leitende Fäden als Verbindung direkt in den Stoff eingewebt werden. Weitere Informationen zu den Kleidern der Zukunft im Internet unter www.research.philips.com

**Hip-Hop-Label** sind Kleidermarken, auch »Labels« genannt, die sich auf → Young-Fashion, also → Mode für Kids und Jugendliche spezialisiert haben. Der Begriff leitet sich vom entsprechenden Musikstil »Hip-Hop« ab. Hip-Hop-Label sind beispielsweise die Marken »Guru« und »Carhartt«, charakteristisch sind ihre weiten Schnitte. Siehe auch → Baggys.

**Hip-Hop-Look** ist ein Modestil mit weiten → Outfits, Kapuzenpullis, → Sweatshirts mit Aufdrucken und Baseballkappen. Der Look orientiert sich an dem, was gerade in der Hip-Hop-

Musikszene in ist, kann also ständig durch neue Impulse verändert werden.

**Hippie-Look:** Dieser Modestil tauchte in Deutschland Ende der 60er Jahre, Anfang der 70er Jahre auf. Er ist fantasievoll und fröhlich. Im wilden Multikulti-Look, sieht er frech, und völlig individuell aus. Typische Stilelemente sind zottelige Fellmäntel und hochhackige Westernstiefel, romantische Blumen mit Blumendekors, wilde → Animalprints, → Volants, → Fransen, → Biesen und → Borten auf Oberteilen, Hosen und Röcken. Die wichtigsten → Accessoires dazu: riesige Sonnenbrillen, viele Ketten in unterschiedlichen Lagen, schwere Ohrringe, breite Gürtel und bestickte Taschen. Der mutige Mix der Flower-Power-Zeit zeigt sich heute wieder neu, aber verändert: in schlanker Silhouette und perfekt abgestimmten Farbkombinationen. Bemalt, bestickt in bunten Farben und mit auffälligen Details – die neue Hippie-Mode ist daher alles andere als langweilig. Zu maxilangen Röcken dürfen kurze oder lange Jacken getragen werden. Pink kann auch mit Orange kombiniert werden. Schöne Perlenstickereien zieren Kleider und Accessoires ebenso wie Applikationen aus → Fell und Reptilleder. Wem das allerdings zu bunt ist, der mixt es einfach harmonisch, Ton in Ton. Siehe auch → Flower-Power-Stil.

**Hippie-Revival** ist eine Jugendmode mit → Fransen, Perlen, Federn, Stickerei, Fellimitationen und → Zottelplüsch. Das Hippie-Revival ist im Prinzip der → Hippie-Look für Kids und Jugendliche und wird vorwiegend von jungen Mädchen getragen.

**Hipster** → Jeans

**H-Linie** ist eine weiche, gerade fließende Silhouette. Sie ist modisch beeinflusst von den 20er Jahren. → Figur-Typen

**Hochzeitskleid:** Weiße Brautkleider sind eine noch relativ junge Erscheinung in der → Mode. Sie wurden in Modejournalen erst ab Beginn des 19. Jahrhunderts vorgestellt. Zwar waren die Bräute vorher auch festlich angezogen, als Kleiderfarben dominierten aber dunkle bis schwarze Töne. Dazu wurde dann oft ein kurzer weißer Schleier oder ein Myrtenkränzchen getragen.

**Hogget** → Erstlingswolle, → Schafwolle

**Holderneck** → Halterneck, → Neckholder

**Hollywood-Stil:** Filmstars und Topmodels sind die Vorreiterinnen des edlen Looks, Eleganz und eine reichliche Portion Glamour zeichnen diesen Trend aus. Er besticht durch einfache Schnitte mit raffinierten Details – beispielsweise ein kleiner Rüschensaum am gerade geschnittenen Rock oder ein raffinierter Ausschnitt am → Etuikleid, der die Schultern blitzen lässt. Knallenge Kleidung ist tabu, denn im Vordergrund soll nicht die Mode stehen, sondern die natürliche Schönheit der Trägerin. Dabei spielt natürlich auch das Material eine entscheidende Rolle. Ideale Stoffe dafür sind: zarter → Batist, feine → Popeline, die zwecks gutem Sitz und Tragekomfort → Elasthan enthält oder → Doppelgewebe, das auf den ersten Blick → transparent wirkt, aber durch die zwei Lagen blickdicht ist. Glänzende Materialien, glitzernde Details und raffinierte Schnitte wie → Holderneck, → Drapé- oder Wickeleffekte machen den Hollywood-Stil sehr feminin. Die Farben reichen von schlichtem weiß bis zu Naturtönen wie Camel bis Creme.

**Hornknöpfe** sind kostbare, aus den Hörnern, Hufen oder Klauen verschiedener Tiere hergestellte Knöpfe. Sie werden durch Erwärmen von Horn gewonnen, welches sich gut verformen beziehungsweise anderweitig bearbeitet lässt. Typisches Kennzeichen für einen aus echten Horn gedrechselten Knopf ist seine rissige Zeichnung, die leicht durchscheint.

**Hosen:** Frauen in Hosen sind noch nicht allzu lange eine Selbstverständlichkeit. Früher hatten Frauen, die Hosen trugen, einen schweren Stand. So wird zum Beispiel um 1430 Jeanne d'Arc bei ihrem Prozess als »Jungfrau in Männerkleidern« bezeichnet. Um 1800 mussten Frauen, die sich wie Männer kleiden wollten, laut eines Befehles, vorher eine Genehmigung beim Polizeipräfekten einholen. Ähnlich erging es sogar Marlene Dietrich, als sie 1932 in Hosen durch Paris spazierte: Sie wurde von einem Polizisten aufgefordert, sich nicht wie ein Mann zu kleiden. Erst der Film »Und ewig lockt das Weib« von 1956, in dem Brigitte Bardot → Caprihosen trug und damit zum Idol einer Generation wurde, verhalf der Hose für die Frau endlich zum Durchbruch.
Heute zeigen sich Frauenhosen in verschiedenen Formen: Es gibt die → Marlene Hose, die → Schlaghose, der → Hosen-

rock, die → Bloomers und die → Hotpants – um nur einige zu nennen. Heutzutage liegt der Fokus auf → Stretch-Hosen in jeder Länge. Sie sitzen immer gut, sind bequem, → pflegeleicht und können von allen Altersgruppen getragen werden.

**Hosenaufschlag:** König Edward von England brachte den Hosenaufschlag am unteren Beinende der Hose um 1900 zufällig in → Mode. Schuld daran war der englische Regen, denn der König wollte mit sauberen Hosensäumen einen durchweichten Rennplatz überqueren. Also krempelte er einfach Hosenbeine hoch. Die Aktion blieb nicht unbeobachtet und auf diese Weise kreierte der Regent ganz nebenbei einen neuen Hosentrend für Männer, der schnell die Welt eroberte. Später kamen die Hosen mit Aufschlag auch in der Damenmode en vogue. Hier machte Marlene Dietrich die Hose salonfähig, die legendäre → Marlene-Hose.

**Hosenrock:** Er sieht aus wie ein Rock, ist aber eine Hose mit sehr weitem Bein, meist knie- oder wadenlang.

**Hotpants** waren ursprünglich hüftknappe → Bikini- oder Unterwäsche-Slips mit leicht angeschnittenem Bein. In den 60er Jahren wurden sie dann auch als Oberbekleidung (Shorts) populär. Allerdings setzt das Tragen solch kurzer Hosen eine entsprechende Figur voraus und ist somit eher ein Fall für junge, schlanke Trägerinnen

**Hüft- und Bein-Slimmer:** sind → Slips und → Mieder aus speziellen Elastikfasern. Sie können optisch ein paar Pfunde an Hüften oder Schenkeln wegmogeln, denn sie drücken Problemzonen flach, ohne dass sich Speckrollen bilden. Dank moderner Materialien sind Slimmer trotzdem äußerst bequem.

**Hüft-Gürtel** ist ein breiter Gürtel, der um die Hüfte getragen wird. Seit einiger Zeit ist er wieder groß in → Mode. Man trägt ihn zu Glockenröcken und Blusen oder zu Kleidern im Nostalgie-Look. Wer jung und schlank ist, kann den Hüft-Gürtel aber auch zu Hüfthosen oder bauchfreien → Jeans tragen.

**Hüft-Jeans:** Diese bei Teenies sehr beliebte Hose ist in der Hüfte sehr kurz. Hin und wieder blitzt mal der → Slip hervor. Es gibt bei Levis die legendäre »501«–Jeans, bei der die Bauchfront schön tief sitzt und die Rückseite deutlich höher geschnitten ist. So bleibt die Unterwäsche selbst beim Bücken unsichtbar.

**Hundefelle aus China:** Die chinesische Proviz Yungcheng ist größter Exporteur solcher Hundefelle. Nach Angaben von Tierschützern kommen sie vor allem in Russland, aber auch in Westeuropa unter Fantasienamen in den Handel. Meist werden daraus Mäntel, Kragen oder Futterstoffe gemacht.

## I

**ID-Look:** Der Begriff steht für das englische Wort Identity (Identität). Die Abkürzung bezeichnet → Labeldrucke von Modemarken wie »D&G« (Dolce & Gabbana), »Gucci« oder »LV« (Louis Vuitton), die ein klein gemustertes Druckmotiv bilden.

**Imprägnieren:** Darunter versteht man das Tränken oder Besprühen von Textilien mit wasserabweisenden Chemikalien, vorwiegend bei Wetterbekleidung. Je nach Anforderung ist die Imprägnierung koch-, wasch- oder reinigungsbeständig.

**Indigo** heißt der älteste, auf organischer Basis hergestellte Naturfarbstoff. Der Name stammt von der Indigopflanze. Die blaue Farbe wird durch das Abkochen der Wurzel hergestellt, ein Verfahren, das immer noch angewendet wird. Da dies jedoch für die Massenherstellung von → Jeansstoffen oder für → Wolle und → Baumwolle zu aufwändig ist, wird Indigo heute auf synthetische Art hergestellt. Die synthetische Variante ist außerdem farb- und waschecht. Natur-Indigo hingegen ist sehr lichtempfindlich und bleicht bei jedem Waschgang mehr und mehr aus. Man sollte Kleidungsstücke, die mit Natur-Indigo eingefärbt wurden, deshalb in der ersten Zeit getrennt waschen, bis die Farbe ausgeblutet ist. Tipp: Hat man eine sehr verwaschene Natur-Indigo-Hose und eine neue Natur-Indigo-Hose, sollte man beide zusammen in die Waschmaschine stecken, dann nimmt die Ausgewaschenere der beiden die Farbe der noch ungewaschenen Hose ein bisschen an.

**Indische Baumwolle:** Baumwollstoffe aus der Provence gelten längst als typisch für die Region, doch diese leuchtend bunt bedruckten Stoffe kommen ursprünglich aus Vorderindien. Dort haben sie die Portugiesen im frühen 16. Jahrhundert entdeckt und mit nach Marseille gebracht. Die Franzosen waren so begeistert davon, dass sich viele provençalische Hersteller von der Farbenpracht inspirieren ließen. Früher wurden die Stoffe per Hand mit Holzschablonen bedruckt, heute wird das meist maschinell gemacht. Doch es gibt immer noch Handwerksbetriebe, die mit der traditionellen Drucktechnik arbeiten. Eine der größten Stofffabriken der Provence ist hier die Firma »Souleiado« in Tarasco.

**Intarsien:** Der Begriff stammt ursprünglich aus dem Gebiet der Kunstschreinerei und bezeichnet Einlegearbeiten in Holz, zum Beispiel bei Möbeln. Bei Textilien ist damit eine Buntmusterung im Gewebe gemeint: Das Muster durchzieht allerdings nicht die gesamte Ware, sondern wird räumlich begrenzt eingesetzt. Musterpullis etwa entstehen durch eine bestimmte Stricktechnik: Der Grundfaden läuft immer mit, die Fäden, die das spätere Muster bilden, laufen nicht durchgehend mit wie beim → Jacquard-Muster, sondern sind auf einzelne Bereiche beschränkt.

**Interlok** ist eine Maschenware, die rechts-rechts gewirkt oder doppelflächig fein gestrickt ist. Sie wird meistens als Unterwäsche angeboten.

**Internet-Adressen für Mode** – Shopping zu Hause

- www.bodyfashion.de Unterwäsche-Schnäppchen
- www.shop.de Schuhe aus Italien
- www.shopping-street.de Handtaschen, Gürtel
- www.einkaufen.parsimony.net/sport Sport-Dress
- www.schuhe.de Die ganze Welt der Schuhe
- www.fashion-base.de Shops und Links von Anbietern von Mode, Fashion, Textilien und Bekleidung.

**Italienische Länge** → Lady-Mini

**I-Wear** bedeutet »Intelligent Wear«, also wörtlich übersetzt »Intelligente Kleidung«. Unter I-Wear firmieren Textilien, in die Handys, Mini-Computer, Navigations- und Ortungssysteme eingebaut sind. Die finnische Firma Reima beispielsweise produziert einen Schneeanzug, der über eingebaute Sensoren stän-

dig den Standort und andere Daten wie die Körpertemperatur oder die Herzfrequenz an eine Funkzentrale sendet. → Mode dieser Art wird in Zukunft vor allem von Polizei, Feuerwehr, Bergsteigern und dem Militär eingesetzt.
In Zukunft soll die I-Wear durch noch kleinere, aufdruckbare Computer-Chips bequemer, strapazierfähiger und billiger werden. Siehe auch → High-Tech-Mode der Zukunft.

## J

**Jabot:** Der Begriff kommt aus dem Französischen und heißt »Hemdkrause«. Hierbei handelt es sich um verspielte, drapierte, wasserfallähnliche Verzierungen am Vorderteil von Blusen und Kleidern. Entweder sind sie gestärkt, damit sie schön stehen oder sie sind aus einem weich fließenden Stoff.

**Jacquard** ist ein effektvolles Gewebe, bei dem die Musterung durch Bindungswechsel entsteht. Durch die Verwendung von unterschiedlichen Garnen in Kette und Schuss wird das → Design matt und glänzend, hell und dunkel. Es entsteht ein großflächiges florales, also blumiges, oder ornamental gemustertes Gewebe.

**Janker:** Charakteristisch bei einem Janker ist ein andersfarbiger Besatz bei Modellen mit Kragen und Revers. Die Kanten kragenloser Formen sind in einer Kontrastfarbe mittels Schrägbänder eingefasst. Die Knöpfe sind meist aus Metall oder Horn.

**Japanseide** ist aus absolut gleichmäßigen Garnen des Maulbeerspinners, einer Seiden-Raupenart, hergestellt.

**Jazz-Pants** (sprich »dschäss pänts«) sind → Slips mit hohem, so genanntem französischem Beinausschnitt. Das Taillenbündchen ist relativ breit und meistens aus → Spitze.

**Jeans** sind ohne Übertreibung das beliebteste Kleidungsstück der Welt. Die blaue Hose mit oder ohne Nieten hat schon Jahrhunderte auf dem Buckel, und kaum jemand weiß, dass das weltbekannte Baumwollgewebe bereits im Mittelalter in der südfranzösischen Stadt Nimes hergestellt wurde – »Serge de Nimes« nannte man es damals, weil das Segeltuch nur von Franzosen aus

Nimes so hergestellt werden konnte. Man sagt, dass schon die Schiffe von Christoph Kolumbus mit Segeln aus Serge de Nimes getakelt waren. Außer Segeln fertigte man aus diesem Baumwollstoff auch Hosen für Matrosen. In Genua wiederum nannte man diese praktischen Baumwollhosen umgangsprachlich »Genes« und daraus entstand der Begriff »Jeans« – so jedenfalls lautet die Legende.
Ihren Siegeszug feierte die Jeans mit dem Goldrausch Mitte des 19. Jahrhunderts in Kalifornien. Um 1850 machten sich Tausende von Europäern auf in den sonnigen Westen der Neuen Welt, um dort ihr Glück zu machen. Die wirtschaftliche Rezession in Europa trieb sie in die Fremde. Einer von ihnen war Löb (Levi) Strauss, geboren 1829 in Buttenheim bei Bamberg. Er wollte dem aufkommendem Antisemitismus und den sozialen Missständen in Europa entfliehen. Mit nur 18 Jahren war er fest entschlossen, nach Amerika auszuwandern, um in San Franzisko einen Tuchhandel im großen Stil aufzubauen. Auf der langen Überfahrt wurden ihm jedoch sämtliche Stoffballen gestohlen, übrig blieb ihm nur noch → Segeltuch aus Nimes. Der findige Kaufmann machte aus der Not eine Tugend und schneiderte daraus derbe Hosen mit sieben Taschen, gab ihnen den Namen »501« und ließ sich seine Idee patentieren. Der Name des Segeltuchs »Serge de Nimes« wurde in der amerikanischen Sprache zu → Denim. Die ersten Jeans verkaufte Strauss als Arbeiterhose an die kalifornischen Goldgräber. Zu diesem Zeitpunkt ahnte er natürlich nicht, dass die blauen Hosen knapp siebzig Jahre später zum modischen Bestseller werden sollten. Ein Siegeszug rund um die ganze Welt nahm seinen Lauf – heute sind Jeans aus der → Mode nicht mehr wegzudenken. Ständige Verbesserungen an der berühmten Hose trugen zur Erfolgsgeschichte bei. Ihren endgültigen Durchbruch feierte die Jeans in den Wirtschaftswunderzeiten der 50er Jahre. Amerikanische GIs machten die Nietenhosen, wie man sie anfangs auch nannte, populär und gleichzeitig zum begehrten Schwarzmarktartikel. Hollywood trug ebenfalls zur Popularität der Jeans bei, denn Stars wie James Dean und Marilyn Monroe sahen sehr sexy darin aus. In den 50ern prägte Dean mit seinem coolen → Outfit

das Lebensgefühl einer ganzen Generation: Als Halbstarker trug er Lee-Jeans zur Lederjacke im Kultfilm »... denn sie wissen nicht, was sie tun«. Marilyn Monroe betonte ihre sexy Kurven mit derselben Marke, ihr Trick dabei: Das weite Bündchen wurde in der Taille mit einem breitem Gürtel eng geschnürt, dazu trug sie einen figurbetonten Rolli. Auch Jackie Kennedy, die Frau des US-Präsidenten J. F. Kennedy, machte die Jeans salonfähig. Sie war zwar Trendsetterin für elegante Kleidung der 60er Jahre, doch beim Reiten trug auch sie Wrangler-Jeans. In Europa verhalf unter anderem Brigitte Bardot der Jeans zu modischen Weihen. 1973 trug sie ein Jeans-Outfit, bei dem sie schmale Jeans in kniehohe Stiefel steckte. Ihr Foto ging durch die Presse, und schon war ein neuer Trend geboren.

Die Jeans und ihre Trends lebt immer wieder auf. In den 60er und 70er Jahren waren Jeans regelrechte Kultobjekte der Jugend. Heute sind sie auch in der Designermode ein Thema – mal ganz klassisch oder elegant, mal besetzt mit Swarowskisteinen oder bestickt mit Perlen.

Egal, welche Jeans man wählt, wichtig ist, dass sie gut sitzt und zur Persönlichkeit passt. Man bekommt Jeans in vielen Passformen und Variationen, trendy sind derzeit Hosen, die Bauch und Nabel freilegen. Hier die wichtigsten Trends und Bezeichnungen:

- **Authentic-Used:** Eine Stone washed-Prozedur plus Sandstrahlen. Die Jeans sieht danach aus wie schon einmal getragen.
- **Baggy:** ultraweiter Schnitt.
- **Bell Bottom:** Knieenge, nach unten hin ausgestellte Hosenform, die so genannte Saumglocke, beziehungsweise Schlagjeans.
- **Bleached:** sehr heller, gebleichter Jeansstoff.
- **Boot-Cut:** Stiefel-Jeans mit geradem, etwas weiteren Beinverlauf. Sie sitzt lässig auf den Hüften.
- **Boot-Leg:** Hose mit großer Beinweite.
- **Comfort Fit:** Bequeme Jeans mit weitem Bein und Bund, trotzdem eine figurnahe Jeansform, die Frauen mit fülliger, weiblicher Figur gut steht.

- **Dark Denim:** Dunkler Jeansstoff.
- **Dirty Blue:** Heller Stoff mit einem »schmutzig« wirkenden Grün- oder Beigestich.
- **Destroyed:** Eine Jeans, die vom Aussehen her auf kaputt getrimmt wurde, durch Zerschneiden, Löchern und Reißen.
- **Five-Pocket-Form:** Die klassische weite Jeans für jede Figur mit fünf Taschen und geraden Beinen. Dadurch werden stärkere Oberschenkel und Knie ideal kaschiert.
- **French-Cut:** Enge Girl-Jeans.
- **Hipster:** Hüfthose mit leichtem Schlag.
- **Karotten-Jeans:** Eine klassisch bequeme Form mit weit geschnittener Schenkelpartie. Der Schnitt wird zum Knöchel hin immer enger.
- **Loose fit:** Weiter Schnitt, weite Passform. Bei diesem legeren Schnitt engt nichts ein. Da er Pölsterchen nicht abmodelliert, ist dieser Jeans-Schnitt auch bei etwas mehr Figur super geeignet.
- **Oldblue washed:** Jeans mit antik wirkendem Gelbstich.
- **Oversize:** Lässige Jeans mit bequemer Taillenweite. Gut für XL-Größen.
- **Regular fit:** Gerade, klassische Five-Pocket-Jeansform, für eine eher knabenhafte Figur. Wenn man schlanke Beine und Hüften, aber wenig Taille hat, wird der klassische Herrenschnitt besonders gut passen.
- **Rinsed washed:** Hose von links gewaschen, die dunkle Originalfarbe bleibt weitgehend erhalten.
- **Röhre:** Der Hit der 80er Jahre. Bis heute aktuell und modern. Die Röhre sitzt an den Beinen hauteng und sieht sexy aus.
- **Placed:** Durch Sandstrahlen erzielte Abnutzungseffekte.
- **Slim fit:** Enger und schmaler Schnitt, oft aus Stretch.
- **Stretch:** Wer ausgewogene Proportionen hat, macht in den engen, aber superbequemen Jeans eine tolle Figur.
- **Stone bleached:** Helle Optik plus abgeriebene Nähte.
- **Stone washed:** Dunkelblau mit jeanstypischem Abrieb an den Nähten.
- **Thight Fit:** Engere Passform, auf Figur geschnitten.

- **Used washed:** Abnutzungseffekt, der an jeder einzelnen Jeans-Hose vorgenommen wird. Used washed Jeans werden als Unikat verkauft, da jeder Abrieb anders ausfällt.
- **Vintage:** Jeans, die abgetragen aussieht, der Look wurde aber künstlich erzielt, durch Bleichen, Waschen und andere Methoden.
- **Women's Cut:** Jeansform für Frauen mit schmaler Taille und runden Hüften.
- **Worker:** Weit geschnittene Jeans mit vielen Taschen.
- **Zigaretten-Form:** Extra schmale Jeans für Frauen mit knabenhaft schlanker Figur.
- **»501«-Jeans:** Die legendäre Jeans aus den Anfangsjahren, wurde von Levis in eine tragbare Variante auf die heutige Zeit verändert und als Hüfthose in den Handel gebracht. Die Front dieser Hose ist tief, der Rücken höher.

**Jeans-Größen:** Jeans werden oft in amerikanischen Inch-Maßen (1 Inch = 2,5 Zentimeter) angeboten. Die erste Zahl auf dem Etikett steht für die Taillenweite, die zweite für die Beinlänge. So finden Sie ihre passende Jeansgröße:

| Deutsche Damenkonfektionsgrößen | Taillenweite (Inch) | Innere Hosenbeinlänge (Inch) | Oberteile |
|---|---|---|---|
| 34 | 26 | 30/32 | XS |
| 34/36 | 27 | 30/32 | S |
| 36 | 28 | 30/32/34 | S |
| 38 | 29 | 30/32/34 | M |
| 38/40 | 30 | 30/32/34 | L |
| 42 | 32 | 30/32/34 | L |
| 42/44 | 33 | 30/32/34 | XL |
| 44 | 34 | 30/32/34 | XL |
| 46 | 36 | 30/32/34 | XXL |

Inch-Längen:
28 = Körperhöhe bis 162 Zentimeter, 30 = Körperhöhe bis 168 Zentimeter, 32 = Körperhöhe über 168 Zentimeter.

**Jeansstoffe** sind strapazierfähige Baumwollstoffe in Köperbindung, meist vorgewaschen – so entsteht die typische leicht abgestoßene Optik.

**Jersey** ist der Sammelbegriff für rund gestrickte, verschiedenartiger Maschenwaren. Die Namensgeber waren die Fischer der englischen Insel Jersey. Ihre rund gestrickten → Pullover wurden Jerseys genannt. Jersey sind heute Maschenstoffe, die auf Wirkstühlen hergestellt werden. Jerseystoffe – egal ob aus → Wolle, → Baumwolle, → Synthetik oder → Seide – sind durch ihre Schmiegsamkeit, Dehnbarkeit und Elastizität sehr beliebt. Anfangs wurde Jersey nur für Sportmode und Unterwäsche verarbeitet, später dann auch für Tageskleider. Bis zum Einzug der Synthetiks wurde Jersey nur aus Naturfasern hergestellt. Inzwischen gibt es Jersey auch in vielen Materialmischungen.

**Jettschmuck** wurde ursprünglich aus Pechkohle, einer mit Erdpech getränkten Braunkohle hergestellt. Diese Substanz ist vollkommen dicht und lässt sich gut schleifen und polieren. Der heutige Jettschmuck besteht allerdings aus geschliffenem, schwarz gefärbtem Glas. Ketten und Armbänder aus Jettperlen sind zeitlos und sehen kostbar aus.

**Jogginghose:** Eine sportliche, locker sitzende Trainingshose mit Gummizug und Bindegürtel. Ursprünglich aus angerautem Jerseygewebe oder → Sweatshirtstoff.

**Joggingschuhe** → Walkingschuhe

**Just Slip In:** Der englische Bergriff bezeichnet → Schuhe, die einen hohen Tragekomfort aufweisen. »Just Slip In« lässt sich mit »Reinschlüpfen und Wohlfühlen« übersetzen. Das gilt für Schuhe wie → Sneakers, → Mules und Slides ebenso wie für → Ballerinas und → Mokassins.

**Jute** wird aus → Bastfasern hergestellt. Da es ein Naturmaterial ist, befinden sich im Gewebe öfter mal verholzte Teile. Jute ist ein lockeres Gewebe und neigt, wenn es feucht gelagert wird, zur schnellen Fäulnisbildung. Das Material wird für Taschen, Bastelarbeiten oder Faschingskostüme verwendet.

## K

**Kamelhaar:** Die Flammhaare des arabischen Dromedars und des asiatischen Trampeltiers werden in jedem Frühjahr abgeworfen, zum Verspinnen gesammelt und zu → Wolle oder Stoffen verarbeitet. Kleidung aus reinem Kamelhaar ist hochwertig und teuer. Es wird aber auch mit anderen Wollarten gemischt.

**Kammgarn** ist ein dichter, fester und sehr strapazierfähiger Stoff, der durch die parallel liegende Einzelfaser besonders glatt ist. Er ist fussel- und schmutzabweisend. Andererseits halten Stoffe aus Kammgarn nicht richtig warm, fühlen sich etwas hart an und fallen steif aus wie → Gabardine zum Beispiel.

**Kapok** ist die Bezeichnung für Fasern aus Samenkapseln des Kapokbaums, der in tropischen Regenwäldern vorkommt.

**Karbonfasern, karbonisieren:** Nach der Schur wird die verunreinigte → Wolle, beispielsweise die von Schafen, durch Karbonisieren von Holzstückchen, Kletten, Dornen und ähnlichem befreit. Sie wird mit verdünnter Schwefelsäure behandelt, dadurch verkohlen die Pflanzenteile und können in einem besonderen Verfahren herausgeblasen werden. Auch Reiß- oder → Altwolle kann pflanzliche Verunreinigungen beinhalten, hier wird ebenfalls karbonisiert. Durch den chemischen Prozess erhält man reine, saubere Woll- beziehungsweise Altwollfasern.

**Karos** sind sich wiederholende, viereckige Farbflächen oder sich im rechten Winkel überschneidende Linien. Es gibt sie in vielen Ausführungen. Siehe auch → Vichy-Karo, → Madras-Karo, → Bäcker-Karo, → Pepita, → Glencheck, → Schachbrett-Karo, → Gitter-Karo, → Schotten-Karo, → Tartan, → Tattersall-Karos, → Sherlock-Holms-Karo.

**Karottenhosen** waren in den 80er Jahren der Knüller. Typisches Merkmal: an den Schenkeln weit und nach unten eng geschnitten.

**Karotten-Jeans** → Jeans

**Kaschee** ist ein Hüfttuch, das wie ein halbierter Pulli geschnitten ist und um die Hüfte geknotet wird. Es ist ideal, um Rundungen zu verstecken.

**Kaschmir** ist sehr hochwertige → Wolle, die von der asiatischen

Kaschmirziege stammt. Kaschmir ist ebenso fein wie → Alpaka, wobei Kaschmir teurer ist. Wegen ihres hohen Preises werden beide meist mit anderen Wollfasern gemischt. Noch hochwertiger und teurer ist → Vikunja.

**Käseleinen** wird aus hart gedrehten Baumwollgarnen in → Tuchbindung hergestellt. Käseleinen ist ähnlich wie → Voile, aber grober.

**Kattun** ist ein feinfädiges, leichtes Grundgewebe aus → Baumwolle, das man heute kaum noch herstellt. Dennoch hat der Kattun seine Bedeutung, nämlich mit einer Nachbehandlung, die einen wolligen Griff und eine stumpfe, etwas flusige Oberfläche hervorruft. In dieser Ausrüstung heißt der Kattun dann → Musseline.

**Kellerfalte** ist eine tiefe Falte in einem Kleidungsstück, bei der zwei Brüche so gegeneinander stoßen, dass eine relativ breite Stoffbahn bedeckt ist, beispielsweise ein Mantel mit langer Kellerfalte hinten oder bei einem Rock vorne.

**Kellybag** ist eine Handtasche. Diese Taschenform gibt es schon sehr lange. Kreiert wurde sie von der französischen Firma Hermès. Ihren Namen und den gleichzeitigen Kultstatus erhielt die Kellybag aber erst in den 50er Jahren. Damals wurde die junge Monegassen-Fürstin Gracia Patricia – auch bekannt als die amerikanische Schauspielerin Grace Kelly – mit einer solchen Tasche fotografiert. Quasi über Nacht wurde die Kellybag zum Modemuss. Typische Merkmale dieser Tasche ist der Metallverschluss und viele kleine Einlegefächer.

**Kettfäden:** Das Garn wird beim Spinnen gedreht, dabei werden kurze Fasern zu einem langen, zusammenhängenden Faden verarbeitet. Garne mit einer höheren Drehung und Feinheit werden als Kettgarne verwendet, die später auf dem Webstuhl längs eingespannt werden. Garne mit einer geringen Drehung sind meist dicker, sie werden als → Schussfaden verwendet, beim Weben mit einem Schiffchen durch die Kettgarne geschossen. Siehe auch → Bindung.

**K-Größen** → Kurzgrößen

**KID** ist feines Kalbs-, Schafs- oder Ziegenleder.

**Kid-Mohair:** So wird die → Wolle junger Mohairziegen bezeichnet. Das flauschige Material ist deutlich weicher als übliches → Mohair.

**Kidswear:** Darunter versteht man aktuelle Kindermode, besonders Markenwaren wie Harry-Potter, Steiff-Kids, Whoopi-Kollektion und so weiter. Winter- und Sommerkollektionen rücken dabei immer stärker in den Hintergrund, dagegen sind Anlässe wie Halloween, Ostern oder die nächste Harry-Potter-Bucheinführung mittlerweile wichtiger, als der saisonale Modewechsel mit den Jahreszeiten.

**Kilt** ist ein modischer Rock, dessen Ursprung die schottische Nationaltracht ist. Typisch daran sind die Karomusterung, die seitlichen → Fransen und eine große Sicherheitsnadel.

**Kimono-Ärmel** → Kimono Stil

**Kimono-Stil:** Nicht nur vergangene Jahrzehnte beeinflussen die → Mode, sondern auch fremde Kulturen. Japanische Kampfsportarten, Sushi und Sumos gehören auch in Europa längst zum Alttagsbild. Der Kimono dient als Vorlage für Blusen, Kleider, Jacken oder Mäntel, typisch sind weite Schnitte, breite Bindegürtel und angeschnittene Ärmel. Die dekorativen Themen beim Kimono-Stil sind japanische Drucke aus den 20er Jahren, stilisierte Blumenmuster und das typische Schwarz-Weiß-Design.

**Klima-Jacken** sind atmungsaktive Allwetterjacken. Die mikrofeinen Poren dieser so genannten Klima-Membran lassen zwar Wasserdampf (also Schweiß) durch, von außen kann jedoch weder Nässe noch Wind durchdringen. Siehe auch → Gore-Tex.

**Klimasocken** (Klima-Balance-Socken): Gesunde Füße sind ein wichtiger Teil für unser Wohlbefinden. Und je besser sich der Körper den klimatischen Veränderungen anpassen kann, desto wohler fühlen wir uns. Es gibt eine neu entwickelte interaktive → High-Tech-Faser, »Outlast«, die für optimale Klima-Balance sorgt. Das Prinzip: Kleine Mikrokapseln sind in die Faser eingelagert und speichern überschüssige Wärme. Der Fuß wird so im optimalen Wärmeklima gehalten. Wird er wieder zu kühl, geben die Mikrokapseln die Wärme an den Fuß zurück. Die revolutionären Socken gibt es von der Marke »nur die«.

**KLM** → Übergrößen

**Knickerbockers:** Ein Klassiker erfährt sein Comeback: Die englischen Kniebundhosen sind wieder ein Modethema. Was lange Zeit in Europa nur Louis-Trenker-Fans vorbehalten war, ist auch für hochmodische »Flachland-Tiroler« im Hosenangebot und somit haben sich die Knickerbocker vom Wanderbegleiter zum trendigen Beinkleid gemausert. Vor allem weicher → Tweed, → Leder und → Babykord wird dafür verarbeitet. Ihren Ursprung haben die Knickerbockers Mitte des 17. Jahrhunderts. Damals kamen die ersten Siedler aus Holland nach New York. Sie trugen knielange Hosen mit Bund. Der Autor Washington Irving schrieb 1809 unter dem Pseudonym Dietrich Knickerbocker einen Roman über die holländischen Einwanderer, dessen Hauptfigur ebenfalls Knickerbocker hieß – so kamen die Hosen zu ihrem Namen und zu modischer Bedeutung.

**Knitteroptik:** Es gibt Pullis, die man in Form knautschen kann. Ermöglicht wird diese interessante Knitteroptik durch formstabile Metallbeschichtung von feinem Leinengarn.

**Knopfleisten:** Warum knöpfen Männer rechts und Frauen links? Des Rätsels Lösung: Als die Männer noch mit Schwertern kämpften, mussten sie schnell zur Waffe greifen können. In kalten Jahreszeiten wärmten sie ihre Schwerthand unter den Knopfleisten – mit klammen Fingern ließ sich schlecht kämpfen. Darum knöpften sie nach rechts. Frauen trugen ihre Kinder meist auf dem linken Arm. Sie steckten die Hand zum Schutz vor Kälte unter die rechte Mantelhälfte. Das alte Knöpfungssystem hat sich bis heute erhalten.

**Knotenoptik:** Damit ein Stoff oder Strickteil in Knotenoptik entsteht, werden beim Spinnen der Garne andere, verdickte Fäden mit eingesponnen, die nach dem Weben oder Stricken kleine Knötchen erscheinen lassen, die man auch → Noppen nennt.

**Kobetwo** heißt eine neue Sportschuh-Kollektion von Adidas. Kobetwo manifestiert genauso wie der Vorläufer »The Kobe« die Partnerschaft zwischen Adidas und dem NBA-Basketballer Kobe Bryant. Beim »The Kobe« arbeitete Adidas mit dem Design-Team des Audi TT zusammen, um einen völlig neuen Sportschuh zu entwickeln.

**Kohlenstoff-Garn:** Ein neues Garn, entwickelt von texanischen Forschern, soll stark und filigran wie Spinnenseide sein. Wie die Wissenschaftler um Ray Baughman im britischen Fachjournal »Nature« (Bd. 423, S. 703) berichten, lassen sich aus ihren Kohlenstoff-Fasern Textilien und elektronische Kondensatoren weben. Die Nanotechniker der Universität von Texas in Dallas versprechen sich davon unter anderem »elektronische« Kleidung, die Sensoren, elektromagnetische Abschirmungen, Antennen und Batterien enthalten könnte.

Die mit 50-tausendstel Millimetern haardünnen Fasern bestehen aus einschichtigen Kohlenstoff-Nanoröhren und einem speziellen Kunststoff. Das Verblüffende: Die bis zu 100 Meter langen Fäden gehören zu den stärksten Materialien überhaupt, sagen die Forscher. Ein Beispiel: Um Spinnenseide zu zerreißen, ist fünfmal mehr Energie nötig, als für einen gleichschweren Stahldraht. Das Naturprodukt erhält seine enorme Reißfestigkeit durch den Wechsel von dehnbaren und relativ starren Abschnitten. Die Forscher vermuten, dass bei den neuen Kohlenstoff-Fasern dehnbarer Polyvinyl-Alkohol zwischen den starren Nanoröhrchen den gleichen Effekt erzielt (Stand August 2003).

**Kokotten-Stiefel** sind geschnürte Stiefelchen, die vom vorderen, sehr spitzen Fußteil ausgehend, geschnürt bis an die Waden reichen.

**Koller** wird das Passenteil bei Mänteln und Jacken genannt, das vorn und im Rücken lose fällt.

**Konfektion:** Der Begriff leitet sich vom lateinischen Wort »confecere« ab. Übersetzt bedeutet das soviel wie »zusammenmachen«. Tatsächlich werden am Ende der textilen Fertigungskette beim Konfektionieren die verschiedensten Oberstoffe, Einlagestoffe, Futterstoffe und dekoratives Zubehör »zusammengemacht«. Die Schwierigkeit besteht darin, dass die zu verarbeitenden Materialien sehr unterschiedlich sind.

**Köper** ist ein grober Baumwollstoff und wird meist für Berufskleidung verwendet. Typisch ist der eingewebte Diagonaleffekt.

**Kord** → Cord:

- Babykord ist die feinste, leichteste Variante mit zirka 58 Rippen pro 10 Zentimeter Breite.

- Feinkord hat eine sehr viel niedrige Florhöhe und etwa 50 Rippen pro 10 Zentimeter Breite.
- Breitkord ist sehr hochflorig und weist rund 18 Rippen pro 10 Zentimeter Breite auf.

Egal, ob breit oder fein – Kord ist waschmaschinenfest, reinigungsbeständig und auch für den Wäschetrockner geeignet. Er ist bis zu 40 Grad in der Maschine waschbar. Am besten auf links waschen und das Kleidungsstück zum Trocknen dann wenden. Ein auftretender Patina-Effekt, sprich glänzende Stellen, können mit einer Bürste wieder aufgeraut werden. Bei hartnäckigen Flecken sollte man dieses Material nicht intensiv reiben, sondern gleich in die Reinigung geben.
Tipp: Wer ein paar Pfund zuviel hat, sollte auf → Breitkord verzichten und statt dessen besser ein Trend-Teil aus superfeinen → Babykord-Stoffen wählen.

**Korsagen:** Schon um 1900 wurden Miederoberteile wegen ihrer stützenden Funktion getragen – und weil sie weibliche Formen so schnürten, wie es damals → Mode war. So sehr die Modedesignerin Coco Chanel auch dafür kämpfte, dass die engen Dinger in den Mottenkisten verschwinden – die Korsage ist modisch nicht totzukriegen. Heute schnüren sich Frauen wieder freiwillig in knappe Mieder, da sie die Figur sexy betonen. Der Oscar gekrönte Film »Moulin Rouge« trug ebenfalls zur Renaissance bei. Zugegeben: Sie sind ein wenig unbequem, doch kein anderes Kleidungsstück bringt weibliche Formen so gekonnt zur Geltung.

**Korsaren-Hose** → Caprihose

**Kostüm:** Es ist das Herzstück jeder Damengarderobe. Der → Blazer hat Hüftlänge, ein- oder zweireihig geknöpft, meist mit schmalem Revers, der Rock ist in gleicher Farbe und Stoffqualität.

**Kragenweite in der Männermode:** Die Größe der Herrenhemden richtet sich nach der Kragenweite, die je nach Hersteller unterschiedlich bezeichnet wird. In Deutschland wird die Kragenweite in Zentimetern gemessen. In der folgenden Tabelle findet man die entsprechenden internationalen Angaben:

| Deutsch | 35/36 | 37/38 | 39/40 | 41/42 | 43/44 | 45/46 |
|---|---|---|---|---|---|---|
| Englisch | 14 | 14⅓–15 | 15,5–16 | 16,5 | 17–17,5 | 18 |
| International | XS | S | M | L | XL | XXL |

**Krawatten:** Für seine zahlreichen Eroberungskriege warb der französische Sonnenkönig Ludwig der XIV. (1643 bis 1715) auch Söldner aus Kroatien an. Sie trugen im Dreißigjährigen Krieg Halsbinden mit flatternden Enden, die auf spezielle Weise geknotet wurden und beim französischen König schnell Gefallen fanden. Unter dem Namen der ursprünglichen Träger kamen sie in ganz Europa in → Mode. Fortan nannte man sie »Cravates« (Kroaten). Im Laufe der Zeit wurde aus »Kroate« die »Krawatte«. Vor der Erfindung der Knöpfe diente die Krawatte nur dem Zweck, einen Kragen zusammenzuhalten.
Seit dem 19. Jahrhundert ist die Krawatte in ihrer heutigen Form bekannt. Vorreiter waren feine Tücher, die den Herrn nicht nur schmückten, sondern auch vor Kälte schützten. Kurzzeitig gab es die etwas stillose Clip-Krawatte – sie wurde aber schnell wieder durch die klassisch geknotete Krawatte abgelöst.

**Krawattenmuster** sind gewebte oder gedruckte kleine, klare → Designs wie Würfel, Punkte, → Paisleys oder abstrakte kleine Formen. Sie sehen ein bisschen orientalisch aus und wurden früher nur für Krawattenseide verwendet. Heute sind sie für Blusen, Röcke und Hosen wieder aktuell.

**Krawattenschal** ist ein langes Tuch, das zirka 25 bis 30 Zentimeter breit ist und immer aus einem weich fließendem, glatten Material wie → Satin, → Ausbrenner oder → Chiffon besteht. Man legt ihn locker um den Hals mit beiden Enden nach vorne. Dann wird ein einfacher Knoten gemacht und die Enden in das Oberteil gesteckt.

**Krempel-Jeans** sind → Jeans, die am unteren Ende einen beziehungsweise einen doppelten Umschlag nach außen haben.

**Kreolen-Mode:** Schon in den 60er Jahren war Kreolen-Mode groß in → Mode mit Ringen und Ketten. Der spanische Modedesigner Paco Rabanne galt als »Blechklempner der Mode«. Er steckte Frauen in Kleider aus Aluringen, Nieten und Panzerschienen, die an Ritterrüstungen erinnerten. Was vor Jahrhunderten im Männernahkampf noch Schutz bot, sollte damals sexy sein. Heute sind aus solchen Rüstungen Roben geworden. Statt Knöpfe oder Schleifen, halten Ringe am → Decolleté, an der Taille oder den Schultern den Stoff zusammen. Sie schmücken, kaschieren und verwandeln einfache → T-Shirt mit einem Ring im Ausschnitt, um den der Stoff gerafft ist, in etwas Besonderes – zudem entblößt die Öffnung in der Mitte hübsche Einsichten.

**Krepp** ist ein Gewebe, das durch Prägung, spezielle → Bindung oder überdrehte Garne (Kreppgarne) eine körnige, narbige Oberfläche erhält.

**Kretone** ist das kräftigste Baumwollgrundgewebe, das gleichmäßig dicht ist. Es wird zuerst aus dem Rohmaterial hergestellt, dann gebleicht, und später für Bettwäsche oder Schürzen weiter verarbeitet.

**Krimmer** ist eine Imitation des Persianer-Fell, das vom Karakul-Schaf stammt. Krimmer hat eine offene, große Locke, meist aus → Plüschware.

**Kunstseide** → Viskose

**Kurzgrößen** sind speziell für kleine Frauen mit einer Körpergröße zwischen 1,56 und 1,64 Meter entwickelt worden. Sie sind nicht nur kürzer als normale Größen gearbeitet, sondern auch besser auf kleine Figuren abgestimmt (siehe auch → Größen). Doch was ist anders als bei normalen Größen? Hier die Antworten:

- **Jacken:** Die Partie zwischen Taille und Schulter ist verkürzt, die Knopfposition ist den Proportionen angepasst, Ärmel und Gesamtlänge am Ende verkürzt. Die Jacken haben kleinerer, proportional angepasster Reverskragen.
- **Kleid:** Die → Abnäher sind höher platziert, die Hüfttiefe proportional angepasst und die Gesamtlänge verkürzt.
- **Hose:** Die Taschen sind höher gesetzt und die Gesamtlänge gekürzt. Insgesamt haben Hosen in einer → Kurzgröße eine proportional angepasste Hüfttiefe.

## L

**Labcoats** (engl. Laborkittel) ist ein Trendsetter unter den neuen Mantelformen. Typische Details: schmaler Schnitt, der Saum reicht bis unter das Knie, die Taschen befinden sich in Hüfthöhe. High-Tech-Stoffe sorgen zusätzlich für einen modischen Look.

**Labeldrucke** → Markenlabel, → Logo-Prints

**Lackleder** → Leder

**Lady-Mini** oder → italienische Länge nennt man die → Rocklänge, die das Knie gerade noch sichtbar werden oder ahnen lässt. Sie ist vorteilhaft bei kräftigeren Beinen.

**Lässig-Look für Männer** besteht aus weit geschnittenen Freizeithemden, meist mit Reverskragen und Seitenschlitze, die man locker über → Shirts trägt.

**Lagen-Look** (auch Layering genannt): Anders als vor einigen Jahren werden jetzt hauptsächlich blickdichte und → transparente Stoffe lagenweise kombiniert: Basis ist immer eine Hose, darüber wird dann ein Kleid, ein Rock oder eine Weste getragen. Dabei ist ein extremer → Materialmix, beispielsweise hauchzarter Crash-Tüll und robustes Lederimitat, gut möglich. Der Lagen-Look kaschiert geschickt kleine Problemzonen an den Schenkeln und der Hüfte und ist trendy.

**Lamawolle** ist nicht so fein und weich wie → Alpaka, sondern grober und weniger elastisch. Lama und Alpaka werden auch zu hochwertigen und leichten Schlafdecken verarbeitet.

**Lambswool** oder Lammwolle stammt von Lämmern, die höchstens sechs Monate alt sind. Die von ihnen gewonnene → Wolle ist ganz besonders weich und kuschelig, weshalb sie oft für Socken und Handschuhe verendet wird.

**Lame** ist ein Gewebe mit hohem Glanz, der durch metallisch wirkende → Effektgarne hervorgerufen wird. Lame ist das Gegenstück zum → Brokat in einer einfachen → Bindung. Wertvolle Lamegebinde werden in ihrer ganzen Oberfläche durch goldenes oder silbernes Effektmaterial beherrscht.

**Landhausmode** ist häufig aus → Tweed und → Loden. Bei diesem rustikalen → Outfit stand die → Trachtenmode Pate. Siehe auch → Country-Look.

**Langetten** ist eine Bogenstickerei an Kanten.

**Langgröße errechnen:** Langgrößen für Damen von 1,78 bis 2 Meter zählen von Größe 72 bis 104. Man ermittelt die Größe, indem man seine normale Konfektionsgröße verdoppelt. Trägt man Größe 40, so hat man die Langgröße 80 (siehe auch → Größen). Bei diesen Spezialgrößen werden Ärmel, Hosenbeine, Rocksäume und Rückenlängen extra verlängert, die Taillen tiefer gesetzt, damit bei großen Frauen alles richtig sitzt. Versandhäuser (auch mit Ladengeschäften), die Große anziehen, sind »Long Fashion«, Tel. 040/32 77 22 oder »Egü Moden«, Tel. 04 31/648 53.

**Lanolin** ist Wollfett → Schafwolle.

**Laser-Cut** ist ein neuartiges Verfahren, das in Stoffen für eine romantische Lochstickerei-Optik sorgt. Unter anderem wird diese Stoffart bei Abendblusen mit Puffärmeln und figurbetontem Schnitt verwendet.

**Lasso-Ketten:** Lasso kommt aus dem Spanischen und heißt Wurfschlinge. Lasso-Ketten sind Schmuckketten, die durch ihre Form an das berühmte Seil aus dem Wilden Westen erinnern. Gold- oder silberfarben oder auch mit einer Perle am Ende, können sie → Outfits aufpeppen.

**Lavabel** ist ein waschbares, weich fließendes Gewebe mit glatter Oberfläche aus → Seide oder Chemiefasen.

**Layering** wird auch der → Lagen- oder → Zwiebel-Look genannt.

**Leder:** Tierische Haut zu Leder gegerbt und weiterverarbeitet, eignet sich hervorragend zur Herstellung modischer Oberbekleidung. Jede Tierhaut, die zu Leder wird, hat zwei Seiten. Die »Narbenseite« war behaart, die »Fleischseite« war dem Tierkörper zugewandt. Kräftige Häute werden vor der Gerbung gespalten. Daraus entsteht zum einen die Narbenspaltseite als oberer Teil, zum anderen die Fleischspaltseite. Die Narbenseite wird zu Glatt- und → Nubukleder verarbeitet, die Fleisch- und Spaltseiten werden zur Herstellung von Velours- oder → Pelzveloursleder verwendet. Jedes Teil muss für die Gerbung vorbereitet werden, die meist in großen rotierenden Fässern erfolgt. Dafür benutzt man weltweit mineralische Chromsalze. Die Gerbung ermöglicht die Herstellung von weichem und griffigem Leder mit einer breiten Farbscala. Danach werden die zu Leder gewordenen Teile entwässert, in der Dicke angeglichen, gefärbt, gefettet und getrocknet – alles Vorgänge, die das Leder veredeln. Hier ein kleiner Überblick der gängigsten Lederarten:

- **Lackleder** hat eine lackierte Oberfläche und wird aus Rind, Ziege, Schwein und Kroko gefertigt.
- **Nappaleder** sind softige Narbenleder, meist von Rind, Schwein oder Lamm.
- **Nubukleder** von Rind, Schaf und Ziege und ist an der Narbenseite fein geschliffen.
- **Porc- beziehungsweise Schweinsleder** kann sowohl Narben- als auch Rauleder sein und ist besonders preisgünstig.
- **Veloursleder** (auch Wildleder genannt) sind jene Arten, deren Lederrückseite geschliffen ist, meist von Schaf, Ziege, Rind oder Schwein.

**Leggins** (engl. Bein = »leg«) sind Strumpfhosen ohne Füßlinge. Ein Kleidungsstück für Frauen und Mädchen, das vor allem bei Sport und Freizeit getragen wird.

**Leinen,** das früher so hochgeschätzte Gewebe ist heute weitgehend aus den Kleiderschränken verschwunden, da es – zu Unrecht – mit unzeitgemäßer, sackartiger und farbloser Ökokleidung (→ Öko-Textilien) in Verbindung gebracht wird.
Leinen ist eine Naturfaser aus Flachs und zählt zu den → Bastfasern. Leinenfasern bestehen zu 70 Prozent aus → Zellulose, der Rest ist Pflanzenleim – durch ihn erhält das Leinen Steifheit, Festigkeit und Glanz. Es wird aus den Stängeln der Flachspflanze hergestellt. Die Flachspflanze muss jedes Jahr neu aus den Samen des Öllein (ergibt nur wenige und nicht besonders lange Spinnfasern von mäßiger Qualität) und dem Faserlein (wird bis zu 1,2 Meter hoch und hat eine gute Ausbeute) gezogen werden. Dünnere Stängel enthalten mehr Bast als grobe Stängel und bei dichtem Stand der Pflanzen auf dem Feld ist die Ausbeute höher als bei weit auseinander stehenden Pflanzen. Bei der Ernte wird die Flachspflanze nicht einfach abgemäht, sondern mit den Wurzeln herausgerissen. Im Innern der Stängel befinden sich die Bastfäden, die unter der Rinde um den Holzkern herum lie-

gen. Die Fasern der Flachspflanze geben dem Leinen den typischen noppenartigen Charakter. Gute → Flachsfasern haben eine hohe Festigkeit im trockenen wie auch im nassen Zustand. Flachs ist äußerst vielseitig, daraus lassen sich die unterschiedlichsten, angenehm zu tragenden Gewebe herstellen – von schweren, rustikalen bis zu feinen, leichten Leinenstoffen. Weichfließende, hautnahe Schnitte und verschiedenste Farben verschaffen der schlichten Eleganz der Leinen neue modische Akzeptanz. Leinenerzeugnisse sind wegen der Unempfindlichkeit des Flachses gegen Laugen gebräuchlicher Waschmittel so gut wie unangreifbar. Die Glätte der Fasern sorgt dafür, dass Leinen kaum Schmutz aufnimmt – sein kühler Griff und seidenartiger Glanz wird besonders für Tisch- und Bettwäsche geschätzt. Die Oberfläche gilt als bakterienhemmend; darum wird Leinen auch gerne für Ärztekittel und Taschentücher verwendet. Für Sommer- und Tropenbekleidung eignet sich Leinen ebenfalls, da es bis zu 23 Prozent Feuchtigkeit aufnehmen kann, keine Wärme speichert und dadurch die natürliche Klimaregelung des Körpers unterstützt. Durch den Pflanzenleim fühlt sich Leinen steifer und härter an als → Baumwolle. Beim Waschen läuft es stark ein, verliert etwas von seiner Festigkeit und knittert sehr stark, dafür ist es strapazierfähig und fusselfrei – diese Eigenschaft ist wiederum ideal für Geschirrtücher.
Leinen ist nicht gleichmäßig verspinnbar, deshalb ist es geradezu ein Echtheitszeichen, wenn sich im Gewebe → Noppen befinden. Leinen hat im In- und Ausland ein Gütezeichen, ein Schwurhandzeichen mit der Aufschrift Rein Leinen oder Halb Leinen oder das »L« für Reinleinen.
Im alten Ägypten galt das makellose weiße Leinen als Symbol göttlicher Reinheit, deshalb hüllten sich die Priester darin. Auch der Leichnam Jesus Christi wurde in Leinen gehüllt – heute müssen in der katholischen Liturgie sämtliche Altartücher, die mit dem Kelch in Berührung kommen können, aus reinem Leinen sein. Pfahlbautenfunde aus der jüngeren Steinzeit beweisen, dass die Flachskultur bis in die frühe Menschheitsgeschichte zurückreicht. Im 12. und 13. Jahrhundert war Deutschland führend im Flachsanbau, Hauptanbaugebiete waren Schlesien und

die Lausitz. Augsburg, Nürnberg und Köln sind Städte, die unter anderem der Leinenweberei ihren Reichtum verdanken.

**Leo-Prints** sind Reptil- und Raubtierdrucke, die sich zu modischen Dauerbrennern entwickelt haben. Neu sind Hosen oder → Tops, bei denen die klassischen → Animal-Prints zusammen mit gleichfarbigen Blumen- oder → Paisleymustern kombiniert werden.

**Lifestyle-Bibeln** so nennt die Modebranche Kataloge der großen Versandhäuser.

**Liftboy-Jackett** ist eine körpernahe, taillenkurze Jacke.

**Lingerie-Kleid** ist ein leichtes, luftiges Kleid, das im Stil an ein Unterkleid erinnert. Typisch sind Unterwäsche-Details wie schmale Träger, → Borten und → Spitzen, halb transparente Optik und ein weicher Fall.

**Lingerie-Look** heißt ein Trend, der ein wenig an Großmutters Unterwäsche erinnert. Nur werden die nostalgischen Teile jetzt nicht mehr versteckt. → Wäsche-Look

**Linters** sind nicht verspinnbare Faserreste der → Baumwolle, die beim Entkörnen anfallen, also ein Abfallprodukt. Doch dieses dient als wertvoller Rohstoff für die Chemiefasererzeugung zum Beispiel für → Cupro oder → Acetat.

**Loafer,** zu deutsch Landläufer, ist besonders bequem durch die von vorn und hinten hochgezogene Sohle.

**Loden,** der meist für Trachtenmode hergestellt wird, ist ein → Streichgarngewebe, beziehungsweise ein schwerer gewalkter (= gefilzter) Wollstoff, der sehr strapazierfähig ist und wegen seiner wetterfesten Eigenschaften geschätzt wird. Eine langhaarige, in eine Richtung gelegte Flordecke nennt man → Strichloden, eine stumpfe, strichlose Oberfläche nennt man → Tuchloden.

**Logo-Prints** sind ursprüngliche Firmensymbole. Heute geben sie als Mini-Drucke auch in Fantasie-Mustern der → Mode eine exklusive Note.

**Logos** sind Firmensymbole, die auf Bekleidungsstücke gedruckt, gestickt oder aufgenäht werden, zum Beispiel das berühmte Krokodil. Wie kam das Krokodil auf → Polohemden? Der französische Tennisspieler René Lacoste erfand diesen Klassiker in den 20er Jahren: Ihm waren die Langarmhemden, die damals auf dem Court getragen wurden zu warm. Deshalb ließ er – ursprünglich nur für sich selbst – ein Kurzarm-Shirt aus Baumwoll- → Pikee anfertigen. Das Krokodil wurde zum Markenzeichen von René Lacoste, weil er mit einem Tenniskollegen um einen Match-Sieg wettete – der Einsatz war ein Koffer aus echtem Kroko- → Leder. Lacoste siegte und reiste ab sofort nur noch mit diesem Edelgepäck. Deshalb, aber auch wegen seines Kampfgeistes, erhielt er den Spitznamen »Alligator« – das Reptil wurde fortan zu seinem Markenzeichen.

**Lolita-Look** ist verführerisch, süß und sexy. Kleider und Röcke sind schmal geschnitten, aber nicht hauteng. Sie umspielen den Körper, lassen weibliche Formen erahnen und lassen Haut blitzen – zum Provozieren zu wenig, zum Ignorieren zu viel. Die richtige → Rocklänge endet zwischen Knie und Wade. Tabu sind provokante Mikro-Minis und damenhafte Modelle in Knöchellänge. Statt mit Brillanten, schmückt sich Lolita mit → Volants und Ansteckblumen. Bei den → Schuhen darf es dafür einen Tick gewagter sein. → Highheels sind angesagt, aber nur in Form von zierlichen Riemchenpumps – sie garantieren einen mädchenhaften Look, die hohen Absätze machen sexy. Der raffinierte Trend wirkt unschuldig und hat es doch in sich. Der Lolita-Look zeigt und verhüllt, ist gleichzeitig adrett und kokett und liegt irgendwo zwischen Unschuld und Verführung. Unbeschwert soll er wirken, wie hingehaucht mit feinen Stoffen aus → Chiffon und fließender → Seide mit Blüten und Punkten.

**London-Kragen** → Button-Down-Kragen

**Long-Top** ist die verlängerte Ausgabe eines → Tops, das meist bis zu den Knien reicht. Es wird auch als Nachtwäsche getragen.

**Loose-Fit** → Jeans

**Lumber** sind Jacken- oder Blusenformen, die ursprünglich von der taillenkurzen Jacke, dem Lumberjack – eine Bezeichnung für Holzfällerjacken mit zumeist engem Taillenbund – abstammt.

**Lurex** ist der Markenname für metallisch glänzendes Garn, das für festliche Abendgarderobe verwendet wird.

**Luxus-Liner:** Lust auf Luxus heißt der Oberbegriff für diese Linie. Besonders in der Herrenmode sehr gefragt. »Alte Werte« werden bei den Stoffen neu interpretiert: Farbe und Muster stehen bei dieser → Mode im Vordergrund, bei den Materialien klassische → Wolle (bis zu → Kaschmir-Flanellen), moderne Wolle (Five-Pockets), Sports (→ Baumwolle, → Kord), Chinos und → Slacks (luxuriöse Casualisierung), Blue Denim (auch Thermo-Denims) und Performance, eine Qualität aus Baumwoll-Polyester-Oberstoff mit Thermo.

**Lycra** ist eine → Elasthan-Faser, die sich um das Dreifache ihrer ursprünglichen Länge dehnen lässt, dabei widerstandsfähig gegen Schweiß, kosmetische Öle sowie äußerst → pflegeleicht ist. Sie wird anderen Materialien und Stoffen in geringen Anteilen (meist 2 bis 5 Prozent) beigemischt und verleiht jeder Art von Stoff Elastizität: robustem → Denim und → Gabardine ebenso wie fließendem → Jersey oder → Chiffon. Die unsichtbare Faser sorgt für Formstabilität, Geschmeidigkeit, gute Knitter-Erholungswerte und garantiert hohen Tragekomfort. Schon geringe Mengen dieser extrem dehnbaren Kunstfaser reichen aus, um Kleidungsstücke angenehm elastisch und strapazierfähig zu machen. Auch nach häufigem Tragen bewahrt die Kleidung ihre Form.

**Lycrajersey** → Lycra und → Jersey, ein hochelastisches Gewebe in Feinstrick.

## M

**Madonna-Stil:** Die Pop-Queen und Fashion-Ikone der letzten 20 Jahre steht für diesen Stil Pate, der besonders junge Mädchen und Frauen interessiert. Biker-Fashion, Edel-Punks, Flohmarkt-Chic und → Glamour-Look, aber auch Rock-'n'-Roll-Fieber und → Jeans fürs Rodeo beherrschen diesen Trend.

**Madras-Karo** ist mit seinen großzügig hell-dunkel Farbflächen typisch für eine durchweg lässige Linie und hauptsächlich bei Freizeit-Outfits zu finden. Hierbei handelt es sich um ein großes Karomuster, wobei der Unterstoff immer eine dunkle und das Karomuster eine hellere Farbe hat, das Muster ist meist unregelmäßig angeordnet. Das typische Madras-Karo ist farbenfroh, feinfädig und aus → Baumwolle. Ihren Namen verdankt Madras-Karo der gleichnamigen indischen Stadt, aus der es ursprünglich stammt.

**Magic-Bra** ist ein → BH, der durch ein in die Körbchen eingelagertes Spezialgel die Brust optisch hervorhebt. Es dient der Umfangsteigerung und fühlt sich sehr natürlich an.

**Magic Wool** ist → Schurwolle mit → Stretch, atmungsaktiv und schmutzabweisend.

**Makobatist** wird auch → Seidenbatist genannt, ist aber nicht aus → Seide, sondern aus sehr feinen mercerisierten Makobatisten, die durch eine Nachbehandlung mit Milch-, Essig- oder Ameisensäure einen dem → Seidenschrei ähnlichen Griff haben. Mako ist eine Baumwollsorte aus Ägypten mit weichen langen Fasern und Batist ist ein leichtes, dünnes leinwandbindiges Gewebe.

**Manschetten** sind die Ärmelabschlüsse an Hemden, Blusen und Mänteln.

**Marilyn-Monroe-Look:** Wer den Film »Das verflixte 7. Jahr« gesehen hat, erinnert sich bestimmt an die legendäre Szene, in der Marilyn Monroe auf dem Gitter eines U-Bahn-Schachts steht und ihr Kleid hoch geweht wird. Dieses Kleid mit tief decolletiertem → Neckholder-Oberteil und weitem Rockteil hat viele → Designer zu einer Neuauflage inspiriert und diese → Mode wieder aufleben lassen.

**Marine-Look:** klassische Mode, die nie an Aktualität verliert. Wie der Name schon andeutet, erinnert diese → Mode stark an Matrosen-Outfits und wird immer in Blau/Weiß gehalten. Kombinationen sind geringelte Pullis und dazu weiße oder blaue Hosen.

**Maritim-Look:** Auch hier standen Matrosen Pate. → Marine-Look

**Markenlabel** → Logos

**Marlene-Hosen** sind weit geschnitten, mit Bügelfalten und breitem Aufschlag am Saum, in weichfließender Qualität.

**Mary-Jane-Schuhe** ist ein Schuh, der vom klassischen Kinderlackschuh zum begehrten Damenschuh wurde. In den 60ern war er noch bequem und flach und eroberte die Füße junger, modebewusster Frauen. In den 90er Jahren tauchte der runde Riemchenschuh mit einem mittelhohen Absatz wieder auf.

**Maskotte** ist ein jugendlicher, flacher Herrenhut mit schmaler Krempe ohne Kniff.

**Massage-Strumpf:** Weil die Menschen gerne laufen, erfand man → Schuhe und Strümpfe. Sie schützen zwar vor Kälte und spitzen Steinen, dämpfen aber den gesunden und wichtigen Reiz auf die Fußreflexzonen. Wer sich zu wenig bewegt, empfindliche oder geschwollene Füße hat, kann sich zwölf Stunden täglich von einem intelligenten Massagestrumpf behandeln lassen. Beim Laufen wird das Blut von der Ferse zum Knöchel gepumpt und der Bluttransport nach oben durch die Kontraktion der Beinmuskeln unterstützt. Mit Hilfe von → Noppen stimuliert der Massagestrumpf rein mechanisch die empfindsamen Fußreflexzonen und wie bei einer Fußmassage wird die Haut beim Gehen wirksam durchblutet.

**Matelasse:** → Doppelgewebe mit einer extrem plastischen Reliefmusterung.

**Materialmix:** Beim Spiel mit verschiedenen Materialien sind Gegensätze nicht nur erlaubt, sondern erwünscht. Da zieht man rustikale Lederjacken zur zarten Chiffonbluse und sportlichen Kordhose an. Damit das ganze nicht zu wirr und unruhig aussieht, wirkt der Materialmix am schönsten, wenn er in der gleichen Farbe oder aufeinander abgestimmten Farbtönen gehalten wird.

**Maulbeerseide** → Seide

**Mäusezahnmuster** ist eine kontrastreiche, unruhige Musterung, die durch kleine Zäckchen an den Abdruck eines Mäusezähnchen erinnert.

**Mauve** (sprich »mohw«) ist ein staubiger Lila-Farbton.

**Maxi-Mode:** Lange Röcke und Kleider bis zu den Knöcheln.

**Maxiröcke in A-Form** sind lange, leicht ausgestellte Röcke aus meist fließenden Materialien. Sie verbergen auf modische Art stämmige Waden.

**Medizin-Kleidung:** soll es in Zukunft geben! In die Kleidung eingearbeitete medizinische Substanzen sollen Linderung bei Hautkrankheiten wie Neurodermitis, Schuppenflechte und Akne bringen.

**Menswear:** Männermode

**Mercerisieren:** Benannt nach dem englischen Industriellen, Chemiker und Erfinder J. Mercer (1791–1866). Er hatte das Veredeln von → Baumwolle als erster durchgeführt. Dabei wird die Baumwolle straff gespannt und die Fasern mit einer Natronlauge zum Aufquellen gebracht, so wird das Gewebe reißfester und auch insgesamt fester. Durch die Behandlung mit warmer Natronlauge wird die eher raue Baumwollfaser glatter und runder. Das Gewebe ist dann strapazierfähiger und waschbeständiger, gleichzeitig hat diese Behandlung den Effekt, dass die Stoffoberfläche glänzt und die Kleidungsstücke besser ihre Form behalten. Deshalb sind → T-Shirts aus mercerisierter Baumwolle meist teurer als normale Baumwoll-T-Shirts.

**Merinowolle** ist eine stark gekräuselte → Wolle des Merino-Schafes, das in Australien gezüchtet wird.

**Metallic-Effekt:** Eingewebte Metallfäden lassen Stoffe leicht glänzen und verleihen ihm die topmodische → Knitteroptik.

**Metallic-Look:** Um Glanz auf Textilien zu bringen, werden sie mit Metallstaub beschichtet. Dies geschieht mit Kunstharz-Klebestoffen und durch Bestäuben der Oberfläche mit Metallpulver. Wichtig dabei ist, dass die Tragfähigkeit der Textilien erhalten bleibt. Das heißt, der Stoff darf nicht brüchig werden und die Beschichtung später nicht abspringen. Damit man in diesen Materialien nicht so leicht ins Schwitzen gerät, wird die Metallschicht mit sehr feinen Poren durchlöchert.

**Mid Blue:** Dahinter verbergen sich Optiken, die den abgenutzten Hosen der Skater nachempfunden wurden (bei Levis).

**Mieder, Korsagen und Co,** diese erotischen Erfindungen sind wieder ganz »in«. Sie formen die Taille und machen das → Decolleté zum unwiderstehlichen Blickfang. Anschmiegsame Materialien wie Baumwollstretch oder → Seide liegen wie eine zweite Haut am Körper – durchatmen ist kein Problem mehr, denn Vollbrustkorsagen werden wie ein → Top getragen und sehen auch über Blusen getragen sexy aus. → Bustiers reichen höchstens bis zum Bauchnabel, ideal für kleine Frauen. Man kann sie zu jeder Gelegenheit tragen, im Büro lässig kombiniert mit → Jeans, → Miniröcken, → Kos-

tümen und Hosenanzügen oder am Abend in edler Aufmachung in → Samt und Seide.
Schon vor 6000 Jahren trugen die Sumererinnen auf ihre Oberweite zugeschnittene Wäsche. Kreterinnen benutzten bereits um 1500 v.Chr. die Vorläufer der heutigen Mieder, denn diese Taillen-Korsetts machten eine schlanke Figur und betonten den Busen.

**Mikrofaser** sind feinst ausgesponnene Chemiefasern aus der → Polyamid-, → Polyester- oder → Polyacryl-Gruppe, so genannte → High-Tech-Fasern. Sie sind → pflegeleicht, knitterarm und saugen Feuchtigkeit nicht auf, sondern leiten sie nach außen. Vor allem aber sind sie besonders leicht: Einmal um den ganzen Erdball geschlungen, würde der Faden nur 450 Gramm wiegen.

**Mikromodal** ist eine → Mikrofaser aus hundert Prozent → Zellulose. → T-Shirts und Unterwäsche aus diesem Material sind hautfreundlich, elastisch und weich. Die Faser kann Feuchtigkeit optimal aufnehmen und abgeben, ist atmungsaktiv und bleibt auch bei häufigem Waschen farb- und formbeständig.

**Mikro-Moss** ist eine neuentwickelte, spezielle → Mikrofaser. Ihre Oberfläche hat einen dem Veloursleder ähnlichen Charakter, ist weich und samtig. Der atmungsaktive Stoff ist sehr strapazierfähig und wetterfest.

**Military-Stil:** Fidel Castro lässt grüßen mit Patronengürtel, → Camouflage-Drucken, Fliegerblousons und Fallschirmspringer-Hosen. Farblich verfremdete Tarnmuster in Kombination mit Bambus-Designs, japanischen Schnittführungen und Impressionen von Schuluniformen machen diesen Stil trendgemäß weiblicher.

**Mille-Fleurs** ist ein Blumenmuster, das meist aus kleinen Streublumen besteht.

**Millefleurs-Design** sind gehäkelte Kragen im altmodischen Stil, die auf Blusen und Kleider aufgesetzt werden.

**Milleraye** sind sehr feine dichte Streifen.

**Mill washed:** noch nicht verarbeiteter, gewaschener → Jeans-Denimstoff.

**Minibag** ist eine kleine Tasche mit schulterlangen Riemchen, die auch quer über die Brust getragen werden kann.

**Mini, Minirock:** Das kurze Kleidungsstück, das die Modewelt revolutioniert hat, hat mittlerweile seinen 40. Geburtstag hinter sich. Zum ersten Mal wurde der Mini im Jahr 1962 gesichtet, als er auf dem Titel der britischen »Vogue« abgebildet war. Die noch unbekannte englische → Designer Mary Quant hatte die skandalöse Kreation erfunden, drei Jahre später wurde ihr »Mini-Shirt« weltweit zum Modehit. Soviel Bein hatten die Frauen noch nie auf der Straße gezeigt. Als der Mini die → Mode revolutionierte, war die Welt noch prüde. Einfach »shocking« fanden ihn die Engländer – kaum breiter als ein Gürtel endete der kurze Rock mindestens zwei Handbreiten über dem Knie. Obwohl Priester, Väter und (altgediente) Modepäpste protestierten, das freche Stückchen Stoff setzte sich durch, denn die Mädchen und jungen Frauen waren begeistert.

Von Anfang an war das kurze Ding zwischen Bauchnabel und Kniegrübchen mehr als nur ein Kleidungsstück: provozierendes → Outfit der Beat- und Pop-Generation sowie Protest und Lebensgefühl der Swinging Sixties, die in London ihre Keimzelle hatten. Nachdem der Mini in den 70ern und Anfang der 80er Jahre eine Renaissance erlebte, verschwand er wieder für etliche Jahre. Jetzt gibt es ihn wieder.

Wer war Mary Quant, die frech und unbeschwert dem Pariser Modeimperium das Fürchten lehrte? Im Alter von 16 Jahren riss die nur 160 Zentimeter kleine Engländerin von zu Hause aus und ließ sich in London nieder. Dort arbeitete sie als Näherin für einen Wochenlohn von 15 Euro. Ihre Rettung war ihr Jugendfreund und späterer Mann, der eine Erbschaft gemacht hatte. 1955 eröffnete Mary in London eine kleine Boutique und schneiderte aus Frust über die Modeschöpfer in Paris in ihrem Atelier eigene Modelle. Hier kam der damals 21-Jährigen die Idee, durch die sie berühmt werden sollte: Sie schnippelte billigen Konfektionsmodellen die Säume bis übers Knie ab – fertig war der Mini. Je kürzer, desto besser lautete die Devise damals. Der Papst schalt den kurzen Rock unzüchtig, sittenstrenge Eltern bezeichneten ihn als Fähnchen. Nur Kleiderfabrikanten freuten sich über die 30 Prozent Stoffersparnis bei gleichbleibendem Preis. Die jungen Mädchen waren nicht mehr zu bremsen. Ein Mini musste her, koste es was es wolle, denn das heiß begehrte Stück war für sie viel mehr als ein Kleidungsstück – es bedeutete ein neues Lebensgefühl. Die Erfindung der Strumpfhose katapultierte den Mini endgültig in den Modehimmel, fortan trug, wer auf sich hielt, möglichst wenig. Allen voran Magermodel Twiggy, das Idol der »Swinging Sixties«. Von London aus eroberte der Mini die Welt und Mary Quants gewagte Kreation wurde zu einem Maxierfolg. 1966 erhielt Mary Quant aus der Hand Ihrer Majestät Queen Elizabeth II, die als konservativ gilt, den »Orden of the British Empire« für ihre Verdienste um den englischen Export.

**Misto-Kaschmir** ist die preiswerte Alternative zu reinem → Kaschmir. Misto bedeutet Mix, das heißt, die Textilien sind eine Mischung aus verschiedenen Fasern wie → Wolle, → Angorawolle, → Viskose und → Polyamid. Meist liegt der Kaschmir-Anteil nur bei etwa 10 Prozent.

**Mititech** ist ein antibakterielles Material aus dem → BHs und → Slips hergestellt werden.

**Modal** wird aus regenerierten → Zellulosefasern hergestellt. Ein spezielles Verfahren verleiht dem Stoff auch im nassen Zustand hohe Festigkeit und Elastizität. Modalfasern werden nach dem Prinzip des → Viskose-Verfahrens hergestellt, das gegen Dehnung im nassen wie auch im trockenen Zustand sehr widerstandfähig macht. Modal ist eine hautfreundliche und robuste Chemiefaser, die das Bügeln leichter macht und über eine besondere Formbeständigkeit verfügt, auch bei großer Beanspruchung. Modal wird bei Wäschebatisten, Hemden- und Kleiderstoffen sowie bei Bettwäsche verwendet; in der Mischung mit synthetischen Fasern tritt es vielfach an die Stelle der → Baumwolle. Mit der Baumwolle gemischt, veredelt Modal Bett- und Tischwäsche mit Glanz und Glätte.

**Mode:** Der Begriff definiert modische Angebote im Sinne von »kurzlebig«.

**Mode-Marketing** ist die Ausrichtung eines Unternehmers auf die Förderung des Absatzes durch Werbung, Beobachtung und Lenkung des Marktes, sowie durch entsprechende Steuerung der eigenen Produktion. Marketing ist eine marktgerichtete und marktgerechte Unternehmenspolitik, und so sieht der Modehandel seine Zielgruppen:

- **Die Avantgardistin:** Für sie gehört die Mode zur Persönlichkeit, zu ihrem Lebensstil. Sie bevorzugt bewusst das Auffallende und das Außergewöhnliche. Die Pro-Kopf-Ausgaben sind weit über dem Durchschnitt.
- **Die Business-Frau:** Sie setzt neue Modetrends zu ihrem individuellen Stil um, ihre Kleidung soll die persönliche Ausstrahlung unterstreichen. Zum anderen muss sie repräsentieren, darum ist sie sehr elegant, anspruchsvoll und auch für sportliche Kleidung zu begeistern. Die Pro-Kopf-Ausgaben sind mehr als überdurchschnittlich.
- **Die moderne Frau** steht auf einen jugendlichen, sportlich-eleganten Stil. Modische Aktualität und ein stimmiges Verhältnis von Qualität und Preis sind wichtig bei der Kaufentscheidung. Die Pro-Kopf-Ausgaben sind leicht überdurchschnittlich.
- **Die Modebewusste** macht alle Modetrends begeistert mit, wobei die Richtung der Trends stark variieren kann: Jung, trendy, romantisch, sportlich. Vertreterinnen dieser Gruppe spielen mit der Mode. Modisches Aussehen und Preis der Kleidung sind ihr wichtiger als die Qualität. Entsprechend sind die Pro-Kopf-Ausgaben meist unterdurchschnittlich.
- **Die anspruchsvolle Klassikerin** bevorzugt einen klassisch-eleganten Stiel. Sie bewertet gute Qualität sowie Verarbeitung und einen guten Tragekomfort höher als die modische Aktualität. Die Pro-Kopf-Ausgaben sind überdurchschnittlich.
- **Die moderne Klassikerin** wünscht sich einen damenhaft-gepflegten beziehungsweise lässig-gepflegten bis sportlich-eleganten Stil und legt Wert auf guten Tragekomfort. Sie sucht Qualität zu angemessenen bis gehobenen Preisen und lässt sich auch gerne in Sachen Mode beraten. Die Pro-Kopf-Ausgaben für ihre Kleidung sind durchschnittlich.
- **Die Normalverbraucherin** will immer eine zeitgemäße Mode, da sie ihre Bekleidung nicht nur für ein Jahr tragen will. Sie sucht gute Qualität zu möglichst niedrigen Preisen.

Die Pro-Kopf-Ausgaben sind entsprechend unterdurchschnittlich.

- **Der Billigpreistyp** will eine zeitgemäße und bequeme Kleidung, die immer praktisch ist. Die Marke der Bekleidung ist dabei nebensächlich. Ansprüche an die Qualität sind gering. Die Pro-Kopf-Ausgaben sind weit unter dem Durchschnitt.
- **Der Jeanstyp** bevorzugt einen sportlich-legeren, saloppen Kleidungsstil. Frauen dieses Typs sind gruppenbewusst und kritisch. Die Pro-Kopf-Ausgaben für Mode sind deutlich unterdurchschnittlich.

**Mode-Outfit** nennt man eine gesamte Ausrüstung, also Bekleidung vom Hemd bis zu den Schuhen.

**Mohair** ist ein feines weiches Ziegenhaar und stammt aus Amerika, Australien, Südafrika oder der Türkei. Es lässt sich gut färben, besitzt einen natürlichen Glanz und ist leicht.

**Mohairstrick** hat eine lange Lebensdauer, wenn es luftig aufbewahrt und nicht von anderen Pullis erdrückt wird. Es muss von Zeit zu Zeit aushängen, damit die Härchen flauschig bleiben. Um die Haltbarkeit dieser Naturfaser zu verlängern, werden dem reinen Mohair → Wolle und synthetische Fasern beigemischt – der typische Langhaarcharakter geht dadurch nicht verloren, und das Strickwerk wärmt besser. Nach der Reinigung sollte die Flauschfaser vorsichtig mit einer weichen Bürste gegen den Strich bearbeitet werden, damit sich alle Härchen wieder aufrichten. Mohairhaare sind sehr glatt, das bedeutet, dass sie weniger Schmutz aufnehmen als andere Fasern, also seltener gewaschen werden müssen.

**Moiré** ist ein quergerippter → Taft mit wasserlinienartiger Musterung. Durch spezielles Pressen (Kalandern) wird das typisch changierende Wollmuster des Querripsgewebe erzielt.

**Mokassin** ist von seinem Ursprung her ein bestickter, absatzloser Wildlederschuh der nordamerikanischen Indianer. Bei uns wurde er als leichter, bequemer Lederschuh mit durchgehender, sehr elastischer Sohle hergestellt. Bekannt wurden sie in den 60er Jahren als Autofahrerschuhe mit Noppensohlen.

**Mondrian-Muster** sind ungewöhnlich großflächige Stoff-Muster (auch Jersey-Bekleidung und Bademoden) mit schwarz konturierten, verschiedenfarbigen geometrischen Figuren unterschiedlicher Größe. Die Motive gehen auf Werke des gleichnamigen holländischen Malers Piet Mondrian (1872–1944) zurück.

**Monocrom** nennt man, wenn Rock, Hose und Jacke in gleicher Farbe sind, sowie die passenden Blusen und → Westen.

**Mules** sind → Pantoletten mit ganz flachem geschwungenem Barock-Absatz, vorne spitz und geschlossen, hinten offen und ohne Riemchen. Zu ultraweiten, überlangen Hosen und knöchellangen Röcken sehen sie toll aus.

**Multicolor** nennt man Stoffe aus mehrfarbigen → Zwirnen, die in ihrer Gesamtheit aber einfarbig erscheinen.

**Multifunktions-Jacken** sind sportliche, leichte Jacken mit wasser- und winddichter sowie atmungsaktiver Ausrüstung. Bei manchen lassen sich für den Winter sogar ein → Fleece-Futter mit → Reißverschluss einsetzen.

**Muskel-Shirt** ist ein → T-Shirt oder Hemd mit kurzen, angesetzten Ärmeln. Das Spiel der Oberarm-Muskeln bleibt dabei sichtbar.

**Musseline** sind dichtgewebte schleierartige Stoffe aus mittelfeinen Garnen, die nicht materialgebunden sind. Wegen ihrer Leichtigkeit und dem weichen Griff verwendet man Musseline zu Blusen, Sommerkleidern und Nachthemden. Man kann sie einfarbig und bedruckt als Meterware kaufen. Musseline wurde nach der irakischen Stadt Mossul benannt.

## N

**Nadelstreifen:** Dieser Begriff meint einen einfarbigen Stoff mit ganz feinen, senkrecht angelegten Streifen, die in regelmäßigen Abständen nebeneinander angeordnet sind. Zum ersten Mal trat der Nadelstreifen in der Herrenmode zu Beginn des 20. Jahrhunderts auf. Typisch waren gedeckte Farben, die von ein- bis zweifädigen, nadelfeinen Längsstreifen in gleichen Abständen durchzogen waren. Dieses zeitlose Muster ist nach wie vor aktuell, besonders bei Hosenanzügen und Herrenanzügen – von klassisch bis elegant und in der Damenmode auch farbenfroh.

**Nähte, offen verarbeitete:** Diese Nähtechnik sieht man unter anderem bei Lederjacken mit angewachsenem → Fell, dabei werden die Nahtkanten der einzelnen Schnitt-Teile nicht nach innen gewendet, sondern zeigen nach außen. Durch diese offen verarbeiteten Nähte ist das Fell auch bei geschlossener Jacke sichtbar.

**Nappaleder** wurde nach der kalifornischen Stadt Napa benannt. Nappaleder ist ein feines Kalbs-, Schafs- oder Ziegenleder und eine wichtige Ledersorte für Oberbekleidung. Durch die Nachgerbung mit Chromsalz und pflanzlichen Gerbstoffen wird Nappa auch waschbar gemacht. Rindsnappa ist relativ unempfindlich, aber auch steif und schwer. Kalbsnappa ist hochwertiger als Rindsnappa, denn es ist weicher und auch gleichmäßiger in der Narbenbildung (Haarwurzelporen). Man nennt es auch Blando.

**Naturkleidung** trägt sich wie eine zweite Haut. Gewebtes Mondlicht nannten die Ägypter vor mehr als fünftausend Jahren aus → Flachsfasern gewebte Leinenstoffe. Weißes → Leinen galt als Symbol göttlicher Reinheit. Auch andere Kulturvölker schätzen diesen überaus strapazierfähigen und dennoch feinen Stoff. Dichter besangen ihn vielfach als »Leinen-Nebel« – noch heute ist ein altägyptisches Leinengewebe im Britischen Museum zu bestaunen.

Die Anforderungen an unsere Kleidung werden immer größer. Funktionalität und modisches → Design stehen im Vordergrund: → pflegeleichte Stoffe, die nicht mehr aus der Form geraten, nicht knittern, lang anhaltende Farben und vor allem günstige Preise sind praktisch eine Grundvoraussetzung. Möglich machen dies mittlerweile Chemiefasern. Ihr großer Vorteil, sie sind sehr leicht, trocknen schnell und die Farbe laugt nicht aus. Vielen Naturstoffen wird so manche unerwünschte Eigenschaft mit der chemischen Keule ausgetrieben. Doch dafür sind Textilien aus synthetischen Fasern oft wie ein undurchdringliches Schild – sie sind in der Regel so dicht und fein gewebt, dass nur wenig Luft oder Wasser hindurchdringen kann. Das hat zur Folge, dass die Poren der Haut nicht ungehindert atmen können und dadurch der Feuchtigkeitsaustausch zwischen Körper und Außenluft gestört ist. Stoffe wie → Gore-Tex oder → Sympatex sind zwar durch eine mechanische Schranke nach außen durchlässig, aber sie interagieren nicht mit der Hautatmung. Somit wird zwar kalte Außenluft abgehalten, aber die Körperwärme nicht positiv unterstützt, denn anders als natürliche Fasern heizen sich synthetische Stoffe auf und schaffen dadurch ein unangenehmes Hautklima. Je mehr Anforderungen die Kleidung erfüllen muss, desto mehr Chemie kommt zum Einsatz und somit auf und auch in die Haut. Anders ist es bei Naturkleidung. Sie ist nicht nur eine Hülle, sondern eine zweite Haut. Natürliche Stoffe schützen vor äußeren Einflüssen, isolieren und sind trotzdem transparent für den Austausch von Energien, Luft und Feuchtigkeit. Naturbelassene Fasern schonen Haut und Umwelt. Gerade in Zeiten, in denen Technik und Fortschritt, Stress und Hektik an der Tagesordnung sind, sollte man sich wieder auf die Natur besinnen. Nirgendwo lässt sich Natur besser spüren als auf der eigenen Haut. Man sagt so oft »ich fühle mich wohl in meiner Haut« wenn man innerlich ausgeglichen und zufrieden ist. Die Haut ist unser größtes Organ und steht im direkten Kontakt zur Umwelt. Sie reagiert empfindlich auf äußere Einflüsse, atmet, sondert Schweiß und Körpergifte ab, nimmt aber auch gleichzeitig Stoffe aus der Umwelt auf. Das können erwünschte Substanzen wie Feuchtigkeit, Salben und Creme sein, aber auch unerwünschte Umweltgifte und chemische Substanzen aus synthetischer Kleidung. Naturkleidung schützt unsere Haut vor solchen negativen Einflüssen, ohne ihr die Luft zum atmen zu nehmen.

Was sind eigentlich Naturtextilien? Natürliche Kleidung besteht aus reinen Naturstoffen, vom Rohstoff bis zum fertigen Kleidungsstück. Die gesamte Herstellungskette muss dabei umweltverträglich sein, das heißt, es dürfen ausschließlich für die Umwelt unbedenkliche Verfahren angewendet werden. Das beginnt beim kontrolliert biologischen Anbau der Pflanzen oder artgerechter Tierhaltung. Die Gewinnung und Verarbeitung von Rohstoffen und Fasern sowie die Herstellung und Veredelung der Stoffe geschieht bei Naturtextilien mechanisch-thermisch, ohne Einsatz von Chemie. Zudem wird ökonomisch produziert und auf die Einhaltung sozialer Standards geachtet. Wenn synthetisch gefärbt wird, dann ohne vorher zu → bleichen, ohne schwermetallhaltige Stoffe und ohne → Azofarben. Bei Naturstoffen hat jede Faser ihre ganz eigene Struktur und Eigenschaft, die sowohl für die Verarbeitung als auch für das spätere Kleidungsstück von Bedeutung sind. Tierische Eiweißfasern haben ähnliche Substanzen wie die menschliche Haut, lassen Kleidungsstücke tatsächlich zu einer zweiten Haut werden. Darüber hinaus haben sie die Eigenschaft, Schmutz und Schweiß abzuweisen. Es gibt drei verschiedene Arten von pflanzlichen Fasern: Pflanzenhaare (→ Baumwolle), Bast- oder Stängelfasern wie Flachs, Hanf oder → Jute (→ Leinen) und Hartfasern wie → Sisal und Kokos. Zu den tierischen Eiweißfasern gehören → Wolle (Schafe, Kamele, Angorakaninchen) und → Seide (Seidenspinner).

**Naturseide** → Seide, → Naturkleidung

**Neckholder** sind rückenfreie Oberteile, bei denen die Träger hinten über den Nacken laufen oder mit einem Band im Nacken geschlossen werden. Sie lassen Schultern und Rücken frei. So ein → Decolleté findet man bei → Tops, Abendkleidern und → Bikinis.

**Negligé:** Zarter Überwurf-Mantel passend zur Nacht- oder Unterwäsche, meist aus → transparentem Material, vorwiegend aus → Seide. Das Negligé erlebt wieder eine Renaissance in der → Mode.

**Nehru-Jacken** haben ihren Namen vom indischen Politiker Pandit Nehru (1889–1964). Anfang des 20. Jahrhunderts kämpfte er zusammen mit Gandhi für die Unabhängigkeit Indiens und war später dessen erster Premierminister. Seine Kleidung bestand aus einer figurnah geschnittenen Jacke, vorn ganz durchgeknöpft, mit Stehkragen und schmaler Hose. Als Kopfbedeckung trug er eine Schiffchenmütze. Das war die für seine Herkunft typische Kleidung.

**Neo-Klassik-Look** orientiert sich an den 60er Jahren. Ein perfektes Styling sieht so aus: knappe → Taileurs und Bleistiftröcke oder schmal geschnittene Kleider sind harmonisch aufeinander abgestimmt. Mondän, ein wenig zickig und schlicht in Form und Farbe erinnert dieser Look an die perfekte Eleganz von Grace Kelly (Schauspielerin und spätere Fürstin von Monaco) oder auch Tippi Hedren aus dem Hitchcock-Klassiker »Die Vögel«. Extraschmale Gürtel um die Taille, nostalgische Henkeltaschen und → Pumps in Kroko-Optik sind ein absolutes Muss bei diesem Look.

**Nessel** ist ein grobes, meist aus ungebleichtem Baumwollgarn hergestelltes, nicht gefärbtes und unbehandeltes Gewebe.

**Nesselfaden** wird aus den Fasern von Nesselgewächsen oder aus → Baumwolle hergestellt.

**Network** → Netzstoffe

**Netzstoffe** sehen aus wie grob gehäkelt und sind sehr durchlässig. Netzhemden waren der große Moderenner bei Frauen und Männern. Getragen im Sommer oder in der Disco auf nackter Haut mit viel Durchblick, oder züchtiger mit einem → T-Shirt darunter. Zwei TV-Cops aus Miami kreierten diesen Trend, als sie das Hemd gegen ein Netzshirt unter dem Anzug tauschten – Don Jonson und sein Kollege machten es Millionen Männern vor.

**New-Mode** wird ausgefallene, kurzlebige → Mode genannt.

**Nickistoff** ist ein aufgeschnittener → Wirkplüsch, auch Wirksamt genannt. Nicki ist aber weicher und lappiger, aber auch dehnfähiger als gewebter → Samt, weil sein Unterstoff aus → Jersey hergestellt ist.

**Nickitücher** sind wieder da! Dieses modische → Accessoire der achtziger Jahre zeigt sich jetzt vielseitig. Es sind kleine viereckige Tücher, höchstens 50 x 50 Zentimeter groß. Man kann sie auf verschiedene Arten binden:

- **Luftig drapiert:** Tuch zu einem Dreieck falten, mit der Spitze nach vorn um den Hals legen, dann die Ecken im Nacken knoten und zurechtzupfen. Sieht besonders toll in Hemdblusenkragen aus.
- **Locker geknotet:** Nickituch zu einem Dreieck falten, leicht um den Hals legen, die Ecken verknoten und einschlagen. Passt zu großen Ausschnitten oder zum Abendkleid und ist fast so dekorativ wie eine Halskette.
- **Sportlich gebunden:** Dreieckstuch schmal falten, um den

Hals schlingen, einmal einschlagen – fertig. Peppt garantiert schlichte Pullis und Shirts auf.

Nickitücher wurden ursprünglich von Feldarbeitern und Handwerkern in Großbritannien und Holland getragen. Im 19. Jahrhundert benutzten Industriearbeiter sie als Halstuch oder Mundschutz. Als → Krawatten der Arbeiter gingen sie in die Geschichte ein. Modisch total angesagt waren die kleinen Viereckstücher in den 50er Jahren; sie wurden um den Hals geknotet und zu engen Pullis und → Caprihosen getragen. Als → Bandanas waren sie in den 70er Jahren ein großer Hit.

**Nightwear:** So nennt man heute Nachtwäsche wie Schlafanzüge und Nachthemden.

**Nil-Style** ist Gewickeltes und Drapiertes aus → Baumwolle, dazu schulterfreie → Tops mit tiefen → Decolletés. Raffungen werden mit Ledergürteln gehalten, dazu trägt man → Sandalen.

**Njeretics Body-Heating-System** sind Stoffe mit Wärmeregulierung, die den Körper bei starkem Frost längere Zeit warmhalten und ursprünglich für Extremsportler in Alaska entwickelt wurden: Ähnlich wie bei einer Fußbodenheizung werden bei sportiven Kapuzenjacken in Schlangenlinien vernähte → Karbonfasern von zwei Akkus (drei Stunden lang) bis zu 40 Grad aufgeheizt. Die Akkus können danach per Ladegerät wieder neu aktiviert werden. Die Jacken sind so verarbeitet, dass sie (nach Entnahme der Akkus) waschbar und reinigungsfähig sind. Solche Jacken haben natürlich ihren Preis.

**Non-Denim** ist → Kord aus einer Baumwoll-Polyester-Mischung. Schwerpunkt der Innovationen sind neue Materialfinishes im Denimbereich.

**No pilling:** Wolle und Wollstoffe werden durch ein besonderes Verfahren so bearbeitet, dass sich beim Tragen keine Knötchen bilden. → Pilling

**Noppen** sind knotige oder flockige Fadenverschlingungen, die bei → Bouclestoffen einen körnigen Griff ergeben und auch als verstreute Buntnoppen zur farblichen Auflockerung dienen.

**Norfolk-Jacken:** Typische Details sind funktionelle Rückenfalten, sportlicher Rückengurt, große → Blasebalgtaschen und Lederbesätze für Kragen und Ärmel.

**Norfolk-Rücken** nennt man ein Rückenteil mit geschwungener → Passe und → Quetschfalten bis zum Rückengürtel.

**Nubukleder** und **Veloursleder** bezeichnen verschiedene Lederarten. Bei Veloursleder ist die Rückseite (innen) samtartig geschliffen, bei Nubukleder die Narbenseite (außen) seidig. Beim Fühltest merkt man, dass Velours die rauere Oberfläche hat.

**Nutria** ist der wertvolle → Pelz einer südamerikanischen Biberratte, die in Sümpfen lebt, auch Ferkelratte genannt. Ihr → Fell ist größer als das von Nerz und wie dieser hat sie ein feines, dichtes, seidiges und bläulich gefärbtes Unterhaar. Das Oberhaar ist rotbraun. Nutria ist das einzige Pelzwerk, das auf dem Rücken aufgeschnitten wird, die Grannen (Oberhaare) werden entfernt.

**Nylon** ist eine reißfeste Chemiefaser aus → Polyamid, die durch Kondensation von Adipinsäure mit Hexamethylendiamin hergestellt wird. Nylon wird überwiegend zur Herstellung von Strümpfen, Strumpfhosen und früher auch als Oberhemden und Blusen verwendet. Der Name Nylon ist ein Gattungsbegriff.

**Nylonstrümpfe:** Wallace Hume Carothers erfand die erste Kunstfaser → Nylon und meldete sie 1937 zum Patent an. Seine Erfindung löste eine Revolution im Bereich der Werkstoffe aus – mit ihr begann die Entwicklung der synthetischen Textilindustrie. Doch den Siegeszug seiner Nylonfäden erlebte der amerikanische Wissenschaftler nicht mehr: Er beging 20 Tage nach Bekanntgabe seiner Errungenschaft Selbstmord.

Bis zu den ersten Nylonstrümpfen, die 1938 auf den Markt kamen, war es ein langer Weg. Bereits vor dem ersten Weltkrieg wurde eine künstliche Faser gesponnen, die den Namen → Rayon erhielt. Dabei handelte es sich um ein chemisch behandeltes Naturprodukt, das jedoch kein zufriedenstellendes Ersatz für → Seide war. In den 20er Jahren wurde um so intensiver nach einem Seide-Ersatz geforscht, einem Produkt, das qualitativ hochwertig, in der Herstellung jedoch preisgünstiger war. Bereits 1927 begann Dr. Wallace Hume Carothers (Chemiker) bei der Firma Du Pont de Nemours seine Suche nach der Zukunftsfaser. Vier Jahre später entwickelte er Nylon, ein → Polyamid aus Adipinsäure und Hexamethylendiamin. Es dauerte weitere

vier Jahre, bis das chemische Verfahren ausgereift war und er 1935 die ersten Nylonfäden herstellen konnte. 11 Jahre Forschungsarbeit und etwa 27 Millionen Dollar hatte das Forschungsprojekt den Chemiekonzern Du Pont gekostet. Doch der durchschlagende Erfolg bei der breiten Öffentlichkeit entschädigte für alles. Die Neuentdeckung – eine Schmelze, die Fäden zog und sich im kalten Zustand auf das Vierfache ihrer Länge strecken ließ – wurde nach ihrer chemischen Konsistenz anfangs »Fiber 66« genannt, nach langem Hin und Her entschied man sich dann für den klangvolleren Namen Nylon. Für diese sensationelle Entdeckung wurde dem Konzern 1937 das Patent erteilt, doch der Öffentlichkeit wurde sie erst 1939 vorgestellt. Nach einem weiteren dreiviertel Jahr gab es dann endlich die ersten Nylonstrümpfe zu kaufen. Hauchzart, verführerisch und bereit, die Damenmode zu revolutionieren, so präsentierte sich die Weltneuheit den begeisterten Besuchern der International Golden Gate Exhibition im Februar 1939 in San Francisco. Endlich gab es einen Feinstrumpf, der so schön wie Seide, aber um einiges haltbarer war. Nylon, die erste hundertprozentige synthetische Kunstfaser der Welt, machte es möglich.
Die Textilbranche jubelte. Es hieß, die neue Faser sei so fest wie Stahl, so zart wie Spinnweben – und billig. Kein Wunder also, dass Nylon Seide als Hauptmaterial für Wirkwaren und Unterwäsche schnell ablöste. Auch Fallschirme, Angelleinen, Bürsten und Bettwäsche wurden fortan aus Nylon gefertigt. Das Herstellungsverfahren von Kunstfasern hat sich bis heute kaum verändert: Die flüssige Masse wird durch Spinndüsen gepresst und erstarrt zu sehr dehnbaren Fäden. Ein Paar Nylonstrümpfe entsteht aus einem 6,4 Kilometer langen Nylonfaden und wird zu 3 Millionen Maschen verarbeitet.

**Nyltest** → Polyamid

**Nyltest-Helanca** → Polyamid

# O

**Offene Nähte** → Nähte, offen verarbeitete

**Öko-Tex Standard 100** ist ein international anerkanntes Prüfzeichen, beziehungsweise Gütesiegel für schadstoffgeprüfte Textilien.

**Öko-Textilien:** Als Öko-Ware wird heutzutage vieles deklariert, nur weil es aus → Baumwolle ist. Ein tatsächlicher Öko-Stoff sollte allerdings aus kontrolliert biologisch erzeugten Fasern bestehen, ohne chemische Ausrüstungen sein und keine schwermetallhaltigen Farben enthalten. Knöpfe und andere Accessoires müssen aus Nüssen, Holz, Perlmutt oder Kokos bestehen. Aus dem Etikett muss Genaueres über die Fertigung hervorgehen. Dem Wunsch der Verbraucher nach Öko-Kleidung folgen immer mehr Versandhäuser und bieten schadstoffgeprüfte Öko-Textilien an. Das Versandhaus Quelle beispielsweise bietet Produkte an, die den → Öko-Tex Standard 100 erfüllen: Alle mit diesem Label gekennzeichneten Textilien wurden von unabhängigen Forschungsinstituten entsprechend schadstoffgeprüft, das heißt auf Pestizid- und Schwermetallrückstände sowie auf hautfreundliche pH-Werte und → Farbechtheit untersucht. Diese Textilien sind deshalb besonders hautfreundlich und angenehm zu tragen.

Neuester Öko-Chic sind Kleider aus Brennnesseln! Aus den langen, gewellten Fasern, die aus Brennnessel-Stielen gewonnen werden, entsteht beim Verweben ein hautfreundlicher Stoff mit winzigen Löchern. Er sorgt für luftige Kühle und saugt Schweiß auf. Das Gewebe glänzt wie → Seide, lädt sich nicht elektrostatisch auf und ist reißfest. Durch spezielle Züchtungen gelang es, den Faseranteil der Brennnesseln zu erhöhen. So kann der Stoff natürlich, preiswert und umweltfreundlich erzeugt werden. Und keine Angst – es brennt nicht auf der Haut (Info unter www.stoffkontor-ag.de).

Bei Lederkleidung ist Vorsicht geboten, insbesondere wenn es sich um Importware handelt oder wenn man im Ausland einkaufen will. Doch da hilft einem schon die eigene Nase weiter: Riecht beispielsweise eine Lederjacke unangenehm, sollte man sie nicht kaufen, denn der Geruch kann darauf hinweisen, dass bei der Herstellung das in Deutschland verbotene Konservierungsmittel PCP benutzt wurde. → Leder mit Öko-Siegel sind dagegen empfehlenswert. Diese tragen die Bezeichnung »Öko-Info für Leder«, »SG-schadstoffgeprüft« oder »Leder, umweltgerecht hergestellt, schadstoffgeprüft«.

**Old washed** ist ein sehr heller Stoff, fast schon weiß ausgewaschen. → Jeans

**O-Linie** sind → Blousons, Jacken und lange Mäntel, die im Oberteil weit und zum Knie hin enger, also oval, geschnitten sind.

**Opa-Hose** ist eine Hose mit hohem Bund, hinten als Spitzbund. Auch mit angeknöpften Hosenträgern.

**Opaques** (franz. undurchsichtig) ist eine andere Bezeichnung für blickdicht, → »den«, → Strumpfkunde.

**Op-Art:** Dieser Begriff, auch Optical Art genannt, stammt aus den 60er Jahren und ist wieder ein aktuelles Modethema. Es handelt sich dabei um Drucke, die auf geometrischen Elementen, grafische Musterungen, Punkten, Streifen und Farbflächen basieren oder auch um asymmetrisch geschnittene Kleider, meist figurnah und knielang. Je hochwertiger das Material, desto schöner die Farben des Drucks. Ideal sind Stoffe aus → Seide, weil darauf die Musterung sehr edel wirkt.

**Optical Art** → Op-Art

**Opulenter-Look:** Großzügige Fassons in voller Länge und taillenbetont, dazu breite Patten- oder Billettaschen.

**Organdy** ist ein steifes → Transparent-Gewebe, das gefärbt, bunt gewebt oder bedruckt sein kann oder seine Musterung durch Transparentieren erhält. Beim Transparentieren wird das Gewebe vorher mit Chemikalien behandelt, die die Säure nicht zur Wirkung kommen lassen, was wiederum unbehandelte Flächen ausspart.

**Organza** ist ein → transparenter, feiner und federleichter Stoff. Durch seine leichte Steifheit hat er Stand und bringt dadurch Kleider und Blusen in Form. Die Steifheit erhält der Stoff durch aufquellend wirkende Chemikalien wie Calciumchlorid. Organza gibt es aus kostbarer → Seide, aber auch aus preiswertem Synthetikmaterial.

**Orlon** → Polyacryl

**Otberg-Stickerei** filigrane Blütenstickerei von Modedesignerin Mari Otberg, die 1998 in London ihr eigenes Label »just Mari-Ot« gründete. → Markenlabel, → Logos

**Outdoor-Jacken und -Mäntel:** Hier werden die Stoffe mal gerade, mal diagonal verarbeitet, meist mit Webkaros in Kontrastfarben.

**Outfits** → Mode-Outfit

**Outlast** ist ein Produkt mit wärmeregulierender Wirkung. Und so funktioniert's: Zwischen den Stofflagen befinden sich Mikrokapseln mit einer Art Wachs. Diese Kapseln speichern überschüssige Wärme und geben sie bei Bedarf wieder an den Körper ab – ideal also bei großen Temperaturschwankungen, beispielsweise im Winter beim Wechsel von kalten zu beheizten Räumen. Das Material ist außerdem wasch- und reinigungsbeständig.

**Outsider-Mode** ist → Mode für Außenseiter, die gern von ausgeflippten Menschen getragen wird. Auf mancher Modenschau werden Kreationen gezeigt, die für »normale« Menschen untragbar sind.

**Overall** (engl. über alles) ist ein einteiliger Anzug, der während des ersten Weltkrieges aus den USA nach Europa kam. Damals wurde er noch ausschließlich als Arbeitsanzug genutzt, in den 70er Jahren wurde er von Yves Saint Laurent zum modischen → Outfit kreiert und ist im neuen Jahrtausend wieder ein großer Hit für Trendsetter.

**Overknees** sind überlange Strümpfe, die bis über die Knie reichen und zu → Miniröcken, → Hotpants und → Shorts getragen werden. Sie sind aus feinem und aus gröberem (Rippen-) Strick und sehr oft auch mit Ringelmustern versehen. Auch lange Stiefel, die bis über das Knie reichen werden so genannt.

**Overknee-Stiefel** → Overkeens

**Overlock-Naht** ist eine Versäuberungsnaht, wird aber auch oft als Ziernaht bei Oberbekleidung eingesetzt. Man findet sie auch bei Sportbekleidung und Nachtwäsche.

**Oversized-Mode** ist legere, sehr weit geschnittene Kleidung, und wirkt absichtlich wie zu groß gekauft. Siehe auch → Jeans.

**Oxford-Karo** besteht aus breiten Balken mit heller Innenfläche. Beliebt bei sportlicher Kleidung.

## P

**Padding** nennt man wattierte Schulterpolster.

**Pagenschlüpfer** ist eine Unterhose, die bis zur Taille reicht, der Beinabschluss ist knapp angeschnitten.

**Pailletten** sind kleine runde, gelochte glitzernde, im Durchmesser zirka fünf Milimeter große, hauchdünne Metall- oder Kunststoffplättchen. Mit ihnen werden elegante Abendkleider kunstvoll verziert. Es gibt sie in den verschiedensten Farben, einzeln oder am Band aufgereiht, aber auch als → Paillettenstoff. Von Hand werden sie heutzutage nur noch aufgenäht, wenn stickereiartige Musterbilder erzielt werden sollen. Normalerweise werden sie mit speziellen Nähmaschinen aufgenäht, die nach jeder einzelnen Paillette einen kleinen Knoten bilden, damit Einzelne auch dann nicht verloren gehen, wenn der Faden reißt. Pailletten sind elastisch und brechen bei normalem Gebrauch nicht.

**Paillettenstoffe** sind gewebte oder gewirkte Stoffe mit angenähten kleinen Metall- oder Kunststoffplättchen. → Pailletten

**Paisleybluse** ist leicht → transparent, schmal tailliert, mit großem Reverskragen und mit → Trompetenärmeln ausgestattet.

**Paisleymuster** (sprich »päyslie«): Darunter versteht man orientalisch inspirierte, nierenförmige Muster, oft ornamental miteinander verbunden oder mit verschnörkelten Motiven nach persisch-indischer Art. Es kann auch als zartes, verstreutes Blumenmuster definiert werden und wird als typisches → Krawattenmuster, aber auch auf Schals und Oberbekleidung verwendet. Nach Europa kam das Paisleymuster durch Kaschmirschals, die ab 1802 in der schottischen Stadt Paisley nachgeahmt wurden.

**Palazzohosen** liegen an den Hüften eng an, haben eine überweite Beinform an den Oberschenkeln und sind bodenlang. Damit die Figur nicht gedrungen und die Beine nicht zu kurz wirken, sollten die Oberteile dazu taillenkurz bis hüftlang und eng geschnitten sein. Am schönsten wirken sie aus soft fließenden Stoffen in dezenten Farbtönen.

**Paletot** ist ein leicht taillierter, knielanger Wintermantel.

**Paletot-Stil:** Elegante Mäntel oder Jacken, die früher die Reichen trugen. Sie sind zweireihig mit geradem Sakko, kantigen Schultern und mehr oder weniger ausgeprägter Taillierung, oft aufgepeppt mit wertvoll wirkenden Steppungen oder → Samt- und Pelzkragen, auch teure Innenpelze können mit verarbeitet sein. In diese Kategorie gehören auch Mäntel und Jacken im Uniform-Stil.

**Panneaux** ist ein lose aufgearbeiteter, leicht gebauschter Überwurf, der an eleganten Kleidern zu finden ist. Von der Schulter oder der Gürtellinie herabfallend, soll er jede Bewegung der Trägerin graziös unterstreichen. Deshalb wählt man stets schmiegsame, zarte Gewebe die weich fließen oder dünne, schleierartige Gewebe wie → Organza, die ein wenig Stand haben und sich duftig bauschen.

**Pannesamt:** Panne ist der französische Ausdruck für Seidensamte, deren Flor durch Pressen oder Bügeln niedergelegt wird und deren Oberfläche durch diesen Vorgang spiegelnd-glänzend wird. Pannesamt wird meist aus Chemiefaser hergestellt.

**Pantolette** ist ein Schuh zum Reinschlüpfen ohne Fersenriemchen. Ursprünglich kommt dieser Schuh vom orientalischen Pantoffel und wurde zum eleganten Begleiter für klassische City-Mode. Es gibt Pantoletten zweifarbig abgesetzt im → Chanel-Stil, in → Leder oder → Wildleder, aus geflochtenem Material oder sportlich in → Jeans mit Lederbesatz und Steppnähten.

**Panty:** Der Begriff wird vom englischen Wort für Hose »pants« (sprich »pents«) abgeleitet und im → Dessous- und Bademodenbereich benutzt. Es sind Miederhosen oder → Schlüpfer mit kleinem angeschnittenen Bein aus formendem, elastischem Gewebe. Pantys gibt es auch mit angeschnittenen längeren Beinen, die man dann Langbein-Panty nennt. Für kräftigere Figuren gibt es auch → Bikinis und Badeanzüge mit dem typischen Pantyschnitt an den Beinen.

**Papertouch-Optik:** Hosen aus diesem Material begleitet ein feines Rascheln auf Schritt und Tritt. Der Stoff wirkt wie feines, geknittertes Papier.

**Papillon** ist ein Wollpopeline mit leichter Rippenstruktur.

**Pareo** ist ein großes viereckiges Tuch aus feinen duftigen Stoffen. Es ist die ultimative Urlaubsbekleidung. Je nach Wickeltechnik ist man damit rund um die Uhr passend angezogen. Ob lässig über den Badeanzug, als Kleid oder als Wickelrock für den Abend – ein Pareo lässt sich vielseitig verwandeln:

- **Als Minikleid:** Pareo um ein Viertel nach außen umschlagen, mit einem kleinen Knoten über der Brust schließen.
- **Als Minirock:** Das Tuch an der Hüfte verknoten, das verbleibende lange Stück auf die Hälfte einschlagen, über die rechte Hüfte legen, leicht nach unten zur Seite führen und knoten.
- **Als langer Rock:** Das Tuch nicht ganz auf die Hälfte nach außen umschlagen und an der Hüftseite leicht nach vorne versetzt knoten.
- **Als langes Kleid:** Das Tuch unter den rechten Arm führen, hier kreuzen, zur Schulter hochführen und auf der Schulter verknoten.
- **Als bodenlanger Rock:** Das Tuch im Hüftbereich von hinten nach vorne führen, in der Bauchmitte verknoten.

**Pariser Chic:** Typisch für diesen Modestil ist seine schlichte Eleganz. Die Modeschöpferin Coco Chanel machte den einst sehr exklusiven Pariser → Couture-Stil auch für »normale« Frauen tragbar. Kleine → Kostüme und mehrreihige Perlenketten wurden zu ihrem Markenzeichen. Ein Beispiel für »Pariser Chic« im Jahr 2002 waren zweiteilige Kleider.

**Parka** ist eine wetterfeste, sportliche Kurzmantelform. Früher gab es ihn nur in Natogrün und wurde als Wetterjacke beim Militär getragen.

**Paschmir** ist ein ganz edler → Kaschmirstoff.

**Pashmina-Schal** ist ein rechteckiges Schaltuch mit → Fransen an den kürzeren Seiten. Sie sind aus feinsten Materialmischungen wie → Kaschmir, → Wolle oder → Seide. Wie eine → Stola um die Schultern gelegt, halten sie schön warm, sind dekorativ und passen sowohl zur Winter- als auch zur Übergangsmode.

**Pashminawolle** wird seit Jahrhunderten von den Bewohnern des Himalaya für die Herstellung von Bekleidung genutzt und zählt, da sie nur in ganz geringen Mengen vorkommt, neben der

→ Naturseide zu den wertvollsten Materialien in der Textilbranche. Bei der echten Pashmina-Wolle handelt es sich um einen weichen Flaum, der sich zwischen den Haaren der Chyangra-Bergziege bildet. Die kleinen Fasern werden herausgezupft und richtungsgleich zu einem Vlies gekämmt. Das Rohmaterial wird erst mit Gebirgswasser gereinigt und dann versponnen. Anschließend färbt man die Wolle ein und webt sie auf Holzwebstühlen zu Schals. Weil diese Herstellungsvorgänge sehr aufwändig sind und von Hand ausgeführt werden, machen sie jeden Schal zu einer echten und auch teuren Kostbarkeit.

**Paspeln** nennt man schmale, farblich hervorstechende → Borten in Form eines kleinen Wulstes. Oder Tressen und Schrägbänder, die an Nähten und Rändern von Kleidungsstücken an- oder eingenäht werden.

**Passe** ist ein Stoffteil, das bei Kleidungsstücken im Bereich der Schultern angesetzt wird.

**Patchwork** kommt aus den USA und heißt Flickwerk. Gemeint ist damit ein Flickwerk aus Stoffen, das aus verschiedenen Materialien, Farben, Formen und Mustern harmonisch aneinander genäht wird. Einst machten Siedlerfrauen damit aus der Not eine Tugend und nähten Stoffreste in verschiedenen Größen zu Decken zusammen. In der → Mode ist diese Technik vor allem beim → Hippie-Look wiederzufinden.

**Patchwork-Bikini:** → Top und → Slip sind aus verschiedenen Farben oder Formen.

**Pattentaschen** sind Tascheneingriffe an Anzügen und Mänteln, die mit Klappen bedeckt sind.

**Peccary** ist ein besonders hochwertiges Wildschweinleder, meist sämisch gegerbt. Daraus werden unter anderem Lederknickerbocker für Jäger gefertigt.

**Peletta** ist der Markenname für eine Gruppe besonders weicher und natürlich wirkender → Nappaleder-Imitationen. Es ist ein vollsynthetisches Material, entweder aus → Polyamid oder → Polyester, jeweils mit einer Schicht → Polyurethan auf der Oberseite. Das Material kann genau wie echtes → Leder geprägt werden und so auch einen Matt- oder Glanzeffekt bekommen. → Mode aus Peletta ist allerdings nicht ganz billig, dafür aber unempfindlich und – falls es das Innenfutter zulässt – bei 30 Grad im Schongang waschbar (aufs Pflegeetikett achten!). Bügeln sollte man es mit einem Tuch auf der Innenseite.

**Pelz:** Worin unterscheidet er sich vom → Fell? Alle Säugetiere (außer denen, die im Wasser leben) sind behaart. Ist die Haarpracht sehr kurz, beispielsweise beim Pferd, spricht man von einem Fell. Ein längeres Haarkleid wie beim Schaf wird als Pelz bezeichnet. Der Pelz besteht meistens aus zwei Schichten: Die obere ist wasserabweisend, die untere wärmend.

**Pelzborten** peppen Kleidungsstücke auf. Fertige Pelzborten haben meist eine versäuberte Kante. Sie werden von Hand mit Vorstichen aufgenäht.

**Pelzimitat,** auch → Funfurs genannt, ist ein → Webpelz und sieht dem echten Pelz täuschend ähnlich. Tierfellimitationen, gleich welcher Herstellungstechnik, sind leichter und weniger pflegeintensiv als echte → Pelze. Es gibt sie als Ozelot, Persianer, Leopard, Zebra, Babylamm, Seehund, Kuhfell und anderen → Designs. Die Imitationen sind im Vergleich zu Echtfellkleidung preiswerter, waschbar und schützen außerdem die Tiere. Generell müssen Webpelze fellartig, leicht, weich und im Warenbild hochwertig sein. Die Verarbeitung von Tierfell-Imitationen ist beispielsweise in Frankreich schon lange üblich, in Deutschland und in der Schweiz kamen sie in den 80er Jahren immer mehr in Mode – nicht zuletzt wegen der stärker werdenden Tierschützer-Front, durch die das Tragen echter Pelzmäntel zeitweise regelrecht geächtet war.

**Pelzvelours** ist geschliffenes Schaf- oder Lammfell von echten Tieren, bei dem die Wollseite innen verarbeitet wird. Es wärmt besonders gut und wird deshalb gern für → Schuhe, Stiefel, Mäntel und Jacken verarbeitet.

**Pencil-Skirt** ist ein schmaler Rock aus elastischen Stoffen und etwa 65 Zentimeter lang.

**Pepita** (span. »klein«) sind Stoffe mit Minikaros, die meist schwarz-weiß, hell-dunkel oder mehrfarbig sind. Die etwa zwei bis drei Millimeter großen → Karos entstehen durch die Verwendung verschiedenfarbiger Garne. Die Gewebe sind meist in Leinwandbindung hergestellt und können aus → Baumwolle oder Mischgarnen sein. Große Pepitamusterungen werden auch → Rouen (sprich »ruon«) genannt.

**Perlfang** ist eine Stricktechnik für grobe, sportliche Strickmode.

**Perlmuttknöpfe** sind aus den inneren Schalen-Schichten von Meeres- und Flussmuscheln gedreht. Diese Perlmuttschicht besteht aus mikroskopisch feinen, aufeinanderliegenden Kalkplättchen, die sich in schillernden Farben zeigen, wenn das Licht auf sie fällt. Es gibt auch bereits täuschend echte Imitationen aus Kunststoff.

**Perlon** ist ein geschütztes Warenzeichen für ein Chemiefaser-Fertigprodukt. → Polyamid

**Permanent press** ist ein Sammelbegriff für Veredelungsmethoden, die Stoffe knitterarm machen. Ursprünglich verstand man darunter nur jene Verfahren, die für die Formerhaltung bei Baumwollgeweben eingesetzt wurden. Mittlerweile wird der ungeschützte Gattungsbegriff auch für Gewebe benutzt, die einen hohen → Synthetik-Anteil aufweisen (besonders → Polyesterfasern) und denen nicht nur → Baumwolle, sondern auch Viskosefasern beigemischt sind.

**Pescura** nennen sich die neuen Kult-Treter aus Holz, die man aus den 60er Jahren als flache Holzklepper mit Lederlasche über dem Vorderfuß kennt.

**Petticoat** ist ein weiter Spitzen-Unterrock – meist mit vielen Lagen → Tüll – der Kleider nach unten weit abstehen lässt. Heute ist er wieder in → Mode und wird auch als separates Kleidungsstück mit knappen → Tops oder Jeansbustiers getragen. Oder ganz ursprünglich als Unterrock, wobei man den mit → Spitzen besetzten Saum hervorblitzen lässt. Besonders beliebt ist der Petticoat bei Trachtenmode.

**Pfeffer-und-Salz-Muster** ist ein winzig kleines Muster, das in schwarzweiß, grauweiß oder braunbeige gehalten ist – ähnlich wie → Pepita, nur etwas ruhiger in der Optik. Es entsteht durch abwechselnd helle und dunkle → Kett- und Schussfäden, im Stil klassisch, sportlich elegant und ist als Kostümmuster vielseitig einsetz- und kombinierbar. Außerdem sieht man darauf nicht gleich jeden Fleck. Stoffe in diesem Muster waren in den 60er Jahren der Hit.

**Pflegeleicht** nennt man Stoffe, die die Fähigkeit besitzen, Schmutz oder Flecken fernzuhalten. Sie sind außerdem waschbar (auch in der Waschmaschine), knitterarm, → bügelfrei und schnell trocknend.

**Pikee** ist ein → Doppelgewebe, meist aus → Baumwolle mit plastischer Musterung aus kleinen Quadraten.

**Pilling:** Darunter versteht man das Auftreten kleinster Faserknötchen, die sich beim Scheuern auf der Oberfläche von Geweben und Maschenwaren aus verschlungenen Fäserchen bilden und haften bleiben. Die auch »Pills« genannten knötchenartigen Faserballungen werden selten größer als zwei Millimeter.

**Pilotenjacke** ist ein sportlicher Jackentyp, der aus glatten Stoffen, echtem → Leder oder Lederimitaten hergestellt wird. Typisch für derartige Jacken sind die groben, diagonal verlaufenden Reißverschlüsse.

**Pilot-Look:** Die Pioniere der Luftfahrt sind die Vorbilder für → Blousons, → Cargo-Hosen, Flieger-Overalls und → Westen in Survival-Optik. Die Farben reichen von Beige, Khaki und Oliv bis hin zu silbrigem Grau. Die verwendeten Stoffe reichen vom edlen → Satin bis hin zur sportlichen → Baumwolle. Details wie viele auffällige Reißverschlüsse, Schnallen, Metallringe und Ösen passen perfekt dazu.

**Pin-up-Drucke** sind sexy Fotomotive, die auf → T-Shirts, → Tops oder Kleidern aufgedruckt werden.

**Piratenhose** → Caprihose

**Placed** → Jeans

**Plaid-Look:** Abgeleitet von den Plaidwolldecken werden heute auch Röcke in Karomuster angeboten, an deren Saum → Fransen angebracht sind.

**Plastron** ist ein latzartiger Einsatz in Blusen, Kleidern und Hemden.

**Plateau-Sandalen** sind → Plateauschuhe in einer leichteren, sommerlichen Ausführung, oft mit Korksohlen.

**Plateauschuhe** sind Schuhe mit extrem klobigen Absätzen und Sohlen, die in den 70er Jahren sehr modern waren. Heute sind sie wieder angesagt und zwar als dickere Sohlen mit Keilabsatz. Nach Ansicht eines Pegnitzer Arztes sind diese → Schuhe schuld daran, dass Frauen häufig über starke Bein- und Rückenschmerzen klagen. Immerhin kann ein solcher Schuh bis zu 1100 Gramm wiegen – legt man damit täglich etwa vier bis fünf Kilometer zurück, ergibt sich eine Belastung von mehr als sechs Tonnen. Auch Verletzungsgefahr droht, da die Knöchelgelenke sehr belastet werden, man kann den Fuß nicht richtig abrollen und leicht umknicken.

**Plissee** (franz. gefaltet) bezeichnet dauerhaft in schmale Fältchen gelegtes Gewebe. Da diese Fältchen in den Stoff gepresst werden, eignen sich nur Materialien mit hohem → Polyester-Anteil (mindestens 20 Prozent). Es gibt spezielle Plissieranstalten, Adressen zum Plissieren sind bei Burda Moden, Postfach 1740, 77607 Offenburg zu erfragen oder direkt bei der Firma Kliss, 77948 Friesenheim.

**Plüsch** gehört eigentlich zu den Samtstoffen, er unterscheidet sich aber durch seinen viel längeren, oft mehrere Zentimeter hohen Flor.

**PolarSkin** ist ein neuer Superstoff. Er erinnert an → Wildleder mit gewachsenem Lammfell und ist doch aus Kunstfaser – ein High-Tech-Material aus → Polyacryl und → Polyester auf höchstem Niveau: atmungsaktiv, waschbar und reinigungsbeständig. Ultrafeine → Mikrofaser aus → Polyester werden für die wildlederähnliche Außenseite zu einem dichten Gewebe verarbeitet, das wasserabstoßend ist. Der Acrylflor der Fellinnenseite ist durch eine spezielle Technik fest mit der gewirkten Rückseite verbunden.

**Po-Lifter** ist eine Miederhose besonderer Art: Vorn ist das Höschen mit elastischem Miedertüll verstärkt, hinten hebt eine stützende Quernaht das Gesäß an – das ergibt im Handumdrehen einen knackigen Po.

**Polkados** nennt man große → Tupfen-Muster auf leichten Sommerstoffen.

**Polohemden, Poloshirt:** Anfang des 20. Jahrhunderts wurden sie in Indien erstmals bei Polospielen getragen. Angeblich hatte ein Maharadscha die Spieler dazu angeregt. In den 30er Jahren galt es dann als die typische Tennisbekleidung. Das von Tennisspieler René Lacoste entworfene → Polohemd mit dem grünen Krokodil ist auch heute noch ein echter Klassiker (→ Logos).

**Polyacryl** ist eine Chemiefaser, die sich wegen ihrer attraktiven Optik und guten Pflegeeigenschaften nicht nur in der Bekleidungsindustrie durchgesetzt hat, sondern auch viel als Dekorationsstoff verwendet wird. Typische Eigenschaften von Polyacryl sind hohes Bauschvermögen, gute Wärmerückhaltung, höchste Licht- und Wetterbeständigkeit, geringe Feuchtigkeitsaufnahme, gute Knittererholung, außerdem ist es thermoplastisch, also unter Hitzeeinwirkung formbar. Die Reiß- und Scheuerfestigkeit von Polyacrylen ist nicht ganz so hoch wie die der → Polyamide, und in nass-heißem Zustand wird ihre Formbeständigkeit beeinträchtigt, deshalb sollte die Waschtemperatur nur 30 bis 40 Grad Celsius betragen. Texturierte Garne aus Polyacryl sind weich im Griff und dezent im Glanz. Als Spinnfasergarne werden sie allein oder gemischt mit Wolle oder → Polyesterfasern zu Kleider- und Anzugstoffen verarbeitet. Als Hochbauschgarne dominieren sie bei → Pullovern, Stickjacken und Sportstrümpfen. Flauschige Garne aus Polyacryl verwendet man für leichte Einknöpffutter und → Webpelze oder auch als angenehm wärmende Schlafdecke. Die bekanntesten Markennamen für Polyacryl sind: Acribel, Acrylan, Crylor, Dolan, Dralon, Orlon.

**Polyamid:** Der Begriff »Poly« kommt aus dem griechischen und heißt »viel«, was darauf hindeutet, dass es sich bei diesen Fasern um lange, kettenförmige Molekülverbindungen handelt. Würde es nur deutsche Polyamide geben, käme man mit den beiden Begriffen → Perlon und → Nylon aus, wobei »Perlon« ein geschütztes Warenzeichen und »Nylon« ein Gattungsbegriff ist. Polyamidfasern sind thermoplastisch, das heißt unter Hitzeeinwirkung formbar. Typische Eigenschaften sind hohe Reiß- und Scheuerfestigkeit, gute Formhaltung und Elastizität sowie hohe Zugfestigkeit im trockenen wie im nassen Zustand. Sie sind außerdem knitterbeständig und nehmen wenig Wasser auf. Auch ihre Lichtbeständigkeit ist gut, aber nicht so hoch wie bei → Polyacrylfasern, und der lästigen statischen Aufladung rückt man mittlerweile durch antistatische Substanzen in der Spinnmasse zu Leibe. Als glatte → Filamentgarne eignen sich Polyamide für Wetterschutzkleidung und Regenschirme, als texturierte Garne garantieren sie perfekten Sitz von der Skihose bis zum Badeanzug. Auch bei Miederwaren, Trikotagen, Wäschebatisten, Futter- und Kleiderstoffen werden Polyamide häufig verwendet, Damenstrümpfe und zarte, hautangenehme Strumpfhosen wären ohne sie nicht möglich. Als Spinnfasergarne liefern Polyamide auch den Flor für → Pelzimitate. Mischgarne erhöhen schon mit einem Anteil von 15 bis 20 Prozent die Gebrauchstüchtigkeit zum Beispiel bei Herren-, Sport- und Kinderstrümpfen.

**Polychloridfaser:** Der Markenname lautet Rhovyl; typische Eigenschaften sind eine sehr hohe chemische Beständigkeit, sie quellen im Wasser nicht auf, sind gegen Feuchtigkeit unempfindlich und haben eine sehr gute Isolierfähigkeit. In der Textilverarbeitung eignen sich Polychloridfasern besonders für Schutzkleidung, wie auch für → Webpelze und → Plüsche. Rheumatiker schätzen diese Chemiefaser als Leibwäsche, da sie trockene Wärme vermittelt. Ihre Wärmebeständigkeit ist allerdings nicht sehr hoch, daher sollte man auf eine Waschtemperatur von 40 bis 60 Grad achten.

**Polyester** ist eine vielseitige, vollsynthetische Chemiefaser. Sie ist geschmeidig, weich knitterarm, elastisch, schnell trocknend und zeichnet sich durch große Trocken- und Nassfestigkeit sowie ein sehr gutes Dehnungsverhalten aus. Durch ihre hohe Lichtbeständigkeit, auch im nassen Zustand, eignet sie sich besonders für Gardinen und Markisenstoffe. Die Reiß- und Scheuerfestigkeit von Polyester ist geringer als bei → Polyamiden, dafür ist es temperaturunempfindlicher und verträgt dadurch höhere Bügeltemperaturen. Im Griff ist Polyester gegenüber den weichen Polyacrylfasern härter und kerniger. Die glatten → Filamentgarne werden bei Kleider- und Futterstoffen als Kettgarn eingesetzt, für das Schussgarn werden texturierte Garne verwendet. In der → Wirkerei und Stickerei ist Polyester ein fester Bestandteil für leichte bis mittelschwere Maschenware (→ Jersey) bei Damen- und Herrenbekleidung.

In der Oberbekleidung wird Polyester meist in einer Mischung mit 45 Prozent → Schurwolle verarbeitet. Ein 35 prozentiger Baumwollanteil wird für Hemden, Blusen, Berufskleidung, Kleiderstoffen, Wäschebatisten und Trikotagen verwendet, genau wie bei → Popeline-Mänteln und → Anoraks, → Modalfasern enthalten dagegen schon 50 Prozent → Baumwolle. Stoffe aus reinem Polyester kommen für → Krawatten und Unterwäsche zum Einsatz, aber vor allem auch für Freizeitbekleidung – wegen der guten Pflegeeigenschaften sind Kleidungsstücke aus diesem Material ideal für den Urlaub.

**Polynosefasern** sind besonders zur Mischung mit → Baumwolle geeignet, lassen sich gut einfärben und halten auch einer Mercerisier-Behandlung stand. → mercerisieren

**Polynosic** ist eine hochwertige, → pflegeleichte Stoffqualität. Meist besteht das Material aus einem → Modal- und → Polyester-Gemisch. Durch spezielle Oberflächenbehandlung bekommt der Stoff einen seidigen Griff und fließenden Fall und ist sehr angenehm auf der Haut. Die Trageeigenschaft ist vergleichbar mit → Viskose, allerdings etwas fester und weniger dehnbar. → Polynosefasern haben als Vorbild die Lilienfeldseide, sie werden aus → Zellulosefasern hergestellt und haben eine hohe Festigkeit in nassem Zustand. Polynosic ist ein Markenprodukt mit dem Zeichen des fünffachen »P«, das nur qualitätsgeprüften Fasern verliehen wird.

**Polyurethan** ist das Ursprungsmaterial für in sich dehnfähige Textilfäden und gehört in die Gruppe der Schaumstoffe (zum Beispiel Moltopren). Es ist eine deutsche Erfindung. Aus Polyurethan-Schaumstoffen lassen sich Schaumstoff-Schnittfäden herstellen, die zur Erhöhung ihrer Scheuer- und Reißfestigkeit mit feinen, festen Garnen umsponnen werden. Sie eignen sich auch als Ersatz von Gummi.

**Poncho** ist ein ärmelloser Überwurf mit Schlitz für den Kopf und ein adäquater Mantelersatz. Es gibt ihn in vielen Variationen.

**Poor-Look** heißt wörtlich übersetzt »Armen-Stil« und steht für Kleidung, die mit Löchern versehen wurde, Außennähte hat und in schmuddeligen Farben, verwaschen oder verfärbt angeboten wird.

**Popeline** ist ein Gewebe mit feinen → Kettfäden und etwas gröberen → Schussfäden, wodurch eine gerippte Querstruktur entsteht.

**Posamente** nennt man Schmuckzubehör wie → Borten, Bänder und Schnüre für Dekorationsstoffe.

**Powerstretch** nennt man Stoffe, die Querelastizität aufweisen. Derart elastische Materialien erhöhen den Tragekomfort und machen Kleidung figurbetont und sexy.

**Prêt-à-porter** ist französisch und heißt »fertig zum Tragen«.

**Pre-washed** ist ein Verfahren, bei dem der Stoff vor der Verarbeitung gewaschen wird. Dadurch wird er einlauffest und etwas heller und das Kleidungsstück wirkt nicht mehr so neu und steif. Dieses Verfahren ist echtfarbigen Stoffen vorbehalten.

**Princessform:** Schnitt für Kleider oder Damenmäntel, der aus durchgeschnittenen Stoffbahnen zusammengefügt wird.

**Prinzessinnen-Pantoffeln** sind Trendschuhe der französischen Marke Babouche – in Paris kreiert, in Marokko gefertigt. Sie sind aus → Seide, → Brokat, → Baumwolle oder Schlangenhaut, laufen vorne spitz zu, haben eine nach innen umgelegte Kappe und erinnern an das feine Schuhwerk arabischer Prinzessinnen. Man trägt sie zu → Bloomers im Orient-Look.

**Pucci-Muster:** → Designer Pucci prägte das Modebild der 70er Jahre entscheidend mit. Sein Markenzeichen waren grafische Formen in kontrastarmer Farbigkeit, verfremdet oder auch miteinander vermischt. Heute wieder trendy bei Blusen und Hosen.

**Pulli-BHs** sind ideal unter figurbetonender Maschenmode. Sie haben doppelt gearbeitete Körbchen, meist aus glattem Material, und keine Nähte – sind also gemoldet (→ Büstenhalter, gemoldet). Effekt: Der Busen hat eine perfekte Form, die Brustwarzen zeichnen sich nicht ab.

**Pullover** bedeutet wörtlich übersetzt »zieh über«.

**Pullunder:** Früher war er der Schrecken der Teenager, heute ist er ein modischer und wärmender Begleiter für Blusen oder Hemden. Er wird gern im → College-Look getragen, das heißt: kurz und knapp mit breitem taillenbetontem Bündchen und langgezogenem → V-Ausschnitt. Der Pullunder ist ein beliebter Musterträger, insbesondere die Burlington-Raute ist wieder modern. Allerdings segelt das Wort Pullunder an seiner Bedeutung vorbei, denn man zieht diese Strickware über etwas und nicht drunter, wie der Name vielleicht suggeriert. In England ist der Pullunder ein Teil der Schuluniform, aber ein Kleidungsstück mit dem

Namen kennt man dort nicht. Die Engländer nennen es → Tank-Top oder Slipover.

**Pumphosen** → Bloomers

**Pumps** (sprich »pömps«): Traditionelle Pumps hatten einen höheren Absatz und waren geschlossen. Doch die → Mode hat sich gewandelt – so gibt es Pumps heutzutage mit verschiedenen Absatzformen, als sexy → Pantoletten, → Sling- oder Riemchen-Pumps. Sie sind das I-Tüpfelchen zu schmalen → Kostümen, figurbetonenden Kleidern und engen Röcken, sehen aber auch zu Hosen elegant aus. Dieser Schuh streckt das Bein optisch und behauptet sich seit 400 Jahren: Die ersten Pumps wurden im 16. Jahrhundert Mode – und nur von Männern getragen! Der Name entstand durch das dumpfe Geräusch (»pöm-pöm«), das die damals flachen → Slipper auf gebohnerten Fußböden machten. Im 19. Jahrhundert leitete man den Namen von den »Pumpern«, den Pferdekutschern, ab. Sie trugen einen speziellen Schuh mit hohem Absatz, weil sie damit besonders gut die hydraulische Lenk-Mechanik ihres Wagens bedienen konnten. Gleichzeitig wurde der Pumps dann als Tanzschuh zu → Frack oder → Smoking getragen. Seit den 20er Jahren werden Pumps als klassische Damenschuhe getragen – je nach Material, Absatzhöhe und Form zu eleganter oder sportlicher Kleidung.

**Purity** ist ein Strumpfhosenmodell der Firma Falke. Da sie ohne Naht und → Zwickel gearbeitet ist, zeichnet sie sich nicht unter enganliegenden Röcken oder Hosen ab.

**Push-up** ist ein → BH, der durch einlegbare Polsterkissen die Brust anhebt und üppiger erscheinen lässt. → Wonderbra.

**Pyjama:** Ursprünglich stammt er aus Persien (pajdschama = Hose) und wer statt Schlafanzug Pyjama sagt, kann sich brüsten, den indischen Dialekt Hindi zu beherrschen, denn dort heißen »Paejama« locker um die Hüften geknotete Hosen. Englische Kolonialherren brachten die zweiteilige Konkurrenz des Nachthemds Mitte des 18. Jahrhunderts nach Europa – bis dahin hatten die Herren der Schöpfung Nachthemden getragen. Um 1920 entdeckten auch Frauen die Vorzüge des bequemen Schlafanzugs.

## Q

**Qiana** → Polyamid

**Queenie-Absatz** ist eine oben breite, unten schmale und nicht besonders hohe Absatzform bei → Pumps, die sich an die höfische Schuhform von einst anlehnt.

**Quetschfalten** sind enge, tiefe Falten, die gegeneinander angelegt sind.

## R

**Radlerhose:** Sie liegt eng an, reicht bis zum Knie und wird sowohl in der Freizeit, wie auch beim Fahrradfahren getragen. Sie ist die kurze Variante einer → Leggins.

**Raglan:** Raglanärmel verlaufen vom Halsring quer über die Brust und schräg über den Rücken bis zum Armloch. Ärmel- und Schulterteil sind in einem Stück geschnitten beziehungsweise gestrickt.

**Ramie** ist eine → Zellulosefaser. Sie wird aus Chinagras gewonnen und ist eine strapazierfähige, leinenähnliche → Bastfaser. Bei Oberbekleidung wird Ramie hauptsächlich mit → Baumwolle zu einer Naturfaser-Mischung mit vielen guten Eigenschaften verarbeitet: Sie ist atmungsaktiv, strapazierfähig, nimmt Feuchtigkeit gut auf und ist deshalb angenehm kühl auf der Haut. Modisch aktuell ist die charakteristische → Leinen-Struktur und der edel wirkende Mattglanz. Kleidung aus Baumwoll-Ramie ist bis 30 Grad waschbar (Pflegeetikett beachten), sollte nur schwach geschleudert und von links gebügelt werden.

**Rapport** ist ein sich regelmäßig wiederholendes Web- und Druckmuster.

**Rauchware** oder Rauchwerk ist die Bezeichnung der Kürschner für → Pelze. Das Wort kommt aus dem Mitteldeutschen – »Rauch« bedeutete weich und griffig.

**Rauhleder,** beziehungsweise → Veloursleder wird oft mit → Wildleder verwechselt, dabei gibt es große Unterschiede: Rauhleder stammt von Ziegen, Schweinen oder Rindern, Wildleder dagegen von Häuten wildlebender Tiere wie Elchen oder Hirschen.

**Rayon** oder auch → Kunstseide nannte man früher → Zellwolle oder Viskose-Spinnfasern. Der Begriff »Rayon«als Stoffbezeichnung wurde international in Viskose geändert. → Viskose trägt sich zwar sehr angenehm, knittert aber leider stark und muss immer gebügelt werden.

**Redingote-Stil:** Der Begriff kommt ursprünglich aus der englischen Herrenmode des 18. Jahrhunderts. So nannte man damals ein- oder zweireihige Mäntel, vergleichbar mit den langen Reiterröcken aus dem 19. Jahrhundert. Typisch beim Redingote ist das figurbetonende Oberteil sowie die erhöhte Taillierung durch → Wiener Nähte, welche nach unten in einem beschwingten Saum auslaufen. Diese Mantelart ist aus durchgehenden Stoffbahnen gefertigt, knöchellang, meistens doppelreihig geknöpft und hat einen kleinen Reverskragen.

**Regular fit** (sprich »regjular fitt«) ist eine Jeans, die von oben bis unten gerade geschnitten ist und an der Hüfte eng sitzt. → Jeans

**Reißverschluss,** erfunden 1893 von einem amerikanischen Ingenieur, der an einem genialen Verschlusssystem tüftelte, weil er zu faul war, seine → Schuhe zu binden. Seitdem ist der Reißverschluss aus der Welt nicht mehr wegzudenken – von Kleidungsstücken bis zur Campingausrüstung wird er überall eingesetzt.

**Reißwolle** → Altwolle

**Reiter-Look:** Dazu gehören schmale Hosen mit sportlicher Knieverstärkung, Weste, → Gehrock und kniehohe Stiefel mit engem Schaft – entweder sportlich, weiblich, lässig oder auch schlicht. Als Stoffe werden meist → Kord, Stepp, → Fleece oder → Loden verwendet.

**Relaunch-Produkte:** Mittelklasse-Mode mit Markennamen. Immer mehr Hersteller bieten preiswerte Waren im vergleichsweise hochwertigem Ambiente an, damit sich auch Normalverdiener Markenklamotten leisten können.

**Renforce** ist ein Baumwollgewebe in Leinwandbindung.

**Retro-Look:** Retro ist die Fachbezeichnung für → Mode, die schon einmal da war. → Designer lieben es, alte Modestile neu zu beleben, sie greifen gern auf Stoffmuster, Schnitte und Farben zurück, die schon einmal modern waren. Auch der Kinohit Pearl Harbour setzte einen Trend: Kleider im Stil der 40er Jahre waren dadurch wieder angesagt – weit schwingende Röcke, bunt bedruckte Stoffe, verführerisch tiefe Ausschnitte. Dazu passend knallroter Lippenstift und Perlenkette.

Vergangene Jahrzehnte beeinflussen immer wieder aufs Neue die Kollektionen der aktuellen Mode – besonders erfolgreich sind Retro-Trends, wenn sie nicht einfach nur kopiert, sondern dem Zeitgeist entsprechend interpretiert werden. Hier ein kurzer, chronologischer Rückblick:

- Die Mode der 80er wird gerade jetzt, Anfang des 21. Jahrhunderts, gerne zitiert und ist ein großes Thema beim → Business-Look für Frauen. Hosenanzüge und → Kostüme spielen eine wichtige Rolle – breite Schultern, teilweise mit Polstern, sowie Baumwollblusen und Röcke in Knielänge. Dieser Stil wirkt sexy und feminin.
- Vom Ende der 70er Jahre haben uns → Schlaghosen, → Plateau-Treter, → Hipster-Shorts, → Triangle-Tops, Ringelshirts und blumige Polyesterblusen wieder eingeholt – heute vor allem beliebt bei jungen Frauen.
- Der Edelpunk der 70er Jahre überliefert körpernahe Silhouetten. Wichtige Details sind die englische Flagge als → T-Shirt-Druck, Nieten an Jacken und Hosen, → Bleaching im → Domestos-Stil, Sicherheitsnadeln und Ansteck-Buttons. Auch → Denim in den Waschungen von bleached bis dark ist wieder »in« – das gilt nicht nur für Hosen, sondern auch für Mäntel, Jacken und → Shirts.
- Bei den Inspirationen aus den 50er und 60er Jahren geben Amerika, Hawaii und Rock 'n' Roll Impulse. Wichtig sind Blousonjacken und Baumwollblusen mit großen, aufgedruckten Zahlen. Hosen werden mit sportlichen Gürteln getragen, → Shirts mit Lochmustern. Auch Kontraststreifen spielen eine große Rolle. Bei den Farben dominieren Beige, Hellblau und Rosa, Rot gilt als die Trendfarbe. Materialien sind → Leinen, → Wildseide und → Satin, die untereinander auch gemixt werden. Sehr wichtig sind Kleider, entweder

als Mini oder auch knieumspielend. Blumen und Blätter werden großflächig auf Shirts und Blusen gedruckt.

- Aus den 40er und 50er Jahren kommen grafische Drucke, sowie → Karos und → Tupfen in allen Größen. Asymmetrische Linien, teils mit Blumen versetzt, → Multicolor- und → Nadelstreifen sind aus diesem Modetrend nicht wegzudenken. Hosen sind eng, schmal und sitzen auf den Hüften. Wichtige Details sind Raffungen an Schultern, Armen oder Bündchen.

**Reversible** sind Stoffe, deren Vorder- und Rückseite sehr unterschiedlich sind, also beispielsweise eine kreppartige, matte Oberseite zusammen mit einer glänzenden, glatten Unterseite. Beide sind jedoch als rechte Seite verwendbar.

**Rhodia** → Acetat

**Rhonel** → Acetat

**Rhovyl** → Polychlorid

**Ridikül** ist ein veralteter Ausdruck aus dem Französischen und bedeutet lächerlich. Im 18. und 19. Jahrhundert waren Ridiküls Handtaschen oder Strickbeutel, die um die Hand oder den Arm geschlungen wurden.

**Rinsed washed** → Jeans

**Rippenstrickstoff** ist ein dehnbarer → Strickstoff, erzeugt durch Wechsel von rechten und linken Maschen.

**Rips** ist ein Gewebe mit plastischen Rippen, meist in Querrichtung.

**Rocker-Look** kombiniert → Leder mit Nieten.

**Rockkauf,** worauf man achten sollte:

- Bei jeder Rocklänge sollte man darauf achten, dass der Saum an der schmalsten Stelle des Beines endet. Dieser kleine Trick lässt die Beine optisch schlanker wirken.
- Wenn man vom Körperbau her eher gerade gewachsen ist, dann sollte man keine weit ausgestellten Röcken tragen.
- Bei kleinen Frauen sorgen knieumspielende Modelle für die richtigen Proportionen. Maxiröcke lassen sie meistens noch kleiner erscheinen.

**Rocklänge messen:** Bei Röcken wird die Seitenlänge ohne Bündchen von der Taille über die Hüfte senkrecht bis zum Saumabschluss gemessen. Am besten misst man bei einem vorhandenen, gut sitzenden Rock, bevor man zum Beispiel. im Versandhaus bestellt.

**Röhre** → Jeans

**Rohseide:** Ursprungsland der Seide ist China. Die Seidenraupen sind etwa 10 Zentimeter groß und haben im Kopf Drüsen, die eine Flüssigkeit absondern. Diese Flüssigkeit erstarrt an der Luft zu Fäden. Die Raupe bildet aus den Fäden einen sogenannten Kokon, das heißt, sie wickelt sich darin ein. Diese Kokone werden später abgespult und bearbeitet. Die Feinheit und Gleichmäßigkeit des Fadens schwankt – er ist am Anfang dicker und am Ende dünner – daher ist der Webcharakter der Rohseide oft unterschiedlich stark. Die Rohseide hat einen matten Glanz und festen Griff, denn sie wird im Gegensatz zur glänzenden, weichen → Seide nicht chemisch gesäubert. In vielen Fällen lässt man der Rohseide ihre Naturfarbe.

**Roller-Sneaker** sind Joggingschuhe mit ausklappbaren Rollen. Zwei einfache Handgriffe und aus der Sohle eines scheinbar normalen Sportschuhs klappen Hartplastik-Rollen heraus, ähnlich wie das Fahrwerk eines Flugzeugs.

**Romanit-Jersey** ist eine doppelflächige schwere Maschenware, die nur leicht dehnbar ist und auf beiden Seiten rechte Maschen aufweist. Meist aus hochwertiger → Schurwolle.

**Rouen** → Pepita

**Rubbelkord** ist ein Rippensamt, der nicht nur vorgewaschen, sondern auch gegen den Strich gebürstet worden ist, was das etwas verworrene Oberflächenbild hervorruft.

## S

**Sabots** (sprich »sabos«) sind Pantoletten in eleganter, spitzer Form, die einen kleinen Absatz haben und vorne geschlossen sind. Diese Schuhform ist eine gelungene Mischung aus → Slipper und → Pantolette – durchaus cityfein und ein Hit bei gebräunten Beinen. Sabots mit flacher Sohle sehen wie Schlappen aus, man trägt sie zu langen leicht ausgestellten Hosen und zu → Jeans. Mit Absatz passen sie zu Capri- und 7/8-Hosen oder zu

Röcken in knieumspielender Länge. Neben schlichten Modellen aus feinem → Nappaleder gibt es Sabots auch mit Kroko- oder Schlangenprägung, aus → Patchwork, im → Cowboy-Look oder folkloristisch aus besticktem Stoff.

**Safari-Look** kennt man als robust-lässigen Chick, meist aus Baumwoll-Popeline. Es gibt ihn aber auch in feinen Qualitäten. Die typischen Sand- und Ockertöne in Verbindung mit gebrannten Brauntönen wirken wie von der Sonne gebleicht und werden zu Summerdarks oder Weiß kombiniert. Matte, krispe → Baumwolle, fasrige Stoffe, handschuhweiches → Veloursleder, schimmernde → Seide oder angesagte → Camouflage-Drucke führen die afrikanischen Farben zu neuen Höhenflügen.

**Safari-Feeling** kommt dabei weniger durch die Schnittformen auf, als eher durch Stoffe und Muster, wie → Animalprints aus fließendem → Chiffon und Reptiloptiken auf feinstem → Leder. Bei den Farben dominieren gelbe Grüntöne von Erbse bis Limette und warme Gewürztöne wie Zimt, Koriander und Senf. Als Winterfarben dienen Sand, Camel, Khaki oder ein spezielles Olivgrün, genannt »Swamp« (Sumpf). Vorbild für den Safari-Look war die Tropenkleidung aus der Kolonialzeit Anfang des 20.Jahrhunderts. Hierzulande ist er Mitte der 60er Jahre in → Mode gekommen. Typisch für den Safari-Style sind lässige Gürteljacken, knielange Röcke, bequeme → Bermudas und 7/8-Hosen.

**Saharienne** ist eine Safarijacke, deren wichtigste Details aufgesetzte Taschen, Schulterklappen und eine, durch einen Gürtel betonte Taille ist.

**Samt** ist der Sammelbegriff für alle Gewebe mit einem bis zu vier Millimeter hohem Flor (längerer Flor fällt unter den Begriff → Plüsch). Die eingesetzten Fasern können sowohl aus echter Wolle, → Baumwolle, → Seide, als auch aus Chemiefasern bestehen, zum Beispiel der → Pannesamt.

**Sandalen:** Diese bequemen → Schuhe hat der französische Physiker Auguste Sandal (1840–1921) erfunden. Er lehrte als Professor für Medizin an der Universität in Toulouse und verbreitete die Erkenntnis, dass die meisten Fußkleider doch sehr gesundheitsschädigend und unhygienisch seien. Also erfand Auguste die »Sandalen« – offene, flache Lederschuhe, durch die Luft an die Füße gelangen kann. Er verfasste darüber auch eine wissenschaftliche Abhandlung.

**Sandalette:** Offene, flache Riemchenschuhe für die Abendgarderobe, auch mit hohem, spitzen Pfennigabsatz.

**Sanduhren-Look** → X-Silhouette

**Sand washed** ist eine Verfeinerung des → Stone washed. Die Fertigteile werden zusammen mit kleinen, runden Bimssteinen in großen Waschmaschinen gewaschen, was nur geringe Farbveränderungen bewirkt, dem Stoff aber einen weicheren Griff verleiht.

**Sandwich-Druck:** Durch spezielle Druck- und Farbtechnik erhält die Außen- wie die Innenseite ein anderes Bild oder eine andere Farbe. → Doubleface

**Sandwich-Stepp:** Beim Sandwich-Stepp ist es ähnlich wie bei aufeinander gelegten Weißbrotscheiben mit einem Belag dazwischen. Vor dem Zuschnitt wird zwischen zwei Oberstoffe eine dünne Schicht Watte gelegt. Alle drei Lagen werden mit der Nähmaschine zusammengesteppt, erst dann werden die Kleidungsstücke zugeschnitten. Dabei muss man bei Mustern wie Rhomben, → Karos oder Streifen auf die → Rapporte achten, die Teile müssen einzeln zugeschnitten werden. Aufwändig ist bei der Sandwichverarbeitung die Innenausstattung: Die Jacken sind ungefüttert, darum werden alle Nähte eingefasst, mit → Paspeln versäubert oder als Kappnaht gesteppt.

**Sanitizid:** Dabei handelt es sich um eine antibakterielle Ausrüstung von Wäsche und Strümpfen, die das Wachstum von Bakterien und Pilzen auf der Haut verhindert und gleichzeitig desodorierend wirkt. Die Kleidung nimmt außerdem keine Gerüche an, zum Beispiel Tabakrauch. Sanitized-Ausrüstung wird vor allem im Sportwäschebereich eingesetzt.

**Sari-Ausschnitt:** Wer schön geformte Schultern und schlanke Arme hat, kann einen Sari-Ausschnitt tragen. Abgeleitet von indischen Sari-Gewändern ist das → Decolleté so geschnitten, dass eine Schulter frei bleibt. Dieser asymmetrische Ausschnitt wirkt speziell bei festlicher Garderobe sehr raffiniert.

**Sarouel** sind Hosen nach Art der im Orient getragenen Männer-

Beinkleider: Sie sind rockartig weit, reichen bis zum Knie und sind dann gewickelt.

**Satin** ist ein glattes, glänzendes Gewebe, das nach einem bestimmten Muster (→ Atlasbindung) verarbeitet wird. Über das verwendete Material sagt der Begriff nichts aus. Satin kann aus edler → Seide, → Viskose, aber auch aus Chemiefasern oder Mischgewebe sein. Man trägt ihn heute nicht mehr nur als edle Abendrobe, sondern auch am Tag als sportliches → Outfit, beispielsweise als edle → Cargo-Hose.

**Satin-Sheers:** Damit ist ein seidiger Glanz gemeint. Dieser entsteht durch die Verstrickung eines hohen → Elasthan-Anteils mit glatten Nylonfäden statt stumpfer Kräuselgarne. Strümpfe in diesem Stil sind besonders glatt, super weich und sehr anschmiegsam.

**Savile Row** ist ein reicher, klassischer Look für die formelle → Mode. Manchmal gebrochen, durch Art und Farbe der → Accessoires.

**Scaterhosen** sind überweite, überlange Hosen mit vielen aufgesetzten Taschen.

**Schachbrett-Karo** teilt sich in quadratische, mit Farbe ziemlich einheitlich gefüllte Flächen.

**Schafwolle:** Da das Schaf der Hauptlieferant der tierischen Wolle ist, wird im Textilkennzeichnungsgesetz Wolle immer als Schafswolle verstanden. In vorgeschichtlicher Zeit haben sich die Menschen in → Felle gehüllt, um sich vor Kälte zu schützen. Bevor man daran ging, die losen Haare der Tiere zu verspinnen, um eine genauer angepasste Kleidung an den Körper zu schaffen, wurden die Wollhaare durch Verfilzen zu einer zusammenhängenden Masse geformt – die Wolle wurde also damals schon gewalkt und durch dieses Verfahren sehr dicht. Da Wolle von Natur aus die Bekleidung der Tiere war, lag es auf der Hand, dass sie auch für die menschliche Bekleidung geeignet ist. Bereits in der Bronzezeit wurde Wolle versponnen und verwebt. In Germanien war die Wollwebe-Technik bereits vor der Eroberung durch die Römer hoch entwickelt, und im Mittelalter wurde sie dann streng zunftgemäß organisiert. Während des 16. Jahrhunderts fiel das Wollgewerbe durch unredliche Verarbeitungskniffe in

Misskredit und der von den Engländern erreichte Vorsprung in der Tuchindustrie konnte von Deutschland erst im 17. Jahrhundert wieder aufgeholt werden. Noch im 20. Jahrhundert wurden in Aachen hergestellte Tuche teilweise nach England exportiert, dort mit einem Plättstempel versehen und als »original englische Ware« wieder nach Deutschland reimportiert.

Die Schafwolle ist das Haar des Schafes. Schafe werden meist zweimal im Jahr geschoren, dabei wird darauf geachtet, dass das Schaffell (Vlies) zusammenbleibt – sodass es aussieht, als hätte man dem Schaf die Haut abgezogen. Die einzelnen Haare haften durch Wollfett aneinander, welches sofort nach dem Abtrennen vom warmen Körper des Tieres erkaltet. Beim Vlies gibt es, bedingt durch die unterschiedlichen Körperpartien des Tieres, Unterschiede in der Feinheit der Wolle, also Qualitätsunterschiede. Die beste Wolle wird von der Schulterpartie und den Flanken gewonnen, dann folgen Rücken, Hals und die Keule. Bauchwolle ist durch das Liegen oft sehr verfilzt, aber die schlechteste Wollqualität kommt von der Stirn und den Füßen des Schafes.

Erst nach der Schur wird das Vlies zerteilt und nach entsprechenden Qualitäten sortiert. Der Fettgehalt des Wollhaares kann ebenfalls ein Qualitätszeichen sein, denn die Güte und Gleichmäßigkeit der Wolle hängt auch vom Stärkegrad der Fettbildung in den Hautdrüsen ab. In Fabriken wird die Wolle schonend und gründlich gereinigt, dabei wird das Wollfett (→ Lanolin) aufgefangen und für kosmetische Artikel weiter verkauft.

Die Wolle der ersten Schur eines Schafes nennt man Lammwolle oder → Lambswool, wenn die Tiere etwa sechs Monate nach der Geburt geschoren werden. Lambswool ist kurz, wenig fest, aber besonders fein und weich. Erfolgt die erste Schur erst nach einem Jahr, heißt die Wolle, genau wie nach der zweiten Schur, Jährlingswolle oder → Erstlingswolle. In England wird sie → Hogget genannt. Sie ist länger als die Lambswool, aber noch weich, doch nicht gleichmäßig dick.

Wolle saugt Wasserdampf bis zu 40 Prozent auf, ohne sich nass anzufühlen und gibt diesen Wassergehalt an trockene Luft auch wieder ab. Wolle ist im Gegensatz zu → Zellulosefasern nur schwer entflammbar, aber auch anfälliger für Mottenfraß. Auch für Wolle gibt es ein → Gütesiegel: Das Wollsiegel für reine → Schurwolle wurde bereits im Jahre 1964 eingeführt. Die sorgfältig überwachten Gütebestimmungen haben das → Wollsiegel zum wohl bedeutendsten internationalen Textil-Gütezeichen gemacht. Doch heute gibt es nicht nur das Reine-Schurwolle-Siegel, sondern auch ein Combi-Siegel für Mischgewebe wie Schurwolle mit → Baumwolle oder Schurwolle mit → Polyester. Diese Siegel dürfen jedoch nur in Verbindung mit einer genauen Rohstoffangabe verwendet werden, dabei darf der Mindestschurwollanteil bei Unterwäsche 80 Prozent, bei Socken und Strümpfen 70 Prozent, bei Jerseystoffen, Kinderbekleidung, → Kammgarnstoffen und -geweben, Hemden, Blusen und Nachtwäsche 60 Prozent nicht unterschreiten. Das Wollsiegel ist mittlerweile in 120 Ländern der Erde geschützt.

**Schalensohlen** bei Schuhen sehen aus wie längliche Schalen, die am Rand hochgezogen sind.

**Schalkragen** nennt man zwei schalähnliche Streifen, die von der rückwärtigen Kragennaht nach vorn verlaufen und sich dort zum Verschluss kreuzen. Der Oberkragen ist nahtlos mit dem Revers verbunden. Diese Kragenform gibt Kostümen- oder Hosenanzug-Jacken eine sehr weibliche (und streckende) Optik. Schalkragen findet man auch bei legeren Strickjacken, eleganten Hausmänteln und in der Herrenmode bei → Smoking und → Frack.

**Schapira:** 100 Prozent → Trevira, → Polyester

**Schaubengürtel** ist ein Gürtel, der im Tunneleffekt durchs Kleid führt und den Oberstoff zusammenzieht.

**Scherplüsch** → Nickistoff

**Schildkrötenkragen** → Turtleneck-Kragen

**Schlaghosen** sind nach unten weit ausgestellte Hosen, die Anfang der 70er Jahre Mädchen und junge Frauen, aber auch junge Männer getragen haben. Betont modisch wird es mit extra weitem Schlag (bis 80 cm Fußweite). Heute wird auch die Variante zum Umkrempeln angeboten. → Jeans

**Schlüpfer** ist eine Unterhose, die bis zur Taille reicht. Die Beinabschlüsse reichen bis zur Mitte der Oberschenkel.

**Schlupp-Shirt** oder **Schluppen-Bluse:** Bei ihnen wird der Kragen mit zusätzlich angenähten Schalbändern hinten oder vorne mit einer Schleife geschlossen.

**Schotten-Karo** sind modische Großkaros in Köperbindung. Schotten-Karos tragen zum Teil Namen, die auf die Regimenter in Schottland zurückgehen, deren Farben wurden für die Kolorierung modischer Kleider- und Anzugstoffe übernommen. Der bekannteste Ausdruck dieser Art ist Blackwatch (schwarze Uhr) für die Blau-Grün-Kombination eines → Karos. In Frankreich nennt man das Schotten-Karo → Ecossais.

**Schuhgrößen:**

| D | F | I | GB | USA |
|---|---|---|---|---|
| 36 | 36 | 36 | 3–3,5 | 5 |
| 37 | 37 | 37 | 4–4,5 | 6 |
| 38 | 38 | 38 | 5–5,5 | 7 |
| 39 | 39 | 39 | 5–6 | 7,5 |
| 40 | 40 | 40 | 6,5–7 | 8,5 |
| 41 | 41 | 41 | 7–7,5 | 9 |

**Schuhe, Materialkennzeichnung:** Es gibt eine Kennzeichnungspflicht für Textilien und → Schuhe. Auf der Abbildung kann man genau erkennen, aus welchem Material der Schuh hergestellt ist – vom Obermaterial, über das Innenfutter bis hin zur Sohle. Das ist wichtig, weil man synthetisches und echtes → Leder heutzutage mit dem bloßen Auge kaum noch unterscheiden kann.

**Schuhe,** wo findet man Untergrößen? Frauen mit außergewöhnlichen Schuhgrößen kennen das Problem: In Untergrößen bekommt man nur Kinderschuhe und in Übergrößen nur sportliche, Männer-Modelle. Spezialschuhversender nehmen sich solcher Problemfälle an und haben auch modische Modelle im Sortiment. Zum Beispiel die Firma Weißgerber (Tel. 0 63 33/23 53). Dort erhält man Damenschuhe in Untergrößen von 1 bis 3, das entspricht Größe 32 bis 35, wie auch in Übergrößen von 9 bis 12, das entspricht Größe 43 bis 47.

**Schurwolle, reine** ist ein Naturprodukt. Sie hat hervorragende Trageeigenschaften, sommers wie winters. Schurwolle kommt von Schafen, ist atmungsaktiv, temperaturregulierend und leicht zu pflegen. Feinste → Merinowollen werden zu superleichten Stoffen (→ Cool Wool) verarbeitet und in einem Spezialverfahren so ausgerüstet, dass sie beim Waschen nicht so leicht verfilzen.

**Schussfaden** → Kettfaden

**Schweißband** ist ein in Herrenhüten eingesetztes Band, dass den Hut gegen Schweißabsonderung schützt. Schweißbänder werden auch am Handgelenk getragen, entweder als modisches → Accessoire oder aus saugfähigem, elastischem Stoff beim Sport. Es soll verhindern, dass Schweiß auf die Handflächen gerät, beispielsweise beim Tennisspielen.

**Schweißhemd** → Sweatshirt

**Schweizer Batist:** Ein Schweizer Baumwollweber hatte mit seinen feinen Geweben jahrzehntelang eine führende Stellung auf dem Weltmarkt. So kommt es, dass heute noch oft feine → Batiste als Schweizer Batiste bezeichnet werden, die gar nicht aus der Schweiz stammen.

**Scotchgard** ist ein Fleckenschutz, der bei der Stoff-Herstellung gleich mitverarbeitet wird.

**Scotchgrain** ist eine mit Kunststoff beschichtete → Baumwolle, die wasserabweisend und dadurch ideal für Schlechtwettertage ist. Dieses Material hat die Firma Mulberry exklusiv für ihre Taschen entwickelt.

**Seamless Underwear** ist Unterwäsche ohne Nähte, Haken und Ösen. Ob Boddy oder Wäscheset, das Geheimnis dieser so genannten zweiten Haut liegt am Material und an der Verarbeitung. Aus einem Stück hergestellt lassen → Bodys, → Tops, Hemdchen, → BHs und → Slips jedem → transparenten → Outfit seinen Auftritt.

**Secondhand** nennt man gebrauchte Textilien, eben »aus zweiter Hand«.

**Secondhand-Charakter** ist Kleidung, die aussieht, als wäre sie schon getragen worden, beispielsweise bei → Jeans.

**Seersucker** (sprich »ssiessacker«) kommt aus dem Indischen und ist ein typisches → Baumwoll-Gewebe mit baumrindenähnlicher, das heißt borkiger Oberflächenstruktur. Dieser Effekt wird durch → Bindung (echter Seersucker) oder auch chemische Ausrüstung (falscher Seersucker) erreicht und entsteht durch unterschiedliche Fadenspannung der Längsfäden. Die lose gespannten Fäden heben sich hervor und ergeben so den Blaseneffekt. Die Oberfläche sieht aus, als ob sie geschrumpft ist. Der glatte Stoff wird unter Hitzeeinwirkung zweimal fixiert, damit sich die → Kettfäden zusammenziehen können. Die nicht schrumpfenden Fäden werden gestaut und kräuseln sich blasenähnlich auf. Seersucker wird gerne für Bettwäsche verwendet, aber auch in der Freizeitkleidung.

**Segeltuch** ist ein kräftiges, dichtes Gewebe aus → Baumwolle, Flachs oder ähnlichem mit wasserabweisender Imprägnierung. Aus Segeltuch werden auch → Turnschuhe hergestellt.

**Seide, echte:** Sie ist der schönste Stoff, den es gibt. Sie ist eine der ältesten Textilfasern und immer noch hochaktuell. Sie wirkt ungeheuer zart und weich – und man sagt, Seide sei härter als Stahl. Wie bei anderen Naturfasern hängen die Unterschiede von Optik und Qualität davon ab, ob das Garn von gezüchteten oder von wild lebenden Raupen stammt. Als Seide dürfen nur Fasern bezeichnet werden, die aus den Kokons von Seidenspinnerraupen stammen.

Seide wird aus Kokons der Maulbeer- und → Tussahspinner-Raupen gewonnen. Der wild lebende Tussahspinner liefert einen gröberen, unregelmäßigen Faden, der gelblichgold ist. Besonders fein, gleichmäßig und hochwertig ist die fast reinweiße Seide des Maulbeerspinners. Unmittelbar nach der Befruchtung legt das Weibchen zirka 500 Eier, aus denen winzigkleine, aber ungeheuer gefräßige Raupen schlüpfen, die riesige Mengen frischer Maulbeerblätter vertilgen. Nach etwa 30 Tagen beginnt sich die Raupe mit einem feinen Kokon zu umspinnen, der nach drei Tagen und drei Nächten fertig ist. In ihm erfolgt die Umwandlung der Raupe zum Schmetterling. Ein Teil der Kokons wird für die weitere Züchtung aussortiert, die meisten aber werden zur Gewinnung der reinen Seide verwendet. Dazu erweicht man die Kokons in kochendem Wasser, damit der Sei-

denfaden abgehaspelt und von Maschinen aufgespult werden kann, anschließend wird gefärbt und gewoben. Ein Kokon besteht aus fast 4000 Meter Faden. Für ein Kilo → Rohseide werden neun Kilogramm Kokonfasern benötigt, allein für ein paar seidene Strümpfe werden schon 300–350 Kokons benötigt. Die Raupen werden vor allem in China und Indien gezüchtet. Rohe, noch unbehandelte Seide sieht fast aus wie → Leinen. Je schwerer der Stoff, umso hochwertiger und haltbarer ist er. Seide besitzt die größte Elastizität aller Naturfasern, ihr Griff ist glatt und fliesend, sie knittert kaum und ist extrem reißfest. Die → Wild- oder Bourettseide ist etwas fester im Griff und hat ein unregelmäßiges Bild. Die glatte, sehr feste Faserstruktur der Seide macht sie geschmeidig, weich und robust. Sie isoliert optimal – kühlt im Sommer und wärmt im Winter, sie kann bis zu 30 Prozent ihres Eigengewichtes an Feuchtigkeit aufnehmen, ohne nass zu wirken.
Die von Seidenraupen gesponnene Seide wird in China seit etwa 5000 Jahren zu feinsten Geweben verarbeitet. Der Sage nach entdeckte die chinesische Kaiserin Si Ling Chi eine sich einspinnende Seidenraupe auf einem Maulbeerbaum. Ihr glänzender Faden faszinierte die Kaiserin so sehr, dass sie beschloss, sich ein Gewand daraus fertigen zu lassen. Maulbeerbäume wurden gepflanzt und so fand die Seidenraupenzucht ihren Anfang. Bald war Seide so wichtig für die chinesische Wirtschaft, dass es bei Todesstrafe verboten war, die Eier der Seidenraupe zu exportieren. Wie und woraus Seide hergestellt wurde, blieb im → Westen deshalb lange Zeit ein Geheimnis, was sie noch begehrenswerter machte. Schließlich sickerte das Geheimnis doch durch, sodass auch die Nachbarländer begannen, Seide zu produzieren. Der hochwertige Rohstoff war der Anlass für die Aufnahme des Ost-West-Handels über die Seidenstraße, die eigentlich ein Geflecht aus Trampelpfaden war, die über 15 000 Kilometer quer durch Asien führten und China mit Europa verband. Eine Reise dauerte bis zu zehn Jahren, und als der Landweg über die Seidenstraße auf Grund von Kriegen und Überfällen zu unsicher wurde, gewannen die Seewege an Bedeutung, sodass Seide fortan mit Schiffen nach Europa gebracht wurde.

Ob Reinseiden-Chiffon oder → gewaschene Seide – das edle Material braucht besondere Pflege. Bedruckte und dunkle Seidenstoffe sollte man ausschließlich chemisch reinigen lassen. Waschbare Seidenstoffe sollte man nur bis zu 30 Grad waschen, nie einweichen oder in der Lauge liegen lassen. Außerdem sollte man Seide niemals reiben, bürsten oder gar schleudern.

**Seidenbatist** ist ein sehr feiner → mercerisierter → Makobatist, der durch die Nachbehandlung mit Milch-, Essig- oder Ameisensäure einen dem → Seidenschrei ähnlichen Griff erhält.

**Seidenjersey** ist ein fein gestricktes Material und besonders haltbar.

**Seidenschrei:** Durch Nachbehandlung mit Ameisensäure erhält → Naturseide den so genannten Seidenschrei – den knirschenden Griff – zurück, den sie zunächst durch Erschweren und Färben weitgehend verliert. Die Eigenschaften der Naturseide leiten sich aus einem Eiweißbaustein (Fibroin) ab, der den Faserkörper bildet. Da die Naturseide aus einer im Tierkörper gebildeter Spinnlösung besteht, ist sie in sich gleichartig aufgebaut. Der feine Seidenfaden hat einen viereckigen Querschnitt, der durch Brechung des Lichtes für den typischen Glanz der → Seide sorgt. Auch dieser so genannte Seidenschrei, der an das Betreten von frisch gefallenem Schnee erinnert, ist auf diesen eigenartigen Querschnitt zurückzuführen.

**Selfmade Touch** heißt frei übersetzt »wirkt wie selbst gemacht« und ist ein witziger Trend bei Bekleidung und → Accessoires. Typisch dafür sind grobe Nähte, die wie handgestichelt aussehen oder nicht versäuberte, ausgefranste Säume. Ganz aktuell: Taschen, die aussehen, wie aus abgeschnitten → Jeans genäht – perfekt zum → Hippie-Look und groß genug für einen Aktenordner.

**Serge** ist ein leicht angerauter → Köper aus → Kamm- oder → Streichgarn.

**Set** sind Kombinationen, die aufeinander abgestimmt sind, beispielsweise Pulli und Strickjacke.

**Shantung** ist eine → Wildseide, die sich durch ihre unregelmäßige Gewebestruktur von anderen Seidenarten unterscheidet. Unregelmäßigkeiten im Garn bilden kleine → Noppen, die die

Oberfläche der Shantung-Seide beleben. Wie fast alle Seidenstoffe glänzt auch Shantung-Seide besonders schön. Gelegentlich werden Shantunggewebe auch mit dem französischen Namen → Doupion bezeichnet, obwohl dieser Ausdruck eigentlich für → Maulbeerseide bestimmt ist.

**Sherlock-Holmes-Karo** bezeichnet man ein Modekaro auf Cheviot- oder → Shetland-Basis.

**Shetland:** Als Shetland bezeichnet man Stoffe aus widerstandsfähiger, robuster → Schurwolle, die von den gleichnamigen Schafen gewonnen wird. Der Name dieses Materials stammt von den Shetland-Inseln vor Schottland, wo diese grobe Wolle erstmals gesponnen wurde. Früher wurde sie ausschließlich von den Insulanern zu Schals verstrickt oder von Hand zu Stoffen gewebt. Durch → Walken bekommt der Stoff noch zusätzliche Strapazierfähigkeit, ein wolliges Aussehen und den für Shetlandwolle bekannten weichen Griff. Shetland ist gleichzeitig die Bezeichnung für ein diagonal verlaufendes Gewebebild. Man verwendet Shetlandstoffe hauptsächlich für alle Arten von rustikaler, sportlicher Garderobe.

**Shiftkleider** haben keine → Abnäher. Typische Merkmale waren früher Passen oder blusige Oberweiten. Heute fallen sie gerade und schmal und stehen sowohl schlanken also auch molligen Frauen.

**Shirt** ist ein kurzärmliges Baumwollhemd.

**Shopper** kommt von »to shop« (engl. einkaufen) und ist eine Tasche, die größer als eine Hand-, aber kleiner als eine Reisetasche ist. Auch gestrickte Armstulpen, die vom Handgelenk bis zum Oberarm reichen nennt man Shopper. Zwischen Pulloverärmel und → Stulpen bleibt ein Stück frei.

**Shorts:** Der Begriff Short wird abgeleitet von dem englischen Wort »short« (= kurz). Erstmals trug eine englische Tennisspielerin 1932 diese kurzen Hosen – damals reichten sie noch bis zum Knie. Aber im Laufe der Zeit wurden sie immer kürzer und machten Anfang der 70er Jahre als → Hotpants Furore. Heutzutage sind Shorts ein beliebtes Kleidungsstück für die Freizeit.

**Shrink-to fit** ist das Gegenteil von → pre washed. Stoffe für diese Textilien sind *nicht* vorgewaschen und auch nicht Sanfor-behandelt, denn sie müssen einlaufen können, um sich so der Körperform ideal anzupassen. Die Uranfänge der knackig sitzenden → Jeans leben dadurch wieder auf. Damals setzte man sich mit der eng gekauften Jeans in eine mit Salzwasser gefüllte Badewanne, um so die gewünschte figurbetonte Passform zu erhalten. Da diese Hosen in der Weite um etwa vier Prozent, in der Länge um etwa acht Prozent einlaufen, sollte man sie höchstens zwei Größen kleiner kaufen, wenn sie später wie eine zweite Haut sitzen sollen.

**Shrung** (→ Accessoires) ist ein Ärmelschal, der wie ein superkurzes → Bolero aussieht und nur die Schultern, obere Rückenpartie und Armkugeln bedeckt. Meist ist er aus zarten Stoffen, in der kühleren Jahreszeit auch aus Wolle.

**Siebenachtel-Hosen** enden kurz über den Knöcheln, früher hätte man dazu »Hochwasser« gesagt. Es gibt sie sowohl weit als auch hauteng geschnitten. Die weite Version ist ideal für etwas molligere Frauen.

**Siebziger-Jahre-Stil:** Gestreifte Hemden, tailliert mit extrabreiten → Manschetten. Das Kulthemd der siebziger Jahre ist heute dank → Elasthan super bequem.

**Siks-Perlon** → Polyamid

**Single-Jersey** sind glatte Wirk- und feine Strickwaren, die aus lauter gleichen rechten Maschen bestehen. Man findet sie bei Nachthemden, Schlafanzügen und → T-Shirts.

**Sisal:** Die Bezeichnung steht für die Fasern aus den Stielen der Agavenpflanze. Nicht nur Seile werden aus Agaven gewonnen, sondern auch das so genannte Sackleinen.

**Six-Pocket-Jeans:** Diese aktuellen Modelle haben eine sechste Tasche, die so genannte Safety-Tasche (englisch für Sicherheits-Tasche). Sie ist wie ein hautnaher Safe innen am Bund eingearbeitet – ein ideales Versteck für kleine wichtige Dinge wie Geld, Schlüssel oder Kreditkarte.

**Sixty-Look:** Ärmellose Kleider, Tupfenblusen zu → Radlerhosen, → Trenchcoat, ganz kurz und frech oder Kombinationen, die wie eine zweite Haut sitzen, gehören in diesen Modetrend.

**Skirts** ist der Sammelbegriff für Röcke.

**Slacks** sind Damenhosen, die gerade fallen und keine Umschläge haben.

**Slim-Effekt** entsteht durch dunkles Jeans-Denim, denn dunkel macht schlank. Besonders dann, wenn man → Jeans mit einem → Lycra-Anteil wählt – damit sitzt die Jeans wunderbar knackig, trägt nicht auf, verliert nicht die Form und ist sogar bequem.

**Slim fit** sind schmal geschnittene → Jeans, die eng an der Hüfte anliegen und zum Fußende hin schmal zulaufen. Für diese Form sollte man sehr schlank sein.

**Slimline:** Die als Slimline bezeichnete Silhouette modelliert ohne einzuengen und wirkt sehr weiblich. Zarte Farbnuancen veredeln die anspruchsvolle Wirkung.

**Slingpumps:** Sling kommt aus dem Englischen und heißt Schlinge/Riemen. Slingpumps sind die sommerliche Variante der klassischen → Pumps, werden vorne geschlossen und hinten über der Ferse mit einem Riemchen gehalten. Einfach unentbehrlich, wenn das → Outfit von Kopf bis Fuß elegant sein soll.

**S-Linie** ist körperbetont und sexy, erinnert an die Moder der 50er und 80er Jahre.

**Slinki** ist ein leicht schillernder → Feinripp-Jersey. Er fällt weich und fließend, trägt nicht auf, ist knitterarm und sehr elastisch.

**Slip** ist eine knapp sitzende Unterhose mit hohem Beinabschluss. Heute gibt es auch so genannte → Deo-Slips, das sind Slips mit antibakteriellem → Zwickel. Dabei wird in das Mikrofasermaterial eine spezielle Keramikfaser eingewebt, die permanent Silber-Mikro-Ionen freisetzt. Durch deren natürliche antibakterielle Wirkung werden Bakterien und Keime abgetötet – so kann kein unangenehmer Geruch entstehen.

**Slipdress** ist wie ein verlängertes Hemdchen mit eingearbeitetem Höschen geschnitten und sieht wie Unterwäsche aus. Ohne Futter und Verschluss schlüpft man einfach hinein. Es kann, knapp knielang oder kürzer, mit Spaghetti-Trägern ausgestattet sein und ist aus zarten Stoffen wie → Seide, → Viskose oder Chiffon. Saum und Ausschnitt sind meist mit zarter → Spitze verziert.

**Slipper:** Ist ein Überbegriff für flache → Schuhe mit flachem Absatz, ohne Schnürsenkel oder Schnallen. Am besten sieht er zu schlichten Hosenanzügen oder zu sportlich geschnittenen langen Röcken aus. Einfach hineinschlüpfen und wohlfühlen! In diese Rubrik fallen auch Coollegschuhe, → Loafer und → Mokassins.

**Slipover** → Pullunder

**Smart chic** ist eine junge Anzuglinie mit akzentuierten Schultern und einem schlanken Look. Häufig Zweiknopf-Einreiher.

**Smart Clothes** sind die Verbindung von → High-Tech-Fasern mit elektronischen Geräten. Beispielsweise misst ein Polaranzug mit Computer die Körperfunktion des Trägers, die Lufttemperatur und kann sogar einen SOS-Ruf aussenden. Er dient als Prototyp für einen Snowboardanzug und kostet um 600 Euro.

**Smartguard** bedeutet, dass ein Kleidungsstück keine Gerüche mehr annimmt, nicht mehr knittert und antibakteriell wirkt. Neue Anzüge dieser Art verfügen über zwei Safety-Taschen, eine Handytasche und eine Tickettasche. Das Material ist absolut → pflegeleicht.

**Smoking:** Typisch für diesen Abendanzug ist das ein- oder zweireihige Sakko mit seidenbelegtem Schal- oder Reverskragen. Die Hose hat glänzende Seidenstreifen. Der Name kommt aus dem dem Englischen (smoking = rauchen). Um 1900 trug man Smoking-Suits oder auch Smoking-Jacketts, woraus der edle Abendanzug entstand. Heute tragen ihn nicht nur die Herren, auch Frauen haben am Abend in einem solchen Anzug ihren großen Auftritt.

**Sneaker** geschnürte Sportschuhe.

**Sniker-Schuhe** sind bequeme, weiche → Schuhe, die ein eingearbeitetes Fußbett haben und sich dem Fuß anpassen.

**Sobaki** ist die Bezeichnung für → Hundefelle, die für preiswerte Kleidungsstücke aus echtem → Fell verwendet werden.

**Softalon** → Polyamid

**Spencer:** Jacketts und → Westen in Spencerform strecken optisch. Das liegt an ihrem meist schoßlosen, taillenkurzen Schnitt und den (besonders bei den Westen) spitz zulaufenden Verschlusskanten, die diesen Eindruck noch verstärken. Wenn die dazugehörigen Hosen und Röcke aus dem selben Stoff und der selben Farbe sind, wird die schlanke Silhouette vorteilhaft weitergeführt.

**Spitze** gibt es in vielen Varianten. Sie kann von Hand oder maschinell hergestellt werden. Plauener Spitze wird gestickt, Bobinet-Spitze gewebt, Galon-Spitze geklöppelt.

**Sport-BHs** sollten aus einer Klimafaser sein, optimalen Halt bieten und mit Anti-Rutsch-Trägern ausgestattet sein. Bei Triumph gibt es die Tri-Action-Sport-BHs.

- **Power Wire** ist atmungsaktiv mit nahtlos vorgeformten Doppelcups und versteckten Bügeln. Seine Belastungsstufe ist III »for high levels«.
- **Jogger** ist ebenfalls atmungsaktiv, hat einen starken Halt, auch für große Größen. Ideal für Frauen, die ihren Sport-BH auch gern als Top tragen. Seine Belastungsstufe ist I »for gentle levels«.
- **Pulsebeat** ist atmungsaktiv mit vorgeformten Cups. Bei diesem BH kann der Sender vom Polar-Herzfrequenzgerät ins Brustband geschoben werden. Beim Training kann nichts verrutschen. Seine Belastungsstufe ist III »for high levels«.

**Sportline-Look** sind wollige, kuschelige Qualitäten und sportive → Multicolor-Tweeds. Ringel für Jacken und Pullis korrespondieren mit Techno-Flanell für Hosen und Röcke. Strick kombiniert mit Stretchgarn krönt die Linie.

**Sportswear** ist ein → Sweatshirt-Pulli mit Kapuze.

**Staubmantel** ist ein knöchellanger Mantel, auch Duster (engl. »dust« = Staub) genannt. Ursprünglich schützte dieser Mantel Cowboys vor allzu viel Präriestaub. In Europa wurde er um 1900 auf Reisen getragen – wieder als reiner »Schutzmantel«. Heutzutage ist er ein Leichtgewicht aus → Popeline, meist in Beigetönen, mit verdeckter → Knopfleiste gearbeitet und wird lässig weit, ohne Gürtel getragen. Der ideale Mantel für die Übergangszeit.

**Steppstoffe** bestehen aus mindestens zwei, normalerweise aber aus drei Lagen: Oberstoff, Innenvlies (Watte) und Futterstoff. Steppstoffe werden entweder in Längs- oder Querstreifen durch den Außenstoff abgesteppt oder enthalten abgesteppte Kammern im Ober- oder Unterstoff, die mit → Daunen oder Federn gefüllt werden. Sie werden für Jacken, → Anoraks und Mäntel verwendet.

**Stichelhaar:** Bei einer besonderen Behandlung beispielsweise von dicken Mantelstoffen dringen kleine feste Tierhaare an die Oberfläche, sodass ein angoraähnlicher Stoff entsteht. Auch bei Glitzerstoffen können kleine Silber- oder Goldfäden abstehen. Diese nennt man Stichelhaar.

**Stiefelhosen:** Diese Hosenform ist etwas länger als → Siebenachtel-Hosen und endet knapp über dem Knöchel. Diese Länge ist, wie übrigens schon einmal in den 60er Jahren, wieder topaktuell. Wie der Name schon sagt, sollte man die Stiefelhose immer nur zu Stiefeln tragen.

**Stilisierte Muster:** Stilisieren von Mustern bedeutet Formen von Blüten und Blättern, wie sie in der Natur vorkommen, sie dürfen dabei auch vereinfacht oder üppig ausgeschmückt werden. Auch die ursprünglich orientalischen → Paisley-Motive, die wie ein an der Spitze eingerolltes Palmblatt aussehen. gehören zu dieser Gruppe.

**Stola** ist ein großes Umhängetuch.

**Stone Bleach:** Hierbei werden – ähnlich wie beim → Stone washed-Verfahren – beim Waschgang mit Bimssteinen noch Bleichmittel zugesetzt. Dadurch wird die »gestonte« Jeans extrem hell, eben »gebleached« (gebleicht). → Jeans

**Stone washed** (sprich: »stohn woschd« = steingewaschen) ist seit 1980 ein wichtiges Modethema. Erstmals wurde die Methode in Japan angewandt: Fertigen Hosen wurden über Steine gescheuert, um einen getragenen Effekt zu erhalten. Heute benutzt man dafür Bimssteine und Spezialwaschmaschinen – je länger die Waschzeit, desto getragener und benutzter sieht die Jeans aus. Stone washed ist eine klassische Verfahrensart, die der fertigen → Jeans den typisch ausgeblichenen Charakter verleiht und an Nähten und Kanten für den »authentischen« Abrieb sorgt.

**Store** ist eine → transparente Gardine, die über die ganze Fensterbreite gezogen wird.

**Strass** ist Modeschmuck und eine günstige, aber hübsche Alternative zu teuren Brillanten. Sein Name stammt aus dem 18. Jahrhundert von seinem Erfinder, dem Straßburger Juwelier G.-F. Strass. Die funkelnden Steine werden aus stark bleihaltigem Kaliglas hergestellt, ihre hohe Lichtbrechung lässt sie beinahe wie Brillanten glitzern. Man verwendet Strass zur Edelstein-Imitation, besonders zum Aufsticken.

**Straußenleder:** Typisch für das Material ist die gepunktete Oberflächenstruktur. Das → Leder stammt aus Züchtungen. Die Luxushaut hat allerdings ihren Preis, günstiger sind Imitate.

**Streetwear** nennt man Kleidung, die international auf der Straße getragen wird.

**Streichgarne** sind füllige Wollgarne aus Wollfasern in verschiedenen Längen.

**Stretch** (engl. dehnen): Stretchstoffe sind elastische Gewebe, die wie eine zweite Haut am Körper liegen, ohne einzuengen. Gute Stretchstoffe beulen nicht aus, sondern springen nach dem Tragen in die ursprüngliche Form zurück.

**Strichloden** muss immer mit dem Strich nach unten verarbeitet werden, damit das Regenwasser ablaufen kann und nicht ins Gewebe eindringt. Dies kann man leicht überprüfen: Streicht man mit der Hand nach unten über den Stoff und ist dieser ganz glatt, dann ist das Kleidungsstück mit dem Strich verarbeitet. Fühlt sich der Stoff rau und borstig an, ist er gegen den Strich verarbeitet.

**Strickstoff** ist eine dem Handgestricktem ähnliche, Maschenware.

**String** ist ein Bikini- und Dessoushöschen, deren rückwärtiges Teil aus einem schmalen Band zwischen den Pobacken besteht. Sieht aber nur gut aus, wenn der Po schön knackig ist.

**Strumpfkunde:** Seidenstrümpfe rutschten oft und kosteten fast so viel wie ein ganzes Kleid. Daher war die Damenwelt überglücklich, als 1940 die ersten → Nylonstrümpfe auf den Markt kamen. Sie waren faltenfrei und versprachen perfekten Sitz. Die amerikanische Firma DuPont hatte 1937 das Patent für die Kunstfaser angemeldet. In der Nachkriegszeit wurden Nylons Mangelware – sie waren so begehrt, dass man sie sogar als Zahlungsmittel auf dem Schwarzmarkt benutzte.

Fünfzig Prozent aller Männer schauen den Frauen zuerst auf die Beine – diese sind und bleiben ein Schönheitssymbol. Damit die Beine auch immer gut aussehen, sollte man sie nicht nur pflegen, sondern auch auf die richtige Verpackung achten. Die schönste und eleganteste Kleidung verliert ihre Wirkung, wenn die Strümpfe nicht dazu passen oder die Frau gar ohne geht. Auf jeder Strumpfpackung erscheinen Kürzel wie → dtex (Decitex) oder »den« (→ Denier), sie stehen für Gewicht und Stärke des verarbeiteten Garnes. Decitex und Denier sind zwei verschiedene Maßeinheiten für dieselbe Sache. 22 dtex bedeutet: 1 0 000 Meter vom Garn wiegen 22 Gramm; 20 den bedeutet: 9000 Meter vom Garn wiegen 20 Gramm. Je niedriger diese Zahlen also sind, desto feiner und → transparenter ist die Strumpfhose. Je feiner sie ist, umso anfälliger ist sie allerdings für Laufmaschen. Das Minimum liegt bei 5 den.

Was man über Strumpfhosen wissen sollte:

- **Die richtige Größe:** Man sollte Strumpfhosen immer ein bis zwei Nummern größer kaufen, als die eigene Konfektionsgröße ist, so hat man die Garantie, dass die Strumpfhose auch in der Länge passt.
- **Richtig anziehen:** Laufmaschenresistente Strumpfhosen sind leider noch nicht erfunden worden, deshalb sollte man beim Anziehen vorsichtig sein. Fingerringe abnehmen, bei rissigen Fingernägeln sollte man dünne Handschuhe überstreifen. Vorsichtig in ein Bein steigen, die Strumpfhose bis zum Knie ziehen, dann das gleiche mit dem anderen Bein wiederholen und jetzt erst vollständig hochziehen.
- **Welche Schuhe passen zu welchen Strumpfhosen?** Ungemusterte Strumpfhosen passen zu allen Schuhen, ob flach oder hoch. Strumpfhosen mit Mustern lassen Beine dicker aussehen, deshalb sollte man zu gemusterten Strumpfhosen möglichste hohe Absätze tragen – das streckt.
- **Wie wäscht man Strumpfhosen?** Am besten mit der Hand, um Beschädigungen zu vermeiden. In der Waschmaschine sollte man ein Wäschenetz oder einen kleinen Kissenbezug benutzen.

**Stützstrümpfe** sind medizinische Strümpfe, die durch ihre hohe Elastizität Embolien oder anderen Durchblutungsstörungen vorbeugen. Sie sind längst nicht mehr so langweilig, wie viele glauben; sie werden mittlerweile in verschiedenen Modefarben und sogar als halterlose Strümpfe mit Spitzenhaftband angeboten. Ein Tribut an die Tatsache, dass etwa 8 Millionen deutsche Frauen von Venenerkrankungen betroffen sind. Eine gute Auswahl haben Sanitätshäuser und Strumpffachgeschäfte.

**Stulpen** sehen aus, wie abgeschnittene Socken und werden an Armen als Pulswärmer und an Beinen als Knöchelwärmer getragen. Aus → Leder beziehungsweise Lederimitat in geschnürter Form verwandeln Stulpen Kurzstiefel ganz schnell in Schaftstiefel.

**Stylisten** werden auch Modeschöpfer genannt, die etwas entwerfen, neue → Mode kreieren.

**Sun-Blocker** → UV-Kleidung

**Sun-Select-Badeanzug** steht für nahtlose Bräune, weil er UV-durchlässig ist. Dabei ist er blickdicht und atmungsaktiv.

**Sweatshirt:** The American Way of Life eroberte die junge → Mode – Sweatshirts und → Polohemden zieren Embleme aus Sport und Natur, mitreißenden Slogans, es gibt sie auch uni oder buntgeringelt. Sie sind Grundlage der typischen Sportswearkollektion für Teens und Twens. Zu den emblemgeschmückten Sweatshirts und → Polos gibt es auch Jacken, Hosen, → Pullover und Mäntel – ein Trend für sportlich-modische Personen. Praktisch und bequem.

**Sweatshirt-Stoffe** (engl. Schweißhemd) sind → Trikot- oder Jerseystoffe aus → Baumwolle oder Baumwollmischgeweben. Oft innen angeraut.

**Swimwear** ist exklusive Bademode, die weniger fürs Schwimmen gedacht ist, sondern eher als Blickfang dient. Einteiler und → Bikinis werden mit Tüchern (→ Pareos, → Chasubles) getragen.

**Sympatex** ist eine Klimamembrane mit hervorragenden Eigenschaften: wasserdicht, winddicht, atmungsaktiv. Bei → Outdoor-Jacken ist es entweder unsichtbar zwischen Oberstoff und Futter integriert oder direkt auf das Obermaterial laminiert. So ausgestattete Textilien sind federleicht, fallen weich und fließend, Nässe, Wind und Kälte dringen nicht nach innen. Dabei ist die Membrane so atmungsaktiv, dass körpereigene Feuchtigkeit ständig nach außen transportiert werden kann. Das ist

grundsätzlich angenehm, besonders wichtig aber bei sportlichen Tätigkeiten.
Jeder kennt das: Auch bei angenehmen Außentemperaturen beginnt man zu frieren, sobald Wind aufkommt. Dieses Phänomen nennt man Windchill-Effekt. Bei einer Temperatur von 14 Grad und einer Windgeschwindigkeit von 30 Stundenkilometern liegt die subjektiv empfundene Temperatur nur noch bei 6 Grad. Das liegt daran, dass die wärmende Luftschicht zwischen dem Körper und der Kleidung vom Wind erfasst und weggeblasen wird. An dieser Stelle setzt der Sympatex Windmaster an: Er lässt den Wind nicht an den Körper heran, ist dabei aber atmungsaktiv und sorgt so für angenehmes Wohlfühlklima und besten Tragekomfort. Die eingesetzten Laminate sind wahre Leichtgewichte. Wenn die Körpertemperatur stimmt und man genug Bewegungsfreiheit hat, machen Outdoor-Aktivitäten einfach mehr Spaß. Außerdem lässt das modische → Design nichts zu wünschen übrig. Sympatex eignet sich besonders für winddichte Jacken, Hosen sowie Strick- und → Fleece-Bekleidung. Es gibt Sympatex mit → Stretch-Funktion, denn die eingesetzte Membrane ist bis zu 300 Prozent dehnbar, so bleibt die Elastizität der Oberstoffe erhalten.

**Synthetik** → Polyester, → Filamentgarne

## T

**Tabkragen** (sprich »täb«) ist ein Kragen, dessen Ecken durch einen Stoff- oder Metallsteg verbunden sind.

**Tactel** ist die Handelsbezeichnung für eine → Polyamidfaser. Es ist ein weicher, leichter Stoff mit edlem Glanz und kann entweder ausschließlich aus → Nylon oder in Kombination mit anderen Fasern hergestellt werden. Die Nylonfaser stärkt die Vorteile der Begleitfaser und gleicht Schwächen aus – so zum Beispiel wird → Baumwolle oder → Leinen durch den Zusatz von Tactel knitterarm und angenehm weich. Tactel ist eine → Mikrofaser und erfüllt modische und praktische Ansprüche gleichermaßen: Sie ist formstabil, → pflegeleicht, atmungsaktiv, absorbiert Körperfeuchtigkeit, hat ein geringes Gewicht und ist farb- und glanzbeständig. In der Regel werden fünf bis zehn Prozent → Lycra beigemischt, was dem Stoff zusätzliche Formstabilität verleiht. Diese Eigenschaften machen Tactel besonders geeignet für → Dessous, Bademoden, Sport- und Freizeitbekleidung.

**Taft** ist ein durch chemische Ausrüstung steifer und daher knitteranfälliger Futter- oder Kleiderstoff. Das glatte Gewebe hat einen schönen Glanz und ist vielseitig verwendbar. Es gibt ihn in → Naturseide oder aus Chemiefaser. Schwerer Taft, meist aus reiner → Seide, wird für aufwendige Abendroben verwendet. Die leichten Varianten aus Chemiefaser dienen meist als Futterstoff, dafür gibt es verschiedene Qualitäten, beispielsweise mit → Changeant-Effekt.

**Tailleur** ist ursprünglich eine klassische Jacke im Schneiderstil. Diese sind stark auf Taille gearbeitet und sitzen auch sonst fast wie maßgeschneidert. Die Saumlinie dieser Jackenart verläuft in Hüfthöhe, momentan sind sie vor allem bei → Kostümen und Hosenanzügen im 60er-Jahre-Look zu finden. Mit Tailleur kann aber auch ein französisches Kostüm mit kurzer, antaillierter Jacke (mit oder ohne Gürtel) und einem schmalen, knieumspielenden Rock gemeint sein.

**Tankini** ist ein → Bikini mit einem eng anliegenden, meist bauchfreien Trägertop anstatt des üblichen BH-Oberteils, also ein Zweiteiler aus → Top und Bikinihöschen. Der Begriff Tankini setzt sich aus den Worten → Tank-Top und → Bikini zusammen.

**Tank-Top** (sprich »tänk top«) ist ein → Shirt ohne Ärmel, das entweder bis zur Hüfte oder bis zum Bauchnabel reicht – diesen aber nicht oder gerade noch bedeckt. Es erinnert im Schnitt an ein klassisches Herrenunterhemd, hat also relativ breite Träger und einen halsnahen Ausschnitt. Aber Vorsicht bei kräftigen Oberarmen oder Bauchspeckröllchen – die fallen bei diesem Shirt noch mehr auf. Eine Variante des → Pullunders.

**Tartan** oder Tartanmuster hat im Ursprungsland der so genannten Originaltartans 365 Tage im Jahr Saison und das seit mehr als 300 Jahren. Der Begriff kommt aus Schottland und bedeutet sowohl → Schotten-Karo als auch Schottenstoff und wurde dort als Erkennungsmerkmal des jeweiligen Familien-Clans getragen. Mit den Tartans und deren Mustern, Farben und Namen sind Schotten höchst eigen. Jede schottische Sippe, die etwas auf sich hält, verfügt über ihr ganz privates Karomuster. Dazu gehört ein so genannter Musterstock, der von Generation zu Generation vererbt und wie ein Heiligtum gehütet wird. Auf den Faden genau wird darin die Breite der einzelnen Streifen und → Karos festgehalten. Was lag näher, als diese sippenspezifischen Schätze nach den Familien zu benennen, die sie tragen: Douglas, Mackintosh, Clan Cameron oder Ferguson sind nur einige der vielen klangvollen Namen für Schotten-Karos. Neben den Sippentartans gibt es noch jene, die der königlichen Familie vorbehalten sind (»royal tartans«) und solche, deren Namen von Landstrichen abgeleitet sind (»district tartans«), sowie Millitärtartans, Nationaltartans, Tartans für Provinzen in Übersee und viele mehr. Im Tartan-Museum in Comrie, Schottland gibt es 1500 registrierte unterschiedliche Schotten-Karos.

**Tartan-Karo** ist ein großzügiges, in satten Farben koloriertes Karo nach schottischer Art. Oft schockieren die grellen Farbkombinationen.

**Tattersall-Karos** sind rapportierende, bunt gezeichnete feine Fadenkaros auf hellem Grund, insbesondere bei Herren-Freizeithemden.

**Teddy** ist Plüsch mit langem, stehendem Flor für Damenmäntel und Kinderoberbekleidung. → Plüsch ist besonders weich und flauschig und wird auch oft als Futterstoff verwendet.

**Teflon** ist ein hauchdünner Gewebeschutz, der gegen Wasser, Öl und viele Schmutz- und Fleckenarten schützt. Bei dieser Art der Ausrüstung wird der Stoff in Teflon getaucht, welches die Fäden umschließt und dafür sorgt, dass sie nicht mehr saugfähig sind. Dieses Verfahren dient auch zum → Imprägnieren gegen Feuchtigkeit von Möbelstoffen und Kleidung. Es wird jedoch nur bei Oberbekleidung angewandt, die nicht direkt mit der Haut in Kontakt kommt. Ein Etikett »Teflon Protector, Scotchgard«, weist darauf hin, dass die Kleidung nicht so schnell schmutzig wird, knitterfrei und atmungsaktiv ist. Man kann diese Textilien ohne weiteres in der Waschmaschine waschen; kleinere Verunreinigungen lassen sich mit einem feuchten Tuch leicht entfernen.

**Tencel** ist der Markenname einer veredelten → Mikrofaser auf der Basis von → Zellulose. Im Gegensatz zu einer unbehandelten Naturfaser wie → Baumwolle schimmert Tencel wie → Seide, ist ultraweich und trotzdem sehr strapazierfähig und → pflegeleicht. Meist wird Tencel zur Veredelung von Unterwäsche verwendet – sie fühlt sich seidig weich an, ist angenehm auf der Haut und kann problemlos in der Maschine gewaschen werden.

**Tennisschuhe** sind → Schuhe mit Geschichte. Ursprünglich sind sie eine englische Tradition von 1930 und waren als Sportschuh für den Tennisplatz gedacht. Inzwischen sind sie zum modernen → Sneaker geworden, den man in Schule und Büro genauso tragen kann, wie in der Freizeit oder in Szene-Pubs.

**Tergal, Tergal Up** → Polyester

**Terylene** → Polyester

**Thermostoffe** aus Climate Control: Eine neue → High-Tech-Fasern, die je nach Bedarf kühlt oder wärmt. Schwitzt man, speichern Mikrokapseln die Wärme und sorgen so für Kühlung. Friert man, geben sie die Wärme wieder ab.

**Thermovelours,** auch → Fleece genannt. Beidseitig aufgerauter Mikrofaserstoff. Hält sehr gut warm und ist außerordentlich atmungsaktiv.

**Timberland »2 in 1«:** Zwei → Schuhe in einem! Eine neue Generation von Wanderschuhen sind die robusten, wasserdichten Schnürstiefel des amerikanischen Schuh- und Textilherstellers Nathan Schwarz. Sie sind bei uns bereits seit Jahren total trendy. Neu daran ist, dass man den Innenschuh, der eine eigene, feste Outdoorsohle hat, herausnehmen kann. Er ist mit »ComforTemp«, einem Klima regulierenden Material ausgestattet, ein → Reißverschluss erleichtert das Ein- und Aussteigen. Der Oberschuh ist mit dem Timberland B.S.F.P.-System konstruiert. Zur Dämpfung in unebenem Gelände wurde das neue ISN (Independant Syspension Network) entwickelt, bei dem unabhängig aufgehängte Flexpunkte in der Sohle Stöße beim Laufen abfangen.

**Todds:** Der klassische Todd ist ein → Mokassin, bei dem Sohle und Fersenpartie mit Gumminoppen versehen sind. Dieser

Schuh wurde 1979 vom italienischen Schuhdesigner Diego Della Valle ursprünglich als exklusiver Autoschuh unter dem Namen J. P. Todds erfunden. In den 90er Jahren entwickelte er sich zum absoluten Kultschuh. Inzwischen ist er ein beliebter Freizeitschuh.

**Top** (engl. top = Oberteil) ist ein Oberteil mit einem dem Herrenunterhemd ähnlichen Schnitt. Es hat einen weiten Ausschnitt und keine Ärmel.

**Topkini:** Hier hat sich der Bikini-BH in ein knappes → Top verwandelt. Diese neue Oberteil-Variante lässt zwar nicht mehr so viel Haut an die Sonne, zeigt sich dafür jedoch von multifunktioneller Seite, weil sie auch als Top getragen werden kann. Für sportive Frauen und als Swimmsuit ist der Topkini eine ebenso modische wie bequeme Alternative zum einteiligen Badeanzug, weil nichts verrutscht oder zwickt.

**Torf:** Es soll → Mode aus Torf geben? Gibt es tatsächlich, wobei Torffaser der korrekte Ausdruck dafür ist. Die Idee kommt aus Finnland und setzt sich langsam auch hierzulande durch. Torffasern sind Bestandteile des Scheidengrases, das auf Moor und moorigen Böden wächst. Die Fasern werden ohne chemische Mittel gereinigt und dann mit Wolle versponnen. Torffaser-Stoffe gelten als leicht und dennoch gut wärmend. Sie werden hauptsächlich zu schlicht geschnittenen Jacken, Hosen, Röcken und → Westen verarbeitet. Folgende Geschäfte führen diese neue Öko-Mode:

- Mühle Poltringen, Ammerbuch, Tel. 070 73/912 55
- Nordisch-Art, Bad Homburg, Tel. 061 72/236 28
- Marlowe Natur, Hamburg, Tel. 040/44 80 9 3 37

**Trachtenstil** nennt man auch Bayern-, Landhaus- und Bauernstil. Er hat viele Gesichter: → Janker aus reinen Wollstoffen mit Kontrastblenden, aufgesetzten Taschen und Metall- oder Hornzierknöpfe. Wollröcke mit bestickten → Borten, dazu ein Wollmieder und Rolli darunter, alles ebenfalls bestickt. → Dirndl-Kleid mit spitzenbesetzter Bluse aus weißem → Leinen und Spitzenkragen, dazu die traditionelle Schürze. Geschnürte Westchen mit Eichblattbesatz, → Knickerbocker aus → Wildleder oder → Kord.

**Träger, angeschnittene** → Angeschnittene Träger

**Transparent** sind Stoffe wie → Chiffon, → Spitze, hauchdünne → Viskose, → Georgette und → Netzstoffe – Materialien, aus denen Röcke, Blusen, Kleider, Hosen, → Shirts und → Tops gefertigt werden. Grobmaschige Strukturen und feine → Ajourmuster werden am häufigsten zu Pullis und Jacken verarbeitet. Wieviel Durchblick es sein soll, muss jeder für sich selber entscheiden. Viele Kleider, Röcke und Hosen werden auch doppellagig gearbeitet, das heißt, die obere Lage ist transparent, die untere blickdicht.

Durch spezielle Bearbeitung können transparente Gewebe entstehen, die ihre Herkunft vom gewöhnlichen → Batist kaum noch erkennen lassen. Feinfädige und nicht zu dichte Batiste werden im Wechsel zuerst mercerisiert (mit einer Natronlauge behandelt und dabei gespannt), dann mit starken Säuren (Schwefelsäure) behandelt und zuletzt nochmals mercerisiert. Die Batiste werden nun Transparente genannt, weil sie glasig geworden sind und einen etwas steifen Griff erhalten haben. Sie bleiben aber elastisch. Lässt man beim zweiten → Mercerisieren die Spannung des Gewebes weg, wird der Stoff nicht durchsichtig, sondern milchig-trüb. Während des Waschens sind Transparentgewebe weich, gewinnen aber nach dem Trocknen ihre Steife wieder. Transparent ist ein Oberbegriff für → Glasbatist, → Organdy und → Organza.

**Transparent-Strick** ist ein neues High-Tech-Material, das hauchzart verstrickt wird. Es erzeugt Durchblicke auf die Haut (von Carlo Colucci). Wem es zu durchsichtig ist, der trägt einfach ein passendes → Top oder hübsche → Dessous darunter.

**Trapper-Mode:** Die verwitterte Kluft der Cowboys in den Weiten Kanadas und im Wilden Westen der USA hat die Modemacher zum lässig-wilden und bequemen Trapperstil inspiriert: anschmiegsames → Leder, flauschige Tierfell-Optik, Cowboy-Stiefel, enge → Jeans, lange Veloursledermäntel, Felljäckchen, Fransenstiefel im → Mokassin-Look. Zum Wildlederkleid mit frechen → Fransen tragen Frauen locker auf der Hüfte sitzende Nietengürtel – die neue Trapper-Mode gibt es jetzt auch in poppigen Farben oder aus weichem Glattleder im Edel-Look. Die wichtigsten → Accessoires sind Fransentaschen, Cowboyhüte sowie Schmuck aus Leder und Federn.

**Travel-Jacket:** Im Jahr 1968 ließ ein Weltenbummler bei Brioni in Rom ein Jackett anfertigen, das es in sich hatte: Geld, Ticket, Pass, Handschuhe, Brillen, Zeitung, ja sogar die Lieblingszigarre hatte ihren Platz. Bis zu 16 Taschen machten aus diesem Jackett eine ideale → Globetrotter-Jacke, beziehungsweise Reisejacke. Heute spielt sie auch in der Damengarderobe eine Rolle. Die Neufassung enthält Extrataschen für Mobiltelefon, Schminkspiegel, Lippenstift und vieles mehr.

**Travel Trainer** ist ein modischer → Sneaker von der Firma Reebok. Er schafft Platz im Koffer, denn er lässt sich zu einem kleinen Paket zusammenrollen.

**Trekking-Schuhe** so nennt man heute Wanderschuhe.

**Trenchcoat:** Die Firma Burberry wurde vor 144 Jahren von Thomas Burberry (1835–1889) in London gegründet. Er ließ sich 1879 den Wasser abstoßenden Stoff → Gabardine patentieren. Die englischen Streitkräfte wurden auf den strapazierfähigen Stoff aufmerksam und so wurden im ersten Weltkrieg über 500 000 Trenchcoats geordert (engl. »trench« = Schützengraben). Typische Merkmale waren die kürzere Mantellänge, Gürtel, Schulterstücke, Sturmlasche am Kragen, D-förmige Metallringe am Gürtel zum Befestigen von Ausrüstungsgegenständen. Der praktische, beige Mantel mit Schottenmuster als Innenfutter wurde weltberühmt. Humphrey Bogart und auch Jeams Dean trugen den Burberry-Trench. Das ist lange her, doch durch einen neuen → Designer und neue Schnitte erlebt die Firma ein Comeback. Seit über achtzig Jahren unverändert in Stil und Schnitt, erkennt man den original Burberry-Trench an den Details: breite Revers zum Hochschlagen, doppelreihiger Windfangverschluss, einseitiges → Koller, Achselklappen und das typische Karofutter. Wer das → Burberry-Karo wissentlich fälscht, wird von Burberry verklagt.

**Trend Scouts** sind Menschen, die sich immer der neuesten → Mode entsprechend kleiden.

**Trenkerkord** nennt man den derben, breitrippigen → Kord.

**Trevira/Trevira 2000** → Polyester

**Triangle-Oberteile** waren schon in den 70er Jahren up-to-date und kehren jetzt wieder in die Bademode zurück. Sie sind allerdings etwas für ganz junge Mädchen oder kleine Oberweiten. Die Körbchen haben eine kleine dreieckige Form, ohne Bügel, Pads oder Stäbchen, die die Brust nur knapp bedecken.

**Triclosan** ist eine antibakterielle Substanz, mit der Textilien bei der Herstellung behandelt werden. Sie absorbiert Schweiß, entzieht Bakterien den Nährboden und verhindert so unangenehmen Geruch (zum Beispiel Deo-Socken).

**Trikini,** eine Bikini-Neuheit mit Köpfchen. Einfach eine tolle Idee, der Trikini mit der kleinen dreieckigen Tasche auf der Rückseite. In ihm haben aktive Strandnixen beim Beachvolleyball, Surfen und Rollerbladen das Wichtigste dabei. Außerdem sieht das Reißverschlußtäschen auch witzig aus. Wenn es einmal nicht gebraucht wird, lässt es sich leicht abnehmen und aus dem Trikini wird ein ganz normaler → Bikini.

**Trikot,** auch Triko genannt, kommt aus dem Französischen (»tricoter« = stricken). Trikotstoff ist ein auf einer Maschine gestricktes, gewirktes, elastisches und dehnbares Gewebe. Es wird meist zu enganliegenden Kleidungsstücken verarbeitet. Es wird bei sportlicher Betätigung getragen – das berühmteste ist das Gelbe Trikot (Radsport), aber auch beim Fußball gibt es berühmte Trikots in den Farben der Vereine mit viel Werbung drauf.

**Trikolorefarben:** Trikolore heißt übersetzt drei Farben und damit sind die französischen Nationalfarben gemeint: blau, weiß und rot. Seit jeher wurden diese drei Farben immer wieder kombiniert, besonders im → Marine-Look und → Clubstil sind sie anzutreffen. Sie unterliegen keinem besonderen Modetrend.

**Triple-Zip-off-Hose** ist eine dreiteilige Hose, die mittels → Zipper aus einer langen Hose schnell eine knielange Hose oder eine → Shorts zaubern kann. Mit Klettbändern lässt sich die Weite des Hosenbeines auch noch regulieren. Praktisch für Urlaub und Wandern.

**Trompe-l'oeil** bedeutet, dem Auge wird etwas nicht Vorhandenes vorgetäuscht. Auf → Shirts werden → Krawatten oder → Westen und auf Jacken Taschenklappen aufgemalt oder aufgedruckt.

**Trompetenärmel:** Die Ärmel sind schmal geschnitten und laufen am Handgelenk trompetenförmig aus.

**Tropical** ist ein leichter, ganz feiner Wollstoff, der auch für die Sommermonate geeignet ist. Wurde früher gerne für Herrenoberbekleidung verarbeitet.

**Trotteur** sind sportliche → Schuhe mit Absatz in → Slipperform.

**Troyer** stammt ursprünglich aus der Seemannsbekleidung. Als Troyer bezeichnet man einen grob gestrickten Seemannspullover mit Ripp- und Patentmuster und mit einem bis in die Kragenspitzen hochschließbaren → Reißverschluss. Man nennt so auch moderne → Sweatshirts mit eingesetztem → Zipperkragen. Der Troyer zählt zu den Klassikern des → Marine-Looks.

**Troyerkragen** sind gestrickte Rollkragen bei → Pullovern, die aussehen, wie lange Stehbündchen.

**T-Shirt:** Das T-Shirt entstand aus dem Trikotleibchen der Matrosen und wurde später zum Männer-Unterhemd. Das Wort kommt von der T-Form des Schnitts. Die ersten wurden 1952 von Film-Kultfiguren wie James Dean und Marlon Brando getragen. In den 60er Jahren wurde es bedruckt und zum modischen Oberteil für die Frau.

**Tuch:** Wollstoff in → Tuchbindung (Leinwandbindung) mit filziger Oberfläche, welche durch → Walken und Rauen entsteht.

**Tuchbindung:** Kette und Schuss, eins drüber, eins drunter – das ist Tuchbindung. Es ist die einfachste Bindungsart beim Weben und gleichzeitig die dichteste Verkreuzung von Fäden.

**Tuchloden** ist auch unter dem Namen → Bozener Loden bekannt. Es ist ein schweres, strapazierfähiges Lodengewebe.

**Tüll:** Netzartiges, → transparentes Gewebe. Die Struktur ist meist wabenförmig.

**Tune-Belt:** Mit Musik geht vieles leichter – auch das Joggen. Tune-Belt ist eine Bauchtasche, in die man den CD-Payer stecken kann. Der weiche Hüftgürtel aus Neopren schmiegt sich an jede Taille an und schwingt hin und her. Auch ein Handy lässt sich so bequem zum Sport mitnehmen.

**Tunika** ist ein seitlich geschlitztes, 7/8-langes Kleid, das Männer und Frauen schon vor Christi Geburt trugen und Hemdgewand nannten. Heute ist sie, genau wie damals, knieumspielend, gerade geschnitten und mit seitlichen Schlitzen versehen. Der Halsausschnitt ist schlitzförmig und meist mit einer → Bordüre oder Stickerei verziert. Man kann sie über Röcke, Kleider und Hosen tragen.

**Tupfen:** Als große Flecken oder kleine Pünktchen zieren sie Blusen, Röcke und Kleider.

**Turnschuhe:** Früher trug man sie in der Turnhalle, heute bringen farbenfrohe Edel-Sneakers Pep in den Alltag und sind nicht nur für die Freizeit gedacht.

**Turtleneck-Kragen,** auch Schildkrötenkragen genannt. Bei dieser Kragenform, handelt es sich um eine etwas höhere, eng anliegende Rundhalsblende bei → Pullovern. Im Gegensatz zu Rollkragen wird die → Blende nicht umgeschlagen. Unter einem → Blazer getragen, wirkt ein Pulli mit Turtleneck klassisch und elegant.

**Tussahseide** stammt von einem in Indien und China beheimateten Eichenspinner, der seinen Namen von seiner Nahrung, den Blättern der Eiche, erhalten hat. Er liefert einen hühnereigroßen, bis zu fünf Zentimeter langen, bräunlichen Kokon, dessen äußere Hülle aus losen Fadenstückchen besteht. Der Querschnitt des Fadens ist länglich und keilähnlich, deswegen ist diese → Seide weniger glanzreich, recht unregelmäßig, rauer und härter im Griff, als → Maulbeerseide. Auch ihre Festigkeit ist geringer. Die derbe Tussahseide enthält eine schwer zerstörbare Farbe und lässt sich kaum reinweiß → bleichen. Sie wird meistens im Naturton verarbeitet und deshalb auch als → Rohseide bezeichnet.

**TÜV-geprüfte Kleidung:** Kein Witz! Dem TÜV-Test unterliegen nicht nur Autos und Maschinen, sondern auch einige Textilien. Zum Beispiel hat das Bekleidungshaus Quelle mit der Bekleidungsfirma Steilmann zusammen ausgewählte Kleidungsstücke vom TÜV-Rheinland prüfen lassen. Das TÜV-Siegel erhalten Modelle mit besonders guter Passform, hoher Strapazierfähigkeit und sehr gute Verarbeitung, Hautverträglichkeit sowie geringes Knittern des Materials sind ebenfalls Kriterien, die eine Rolle spielen.

**Tweed:** Die Innovation der → Mode geht immer von den Stoffen aus, denn sie wird geprägt von komfortabler Sportivität, ästhetischer Klassik und zwanglosen Kombinationsmöglichkeiten. Es sind die Stoffe, die durch ihre verschiedenen Materialien der Mode immer neue Impulse bringen. In jeder Saison findet man handwerklich ausgerichtete Wollstoffe, wie zum Beispiel den Tweed mit seiner rustikalen Gewebeoptik. Doch Achtung: Tweed wird heute beinahe jeder Stoff genannt, für den man keinen anderen Namen weiß. Das Besondere an diesem Stoff ist, er wirkt durch die dicken, ungleichmäßigen Garne wie handgewebt. Tweed durften sich früher nur handwebartige Stoffe nennen, die in einer anderen → Bindung als in einer → Tuchbindung gewebt und irgendwie durch Farbe kleingemustert waren. Der klassische Tweed ist eine Streichgarnqualität aus gröberen Wollen und Garnen, immer melangefarbig. Seine Oberfläche ist ungeraut, aber rau und griffig, durch Garnunregelmäßigkeiten leicht strukturiert und durch abstehende → Stichelhaare belebt. Echter Tweed ist strapazierfähig, weich und angenehm zu tragen.

Dort, wo die Webstühle der Handwebekunst zu Hause sind – im schottischen Hochland, auf den Hebriden-Inseln und im Norden Irlands –, findet man die Ursprünge dieser handwerklich rustikalen Stoffqualität. Für den Stoffnamen Tweed kennt die Geschichte zwei Quellen:

Einmal soll der kleine Fluss Tweed, der als Grenzfluss zwischen Nordengland und Schottland fließt, Namens-Pate gewesen sein.

Die andere Version besagt, dass die Bezeichnung Tweed durch eine undeutliche Schreibweise entstanden sein soll. Von den Schäfern und der Landbevölkerung wurde das grobgewebte rechteckige Tuch mit den kleinen schwarzweißen → Karos als Wärmeschutz um den Körper gebunden. Es wurde ursprünglich »Tweel« genannt, war Wind- und Wetterschutz und aus rustikaler Wolle gewebt, sodass damit auch junge Schafe schützend transportiert werden konnten. Als sich später die Londoner Schneider für den sportlich-praktischen Stoff interessierten, sollen sie auf der Rechnung für einen Stoff-Ballen die undeutlich geschriebene Bezeichnung »Tweel« als »Tweed« entschlüsselt haben. Der rustikale Stoff wurde bei den Adeligen und Bür-

gerlichen Englands schnell »en vogue«, denn die festen Wollstoffe erwiesen sich als ideales Material gegen die Wetterlaunen des feuchtkalten Inselklimas.
Englische Schneiderkunst führte den Stoff bis an die Modespitze. Zum Golfspielen oder zur Jagd entstanden → Knickerbockers und die traditionellen → Norfolk-Jacken. Sportive → Kostüme, Anzüge und Kombinationen, Wanderjacken, Reisemäntel und → Capes – ja sogar Hüte und Mützen aus Tweed wurden für Jagd und Landpartie geschätzt und gehören auch heute noch zu Bekleidungsartikeln der besseren Gesellschaft.
Irish-Tweed sollte, wenn man es genau nimmt, nur aus Irland kommen. Um ihn modetauglich zu machen, werden weichere Gewebe mitverwebt.

**Twinsets** sind Kombination von → Pullover und Strickjacke: Der Pullover ohne oder mit kurzen Armen, dazu eine passende Strickjacke mit Bündchen in gleicher Farbe, Muster und Qualität. Die große Zeit der Twinsets begann in den 40er und endete in den 60er Jahren. Derzeit sind sie wieder topaktuell.

## U

**Übergrößen** – was und wie trägt man sie: Wenn man Probleme mit der Figur hat und große Konfektionsgrößen tragen muss, kann man sich trotzdem modisch, schick und attraktiv kleiden. Doch worauf muss man achten und wie kann man Problemzonen geschickt kaschieren?

- Bei großen Größen sind fließende Stoffe und komfortable Schnitte sehr wichtig für die Figurkonturen.
- Starke Figuren sollten niemals zu enge Kleidung tragen, es sieht unvorteilhaft aus und betont Problemzonen. Man sollte Kleidung aber auch nicht zu groß kaufen, denn zu weite Sachen sehen nach Schlabber-Look aus und wirken nachlässig.
- Ist man klein, sollten Ober- und Unterteil die gleiche Farbe haben, das streckt.
- Ein V-Ausschnitt lässt einen kurzen dicken Hals länger erscheinen und streckt zudem die gesamte Optik.

- Von Problemzonen optisch ablenken kann man auch mit locker und weich fallenden Tüchern und Schals. Auch lange Ketten lenken den Blick ab, aber bitte nicht zuviel davon, dass sieht schnell billig aus, selbst wenn der Schmuck echt ist.
- Auch farblich kann man Problemzonen kaschieren. Dunkle Farben verdecken große Oberweiten und lassen auch breite Hüften und Oberschenkel schmaler erscheinen.
- Hat man keine oder eine zu kurze Taille, sollte man diese nicht mit engen Gürteln betonen und über Rock und Hose eher weite Oberteile tragen. Bei kleinen Menschen sollte das Oberteil nicht zu lang sein, hat man aber einen starken Po, darf es bis zur Hüfte reichen.
- Bei starken Oberarmen sollte man niemals ärmellos gehen und lange Ärmel sollten nicht zu eng getragen werden.
- Wenn der Oberkörper eine kleinere Konfektionsgröße hat als der Rest, kann man dies durch Schulterpolster ausgleichen.
- Hosenstoffe sollten stets aus Stretchmaterial sein, sie sind bequemer und sitzen auch besser.
- Kurze Hosen sind tabu, auch im Urlaub. Wenn es etwas kürzer sein soll, dann bitte eine → Caprihose, die das Knie verdeckt und die Waden leicht umspielt.
- Hat man dicke Waden oder unschöne Kniepartien, sollte man auf kurze Röcke verzichten. Große Frauen können lange, knöchelumspielende Röcke tragen, bei kleingewachsenen sollte der Rock höchstens bis zum Wadenansatz reichen.
- Farbige oder gemusterte Strümpfe und Strumpfhosen lassen Beine dicker erscheinen. Schwarze Strümpfe strecken, auch Naturfarben eignen sich gut.
- Auf das passende Schuhwerk sollte man ebenfalls achten. Keine flachen Treter, sondern immer einen kleinen Absatz tragen, das streckt die Figur.

**Übergößen** – Adressen im Internet suchen: unter dem Stichwort »Übergröße« liefern Suchmaschinen tausende Adressen von Anbietern allein in Deutschland. Der Vorteil im Netz ist das breite Spektrum an Schuhen, Kleidung und modischen Accessoires.

- www-klm-hannover.de Der Klub der langen Menschen hat

eine Übersicht über Produkte und Adressen für großgewachsene Menschen.

- www.frawa.de »Europas größte Größen« – zwei Meter lange Krawatten und Sakkos in Größe 71 gibt es hier. Die Artikel werden in Bild und Text, oft auch mit Waschanleitung vorgestellt und können direkt online bestellt werden.
- www.Belle-Dessous.com Für Damen mit Übergewicht werden hier beispielsweise Badeanzüge bis Größe 60 und Spitzenunterwäsche sowie Tipps zur richtigen Pflege angeboten.
- www.XXL-spektrum.de Diese Internetseite bietet Übergrößen für Kleidung an und stellt Hotels mit extralangen Betten vor.
- www.weingarten-koeln.de Das Bekleidungshaus bietet eine breite Palette XL-Mode für Damen und Herren. Per E-Mail kann man persönliche Ankleide-Termine vereinbaren.
- www.xl-mode.de Kleidung, Schuhe, Dessous übersichtlich im Angebot, sogar mit Bedienungs- und Pflegeangebot.
- www.xxl-dress.de Übergrößen-Kleidung und Jeans bis Größe 54. Auch Monats-Angebote und Sonderpreise für Sammelbesteller stehen zur Verfügung.
- www.horsch-Schuhe.de Hier gibt es modische Designer-Schuhe in Ober- und Untergrößen.

Schicke Herrenmode in Übergrößen bietet das Versandhaus FRAWA-Bekleidung. Unter Tel. 0 92 55/9 49 20 kann man kostenlos einen Katalog anfordern.

**U-Boot-Ausschnitt** ist ein kleiner, zu den Schultern hin gezogener, flacher Ausschnitt. Er ist ideal, um einen langen Hals zu verkürzen.

**Unconstructed** ist die Verarbeitung von Kleidungsstücken ohne formerhaltende Einlagen, teils ohne Futter oder nur halb gefüttert.

**Underwear** ist Unterwäsche. Sie hat sich im Laufe der Jahre sehr gewandelt – fort von Biberhemd und Baumwollschlüpfer, hin zu atmungsaktiver, elastischer → Mikrofaser. Neue Materialkombinationen wie → Tactel, → Lycra und → Dorlastan garantieren einen unschlagbaren Tragekomfort, super-soften Touch und modernen Look.

Neuigkeiten gibt es auch bei Schnitten und Detaillösungen. Die Liebestöter der vergangenen Jahre mussten → String, Boxershort und → Tank-Top weichen. Die Liebe zum Detail beginnt beim Einsatz von Webgummis, Körperbändern und → Zippern, geht bis hin zu asymmetrischen Nähten, abgerundeten Säumen oder lederartigen Kontrastbändern und endet bei aufgenähten oder gedruckten → Logos. Trug man früher ausschließlich weiß, wird die Unterwäsche von heute durch den Einsatz von Farben und Drucken zu einem echten Hingucker. Auch in der Männermode ist alles erlaubt: Khaki, Kiwi, Petrol und Aqua mischen sich mit kräftigem Orange, Rot, Violett oder Braun-Nuancen. Mutige sorgen für glänzende Stimmung in Gold und Silber, Lack-Optiken, → Changeant-Finishings oder beim Einsatz von → Paillettenbändern. Auch bunte Druckmuster und phantasievolle, großflächige → Designs behaupten sich beim modischen »Darunter«: → Animal- und → Allover-Prints, → Batiken, Multicolour-Ringel und Color-Blockings sind ebenso zu haben wie → Paisleys, → Karos und → Hahnentritt-Muster – alles eigentlich viel zu schade, um es unter der Kleidung zu verstecken.

**Used-Look** (sprich »juhsd luk«) ist englisch und bedeutet wörtlich übersetzt »gebrauchtes Aussehen« (→ Vintage-Look, → Secondhand-Charakter). Vor allem im Jeansbereich werden Kleidungsstücke vorgewaschen, um gebraucht auszusehen. Die künstliche Alterung wird durch Wascheffekte mit oder ohne Zugaben von Chemikalien erzielt. Das Problem ihrer Herstellung liegt darin, die Farbstoffgruppen so auszuwählen, dass die verschiedenen Farben der beiden Stoffseiten sich beim Vorwaschen nicht gegenseitig einfärben. Um marmorähnliche Scheuerstreifen zu vermeiden, empfiehlt sich, diese Textilien im Schonwaschgang bei 30, höchstens 40 Grad zu waschen und nicht zu schleudern.

**UV-Kleidung:** Übermäßiges Sonnenbaden lässt die Haut vorzeitig altern und fördert Hautkrebs. Bekleidung mit integriertem Sonnenschutz bietet gleichzeitig Sonnengenuss und Hautschutz. In Australien und Neuseeland, wo die UV-Strahlung am gefährlichsten ist, sind Funktionstextilien längst selbstverständlich.

Hierzulande aber steht der Handel mit Bade- und Freizeitkleidung dieser Art noch am Anfang. Außer im höheren Preis unterscheiden sich textile → Sun-Blocker bisher kaum von herkömmlicher Kleidung. Die Schutzfunktion wird durch unterschiedliche Verfahren erzielt: entweder durch Mikropigmente, Dichte, Konstruktion, Faserart oder chemische Filter. Jede Kleidung schützt vor UV-Strahlen, aber eben nicht genug. Gerade bei leichter Sommermode bahnt sich UV-Strahlung ihren Weg hindurch zur Haut. Darum gilt: Dunkle Stoffe schützen besser als helle, dicht gewebte besser als lockere → Wolle, und → Polyester sind → Baumwolle, → Polyacryl und → Leinen vorzuziehen, trockene Kleidung ist sicherer als nasse. Wer aber möchte sich in langen Hosen und langärmeligen Oberteilen am Strand vergnügen? Da Kinder besonders gefährdet sind, setzen Hersteller konsequent auf den expandierenden Markt UV-geschützter Kinderkleidung, doch auch für Erwachsene gibt es UV-Schutz-Kleidung. Den Lichtschutzfaktor entnimmt der Kunde dem eingenähten Label, doch diese Selbstauskunft der Hersteller ist keine Garantie für die Richtigkeit der Angaben. Vorbildlich agiert Wäschehersteller Schießer: er lässt sämtliche UV-Artikel der Baby- und Kinderoberbekleidung einem unabhängigen Prüfverfahren nach strengen australischen Richtlinien unterziehen.

## V

**Vario-Cups** sind verschiebbare Bikini-Cups, durch die sich der Busen formen lässt.

**Vatermörder:** Ein steifer, hoher Hemdkragen, der unseren Urgroßvätern das Leben schwer machte, weil er »mörderisch« unbequem war. Diesen Kragen gibt es jetzt wieder, sein typisches Kennzeichen ist die Stehblende mit umgeknickten Ecken. Heute sind Vatermörder aber nicht mehr gestärkt, sondern schön weich. Sie passen prima zum → Smoking, zu weiten Clochardhosen und zu allen Opahosen mit Hosenträgern. Um das Ganze noch stilechter zu machen passen auch Fliegen oder Schleifen gut dazu – sie müssen aber unbedingt schmal sein.

**V-Ausschnitt** an Blusen, Kleidern und → Pullover verlängern optisch einen kurzen Hals.

**Velours** ist die Bezeichnung für Gewebe mit samtartiger, weicher Oberfläche.

**Veloursleder** → Nubukleder

**Velvet** ist ein hochwertiger → Samt. Auch unter Lindener Samt bekannt.

**Verschießen, verschossen:** Wenn Gewebe keine oder ungenügend Lichtechtheit haben, kann es passieren, dass sie durch übermäßige Lichteinflüsse (beispielsweise bei Sonnenbestrahlung) »verschießen« – wenn dies passiert, sind die Stoffteile, die verdeckt waren dunkler, als die die dem Licht ausgesetzt waren. Darauf sollte man vor allem achten, wenn man sich ein Kleidungsstück aus dem Schaufenster holen lässt.

**Vestan** → Polyester

**Vichy-Karo** gibt es schon seit Mitte des 19. Jahrhunderts, in Deutschland kam es erst knapp 100 Jahre später groß raus. Um 1856 gab ein gewisser Graf François de Bouron-Busset einer Weberei Namens »Le Grivats« den Auftrag, diesen inzwischen berühmt gewordenen Baumwollstoff zu weben. Sitz der Weberei war die französische Stadt Vichy, daher also der Name. Das winzige Karo hat eine Seitenlänge von nur anderthalb Millimetern. Es besteht aus kontrastreichen, meist zweifarbigen Block-Karos (ganz ähnlich, aber doppelt so groß ist das → Bäcker-Karo). Die französische Schauspielerin Brigitte Bardot machte Vichy-Karo mit Tellerrock und → Petticoat weltberühmt, selbst ihr → Hochzeitskleid (mit Gunther Sachs 1959) hatte dieses Muster. Heute zeichnet es den aktuellen Riviera-Look aus, sitzt auf → Caprihosen oder kleinen taillierten Blusen und sieht am schönsten in Pastellfarben aus.

**Viktoria-Stil:** Hochgeschlossene, auf Taille geschnittene Blusen und Kleider, die in der viktorianischen Zeit groß in → Mode waren. Typische Details sind lange Kragen, überbreite → Manschetten und kleine Puffärmel.

**Vikunja** ist das feine Haar des südamerikanischen Schafkamels, eine seltene, besonders feine Wolle, die nur für Luxuserzeugnisse verwendet wird. Sie ist noch teurer als → Alpaka und → Kaschmir.

**Vintage-Look:** (sprich »wintidsch-luk«) Spätestens seit der Oscar-Verleihung mit dem großen Auftritt von Schauspielerin Julia Roberts hat man diesen Begriff im Ohr. Ihr traumhaftes Kleid von Valentino war aus einer alten Kollektion. Genau das ist der Trend: alte, schöne Dinge wieder entdecken; dabei ist es egal, ob sie neu oder getragen sind. Der Begriff Vintage (engl. Jahrgang) kommt aus dem Weinbau und bezeichnet besonders gute Jahrgänge. Und in der Modewelt erinnert der Vintage-Look an goldene Zeiten vergangener Stile. Ein Look, bei dem alles nach individuellen Fundstücken aussieht, die man früher nur in → Secondhand-Läden oder auf Flohmärkten finden konnte. Der Begriff steht aber auch allgemein für Trendkleidung im so genannten → Used-Look. Im Denim-Bereich ist Vintage-Look besonders beliebt bei jungen Leuten – je kaputter die Optik, desto interessanter. Auf die Spitze treiben es Hosen im überfärbt schmutzig wirkendem Dirty-Denim oder → Jeans aus der Punk-Ära, die aussehen, als seien sie mit einem Pinsel bemalt worden. → Leder kann ebenfalls auf alt getrimmt werden, siehe → Antik-Leder.

**Viskose:** Viskosegarne und Viskosegewebe wurden erstmals im Jahr 1900 anlässlich der Pariser Weltausstellung öffentlich präsentiert. Damit kam eine günstige Alternative zum teuren Rohstoff → Seide auf den Markt. Früher nannte man Viskose auch → Rayon, → Zellwolle oder Kunstseide, was ihr den Ruf einbrachte, eine Chemiefaser zu sein. Sie zählt zwar zu den Chemiefasern, wird aber aus → Zellulose hergestellt und ist damit ein natürlicher, nachwachsender Rohstoff. Pflanzen benötigen Zellulose zum Bilden ihrer Zellwände. Den Rohstoff liefert Kiefern-, Fichten- oder Buchenholz; die daraus gewonnene Zellulose wird im so genannten Viskose-Verfahren weiterverarbeitet. In chemischen Prozessen wird das Holz zerkleinert und von Festteilen und Wasser befreit. Übrig bleibt ein weißes Pulver, der Zellstoff (größter Zellstofflieferant ist ITT-Rayonier mit Kiefernplantagen in den USA). Für die Weiterverarbeitung wird der Zellstoff zu Meterware gepresst, dann aufgerollt oder zu Platten

geschnitten. Durch Schwefelkohlenstoffe und Natronlauge entsteht aus der Rohware eine zähflüssige Zellstoff-Masse – die Viskose. Sie muss 50 bis 80 Stunden lagern beziehungsweise reifen, um die richtige Zähflüssigkeit (Viskosität) zu erhalten. Die reife Spinnflüssigkeit wird durch Düsen in ein Bad gedrückt und erstarrt zu einem Faden. Nach dieser Behandlung müssen Rückstände gründlich abgespült werden, damit die Stoffe nicht mürbe und brüchig werden.
Viskose hat innerhalb der zellulosischen Chemiefasern den größten Anteil – Markennamen sind Enka Rayon, Danufil, Danuflor. Sie ist seidig glänzend und fällt fließend, ist weich, leicht, hautsympathisch und atmungsaktiv. Weitere typischen Eigenschaften sind: hohe Feuchtigkeitsaufnahme, hohes Wasserrückhaltevermögen, Neigung zur Knitterbildung. Ihre Trockenfestigkeit ist gut, die Nassfestigkeit liegt niedriger. Viskose lässt sich auch bestens mit anderen Fasern mischen. Als → Filamentgarn finden wir sie allein oder zum Beispiel mit → Wolle, → Leinen, → Baumwolle gemischt. Sie wird für Kleider, Blusen und Futterstoffe verwendet und verleiht den Stoffen einen besonderen Glanz. Als Spinnfasergarne gibt es sie von sehr feinen bis hin zu kompakten Strukturgarnen in der Oberbekleidung, aber auch Tischdecken und Dekorationsstoffe werden daraus hergestellt. Es gibt auch Viskose-Mischgarne mit synthetischen Chemiefasern.

**Vistram** ist die Bezeichnung für ein lederartiges Material. Es besteht aus einem textilen Grundgewebe mit einer Kunststoff-Beschichtung, das verschiedene Oberflächenbilder haben kann. Vistram ist außerordentlich strapazierfähig, wasserdicht und luftdurchlässig. Flecken und Verschmutzungen lassen sich im allgemeinen mühelos entfernen. Wenn nötig, können Kleidungsstücke aus Vistram chemisch gereinigt werden. Vistram kann auf jeder gebräuchlichen Haushaltsnähmaschine genäht werden. Als Nähgarn empfiehlt sich Nähseide und Baumwollgarn, sowie vollsynthetische Garne. Bügeln lässt sich Vistram auf der linken Stoffseite mit 160 Grad, auf der rechten Seite mit 120 Grad. Es wird für Oberbekleidung, Mützen, Gürtel, Taschen und auch als Möbelbezugsstoff und Dekoware verwendet.

**Voile** ist ein → transparentes Gewebe in Leinwandbindung, meist aus → Baumwolle.

**Volants:** Ein auf- oder angesetzter Besatz auf Kleidungsstücken aus leicht gekräuselten Stoffstreifen.

**Volumenstrick:** Damit sind Stricksachen aus extradicken, voluminösen oder flauschigen Garnen gemeint. Die üppige Optik wird zusätzlich durch eine besondere Stricktechnik unterstrichen. Man kann sie als Jackenersatz in der Übergangszeit tragen, sie halten herrlich warm.

## W

**Waffel-Pikee** → Pikee

**Walken** → Walkstoff

**Walkfrottee** ist ein sehr hochwertiger Stoff aus weichen Garnen. Er wird durch ein Spezial-Verfahren extrem füllig und saugfähig gemacht und besteht aus wilden Schlingen.

**Walkingschuhe:** Beim Joggen neigt sich die Abrollbewegung des Fußes von der Ferse über den großen Zeh nach innen – beim Walken sollte sie allerdings gerade nach vorn verlaufen. Zum Kauf eines Walkingschuhs empfiehlt sich ein Fuß-Check im Fachgeschäft – dort kann man feststellen, ob der Fuß nach innen abknickt, wieviel Stütze und Dämpfung er braucht.

**Walkstoff,** auch Walker genannt, besteht genauso wie → Loden aus reiner Schafswolle, die durch Wärme und Wasser künstlich verfilzt wird. Verwendet wird nur gestricktes Wollgewebe, das durch Stoß, Druck oder Pressung verfilzt. Man unterscheidet Hammer- und Rollenwalken. Ursprünglich wurde das Tuch in natürlichen Alkalien und Seifen von Fett und Öl gesäubert und genässt, dann gestampft, gequetscht und geschlagen (gewalkt), um letztlich mit Bürsten wieder aufgelockert zu werden. Seit Jahrhunderten wird in Tirol Walkerstoff erzeugt. Die Fabrikation wird nach überlieferten Verfahren aus bester → Merinowolle hergestellt. Walk wurde übrigens von Bauern erfunden, sie machten mit dieser Technik ihre Kleidung wetterfest und strapazierfähig. Im Tiroler Raum wurde der »Walker« meist als langärmelige Jacke mit kurzem Kragen als Kleidungsstück für harte Feldarbeit verwendet. Im 20. Jahrhundert kam der Walker in der Alpenregion durch Kurgäste aus aller Welt als sportiv-elegante Freizeit- und Wanderkleidung in → Mode – sein Siegeszug hält heute noch an.

**Warmcoat.** So nennt man Mäntel aus leichtem Stoff mit warmem, herausnehmbarem Futter, → Popeline.

**Wäsche-Look** oder auch → Lingerie-Look ist Verführung pur und top-aktuell. Er zeichnet sich aus durch leichte, zarte Stoffe und verspielte, hervorblitzende → Spitze. Diese raffinierte Wäsche wird jetzt nicht mehr nur drunter, sondern auch darüber getragen: → Korsagen, bauchfreie → Bustiers, Hemdchen aus → Seide, Hemdchenkleider im Unterwäschestil mit Häkelspitze sowie bauschige Stufen- und Spitzenröcke. Vom Schlafzimmer bis zur Sommerparty – mit dem Wäsche-Look ist man immer verführerisch angezogen. Mutige tragen diesen Look von Kopf bis Fuß.

**Waschseide** hat eine leicht angeraute Oberfläche und ist besonders preiswert. Der Nachteil: Sie verliert schnell ihre Farbenpracht.

**Wasserfall-Ausschnitt:** Bei dieser Ausschnittform wellt sich der weiche Stoff kaskadenartig unter der Halsgrube. Dadurch wirken Blusen, Kleider und → Tops besonders feminin.

**Water-Bra** → Brust-Füller

**Waterbra-Bikinis** und -Badeanzüge haben eine Öl-Wasser Einlage im Oberteil. Diese fühlt sich ganz natürlich an, hebt die Brust und zaubert ein tolles → Decolleté.

**Wax finish** ist die abschließende Behandlungsmethode mit Wachs, die Textilien wasserundurchlässig macht.

**Webpelz** → Pelzimitat

**Webpelz-Verbrämung** nennt man es, wenn Jacken und Mäntel mit Pelzkragen besetzt sind.

**Wellness-Dessous** haben mehr zu bieten als nur Stoff. Die neue Wäsche pflegt, speichert Wärme, versorgt die Haut mit Cremes und Vitaminen und sorgt für Pflege und Frische. Diese → High-Tech-Fasern sind Kosmetik zum Anziehen.

- **Dessous mit Pflege-Lotion:** → **Slips** und Hemden cremen die Haut beim Tragen ein. Durch Wärme und Reibung geben Mikrokapseln im Stoff eine Pflegelotion ab, was das tägliche Eincremen zwar nicht ersetzt, doch damit erreicht man Stellen, die oft vernachlässigt werden – beispielsweise Po und Rücken. Etwa 30 bis 40 Waschmaschinengänge soll der Pflegeeffekt halten, dann ist die Lotion aufgebraucht. Textiltechniker arbeiten daran, dass die Wirkstoffe in den Kapseln wieder »aufgetankt« werden können.

- **Wäsche, die Temperatur reguliert:** Ein weiterer Trend sind Mikrokapseln, die überschüssige Wärme aufnehmen und so das Schwitzen bei sportlichen Aktivitäten verhindern. Wenn es kühler wird, geben die Kapseln die gespeicherte Wärme wieder ab. → Outlast
- **Vitaminspendende Strumpfhosen:** Die Vitamine A, B und C in der Strumpfhose sollen beruhigend auf Beine wirken. Mikrokapseln können entweder Vitamine, erfrischenden Gingko-Extrakt oder Aloe vera an die Haut abgeben.
- **Antibakterielle Unterwäsche:** Fasern mit Silberkern verhindern, dass sich Bakterien vermehren. Die Silberfäden sondern Ionen ab, die Bakterien eindämmen, der Effekt: Die Wäsche bleibt länger frisch.
- **Duftende Dessous:** Es gibt → BHs, deren → Cups Pads enthalten, die mit dem Lieblingsduft besprüht werden können.

**Wellness-Mode** ist ein Begriff aus dem Fitness- und Beautybereich und bedeutet → Mode zum Wohlfühlen. Gemeint ist bequeme Kleidung, → Dessous und → Schuhe, die durch Material und Schnitt viel Bewegungsfreiheit lassen und meist sportlich und lässig wirken.

**Wellness-Schuhe** → Sniker-Schuhe

**Wellness-Strumpfhosen:** Damit sind Strumpfhosen gemeint, die die Beine sanft massieren. Mit ihrer speziellen Maschenstruktur üben sie einen gleichmäßigen Druck auf die Haut aus, was die Durchblutung anregt.

**Westen,** früher auch → Gilet genannt, sind ärmellose Jacken, die man lang, kurz, tailliert oder lässig über Blusen, → T-Shirts und → Pullover trägt. Die Weste war ursprünglich ein Untergewand des Mannes in Asien und den Balkanländern, im Laufe der Jahrhunderte blieb sie (bereits als Obergewand) ebenfalls noch lange den Herren der Schöpfung vorbehalten. Erst seit etwa 1920 taucht die Weste auch in der Damenmode auf.

**Western-Look** ist Stil des Wilden Westens Amerikas: Kleidung mit Federn, → Fransen und farbigen Indianer-Mustern.

**Whipkord** ist ein festes → Kammgarngewebe und weist eine feste Rillenstruktur auf.

**Wiener Naht:** Mit der figurbetonenden → Mode, die sich am Stil der 50er und 60er Jahre orientiert, wurden auch die Vorteile der Wiener Naht wiederentdeckt. Diese Naht beginnt etwa 15 Zentimeter unterhalb der Schulternaht, wo sie vom Armloch aus bogenförmig zur Brust verläuft und dann in leichtem Schwung nach unten führt. Durch diese Schnittform wird der Brustabnäher versteckt und eine figurnahe, aber nicht figurnachzeichnende Silhouette erreicht. Kostümjacken, Mäntel und schmale Kleider mit Wiener Nähten liegen wieder voll im Trend, da sie optimal sitzen und eigentlich für jede Figur vorteilhaft sind.

**Wildleder** stammt von Häuten wildlebender Tiere wie Elche, Rehe oder Hirsche; es hat eine schönere Oberflächenstruktur als das Rauleder. → Leder.

**Wildseide** im Gegensatz zur → Maulbeerseide wird die Wildseide von einem Nachtschmetterling gewonnen, dessen Raupen nicht gezüchtet werden. In Pflege und Trageeigenschaften unterscheidet sie sich kaum von der Zuchtseide. Die beliebteste und bekannteste Wildseide ist die → Tussahseide.

**Wintercotton** ist ein Sammelbegriff für Baumwollstoffe, die durch ein- oder doppelseitiges Aufrauen oder Schmirgeln eine wärmende, flanellartige Oberfläche erhalten.

**Wirken** ist ein Begriff aus der Textilherstellung. Der Stoff entsteht durch Verschlingen des Fadens zur Masche mit speziellen Nadeln, wobei im Unterschied zum Stricken eine ganze Maschenreihe auf einmal gebildet wird. In der → Wirkerei werden nicht nur → Pullover, sondern auch Unterwäsche und Wirkfutter hergestellt.

**Wirkerei** ist ein Betrieb für die Herstellung von Strickwaren.

**Wirkplüsch:** Die Oberseite dieses Stoffes besteht aus → Plüsch und die Rückseite ist gewirkt, → wirken. Wirkplüsch wird unter anderem als Tierfellimitat angeboten.

**Wolle:** Damit bezeichnet man Tierhaare für die Textilherstellung. Die bekanntesten Lieferanten sind Schafe, Angora-Kaninchen, Kaschmir- und Mohairziegen. Alpaka-, Lama- und → Kamelhaare zählen zu den teuersten Wollarten. → Schurwolle darf der Hersteller sein Produkt nur nennen, wenn die Wolle vom gesunden, lebenden Tier stammt und nicht mehr als sieben Prozent Fremdfaser enthält. Reine Schurwolle darf nur bis zu 0,3 Prozent Fremdfasern enthalten, und nur diese hochwertige Qualität darf das → Wollsiegel tragen. Dieses Gütezeichen garantiert, dass die Ware vom internationalen Wollsekretariat geprüft wurde. Bei der Auszeichnung »100 Prozent Wolle« oder »Wolle« kann es sich um minderwertige Qualitäten oder sogar um → Reißwolle aus alten Kleidern handeln.
Das weiße Gold wächst vor allem im »goldenen Westen Australien« – auf dem Rücken von rund 160 Millionen Schafen.

**Wollsiegel:** 1964 – noch vor der Einführung des Textilkennzeichnungsgesetzes – waren es die Schaf-Farmer der Woll-Erzeugerländer, die entschieden, für die älteste aller Naturfasern, die → Schurwolle, ein → Gütesiegel einzuführen. Damit waren sie die Vorreiter für den aktiven Verbraucherschutz. Es war die Geburtsstunde des heute bekanntesten textilen Gütezeichens: das Wollsiegel. Ein Zeichen, das neben der Reinheit des Rohstoffes auch für bestimmte Qualitätsstandards steht. Nur Produkte aus reiner Schurwolle, die viele Qualitätstests bestanden haben, werden mit dem Wollsiegel ausgezeichnet. Es ist das bekannteste Textil-Gütezeichen der Welt und ist in 120 Ländern gesetzlich geschützt. Es lohnt sich, beim Kauf von Kleidung auf das Wollsiegel-Etikett zu achten.

**Wombat** ist das → Fell der australischen Koalabären.

**Women's Cut** → Jeans

**Wonderbra** heißt auch → Push-up und macht aus wenig mehr. Es ist ein Bügelbüstenhalter mit einlegbarem Kissen, das die Brust optisch vergrößert.

**Wonder-Tees:** Der Begriff ist abgeleitet vom → T-Shirt. Das Besondere dabei ist das Material – Wonder-Tees sind aus → Polyester-Satin oder Polyester-Chiffon in feiner → Knitteroptik. Die unregelmäßige Oberfläche entsteht dadurch, dass der Stoff plissiert und anschließend fixiert wird. So bleibt der Knittereffekt auch noch nach dem Waschen erhalten, bügeln darf man ihn allerdings nicht. Siehe auch → Crash-Optik, → Crinkle.

**Worker-Jeans** haben vorne aufgenähte und genietete Taschen und Riegel, die ursprünglich für Werkzeug gedacht waren.

## X

**X-Linie** betont eine enge Taille und hat viel Volumen im schwingenden Rock. → Figur-Typen.

**X-Silhouette,** wie sie schon einmal in den 80er Jahren getragen wurde: Akzentuierte Schultern und betonte Taillen mit breiten Gürteln bringen diese Linie in eine Sanduhrenform.

## Y

**Yachting-Stil** findet man vor allem in der Herrenmode. Damit gemeint ist meist ein klassisches, dunkelblaues Sakko im Kolonial-Stil, aufgepeppt mit Gold-Logo.

**Y-Linie** macht durch Volumen und große Polster breite Schultern. Solche Oberteile passen am besten zu hautengen, gerade geschnittenen Röcken und Hosen. In den 80er Jahren haben die Darstellerinnen von Denver und Dallas diese Silhouetten zum großen Trend gemacht.

**Young Fashion-Kollektion** ist junge → Mode, in der Markenartikler wie Indian Rose, Indian Raps, Paradise Calling und viele andere tonangebend sind.

## Z

**Zabul** ist der Name für Bambusrattenfell.

**Zantrel** → Modal

**Zapok** ist ebenfalls Rattenfell.

**Zehensteg-Pantolette** → Flip-Flop

**Zellulose:** Hauptbestandteil der Zellulose sind pflanzliche Fasern. Siehe auch → Flachsfasern, → Viskose, → Baumwolle.

**Zellwolle** ist Wolle, hergestellt aus → Zellulose, → Viskose oder baumwollähnlichen Spinnfasern.

**Zibeline:** Was Großmütter einst als wärmende Hüte auf dem Kopf trugen, entdeckten → Designer für die Mäntel und → Kostüme ihrer Enkelinnen als bewusst »old fashioned« wieder neu. Zibeline ist ein stichelhaarähnliches Material, das durch Beimischung von harten Tierhaaren (Rentier, Pferd) eine extreme Struktur mit einzelnen herausstechenden Haaren aufweist.

**Zigaretten-Form** → Jeans

**Zipper** sind Zier-Reißverschlüsse.

**Zipp-Midis** haben einen Mittelschlitz mit → Reißverschluss, der verkehrt herum (mit dem Verschluss nach unten) angebracht ist. Damit kann der Rock variabel geöffnet werden, so dass die Beine ins Blickfeld rücken.

**Zottelplüsch** hat eine langhaarige Struktur und zählt zu den falschen Fellen und Felloptiken.

**Zwei-Wege-Reißverschluss:** Er lässt sich von beiden Seiten öffnen beziehungsweise zuziehen. Praktischer Aspekt: Beim Sitzen kann man die beulende Stelle am Bauch einer Jacke einfach von unten herauf öffnen.

**Zwickel** ist ein Stoffeinsatz im Schrittbereich bei Hosen und Strumpfhosen.

**Zwiebel-Look** war in den 70er Jahren angesagt: Über Hosen wurden weite Hemdkleider, Blusen und Pullis getragen, darüber → Westen und kurze, ärmellose → Pullunder oder noch kürzere → Boleros. Man musste sich aus dieser Garderobe buchstäblich Stück für Stück herausschälen. Siehe auch → Lagen-Look.

**Zwirn** ist ein Gespinst, das sich aus mehreren einzeln gedrehten Fäden oder Garnen zusammensetzt und deshalb sehr stabil ist.

**Zwirnfrottier** wird aus verzwirnten Garnen hergestellt und ist von fester Qualität. Dadurch fühlt sich ein Frottiertuch hart an, besonders nach der Wäsche.

ARBEITSGEMEINSCHAFT PFLEGEKENNZEICHEN FÜR TEXTILIEN IN DER BUNDESREPUBLIK DEUTSCHLAND
Frankfurter Straße 10-14 · 65760 Eschborn · Telefon (06196) 966-0 · Telefax (06196) 42170

# Symbole für die Pflegebehandlung von Textilien

Stand 1993

**WASCHEN (Waschbottich)**

| 95 | 95 | 60 | 60 | 40 | 40 | 40 | 30 | | |
|---|---|---|---|---|---|---|---|---|---|
| Normal-waschgang | Schon-waschgang | Normal-waschgang | Schon-waschgang | Normal-waschgang | Schon-waschgang | Spezial-Schon-waschgang | Schon-waschgang | Handwäsche | nicht waschen |

Die **Zahlen** im Waschbottich entsprechen den **maximalen Waschtemperaturen,** die nicht überschritten werden dürfen. – Der **Balken** unterhalb des Waschbottichs verlangt nach einer (mechanisch) **milderen Behandlung** (zum Beispiel Schongang). Er kennzeichnet Waschzyklen, die sich zum Beispiel für pflegeleichte und mechanisch empfindliche Artikel eignen.

**CHLOREN (Dreieck)**

| Cl | |
|---|---|
| Chlorbleiche möglich | Chlorbleiche nicht möglich |

**BÜGELN (Bügeleisen)**

| | | | |
|---|---|---|---|
| heiß bügeln | mäßig heiß bügeln | nicht heiß bügeln | nicht bügeln |

Die Punkte kennzeichnen die Temperaturbereiche der Reglerbügeleisen.

**CHEMISCH-REINIGUNG (Reinigungstrommel)**

| A | P | P | F | F | |
|---|---|---|---|---|---|
| | | | | | keine Chemischreinigung möglich |

Die **Buchstaben** sind für den Chemischreiniger bestimmt. Sie geben einen Hinweis auf die in Frage kommenden **Lösemittel.**
Der **Balken** unterhalb des Kreises verlangt bei der Reinigung nach einer **Beschränkung** der mechanischen Beanspruchung, der Feuchtigkeitszugabe und der Temperatur.

**TUMBLER-TROCKNUNG (Trockentrommel)**

| | | |
|---|---|---|
| Trocknen mit normaler thermischer Belastung | Trocknen mit reduzierter thermischer Belastung | Trocknen im Tumbler nicht möglich |

Die Punkte kennzeichnen die Trocknungsstufe der Tumbler (Wäschetrockner)

Weitere aktuelle Ratgeber-Taschenbücher im Humboldt Verlag (Auswahl):

| ISBN | Titel |
|---|---|
| **Information und Wissen** | |
| 3-89994-018-0 | Teste deine Allgemeinbildung: Ach so?! Faszinierende Fakten |
| 3-89994-970-6 | Teste deine Allgemeinbildung: Geschichte |
| 3-89994-961-7 | Teste deine Allgemeinbildung: Philosophie |
| 3-89994-971-4 | Teste deine Allgemeinbildung: Weltreligionen |
| 3-89994-969-2 | Teste deine Allgemeinbildung: Mathematik & Physik |
| 3-89994-966-8 | Teste deine Allgemeinbildung: Kunst & Literatur |
| 3-89994-970-6 | Teste deine Allgemeinbildung: Biologie & Chemie |
| 3-89994-978-1 | Teste deine Allgemeinbildung: Technik |
| 3-89994-962-5 | Teste deine Allgemeinbildung: Geografie |
| 3-89994-965-X | Teste deine Allgemeinbildung: Wirtschaft |
| 3-89994-007-5 | Linkshändig? Rat & Information, Tipps & Adressen |
| 3-89994-009-1 | Lexikon der Lebensmittel-Etiketten |
| 3-7081-9960-X | Lebensweisheiten berühmter Philosophen |
| 3-89994-826-2 | Teste Deine Intelligenz |
| 3-89994-904-8 | Das große Buch der Musterbriefe |
| 3-7081-9958-8 | Die schönsten Reden für Familienfeiern |
| 3-7081-9957-X | Die schönsten Reden für Hochzeit und Hochzeitstage |
| **Gesundheit und Medizin** | |
| 3-89994-839-0 | Überlebenshandbuch für Allergiker |
| 3-89994-003-2 | 10 Jahre jünger, 10 Jahre schöner |
| 3-89994-865-3 | Akupressur – schmerzfrei ohne Tabletten |
| 3-7081-9859-X | Aktiv gegen Cellulite |
| 3-89994-004-0 | Mit Messer und Gabel gegen Krebs (in Zusammenarbeit mit der Deutschen Krebshilfe) |
| 3-7081-9897-2 | Keine Macht dem Stress! |
| 3-89994-949-8 | Aktiv gegen Übersäuerung |
| 3-7081-0101-4 | NUAD – die traditionelle Thai-Massage |
| 3-7081-9875-1 | Schwangerschaft bewusst erleben (Stiftung Warentest: Sehr gut!) |
| 3-89994-011-3 | Der Tinnitus Helfer Buch + CD-ROM |
| 3-89994-944-7 | Homöopathieratgeber Schwangerschaft und Stillzeit |
| **Freizeit und Hobby** | |
| 3-89994-832-7 | Patiencen legen |
| 3-89994-823-8 | 1 x 1 der Kartenspiele |
| 3-89994-829-7 | Skat – Regeln und Tipps |
| 3-89994-010-5 | Digitalfotografie – Das große Einsteigerbuch |

ISBN 3-89994-003-2
132 Seiten, durchgängig vierfarbig
mit zahlreichen Fotos und Abbildungen
12,90 EUR (D) / 13,30 EUR (A) / 23,50 CHF